전체에서 한 지점을 보라.
모든 것이 하나의 관점으로, 다르게 보일 것이다.
- 피카소 -

나는 내가 관찰하고 생각한 것 중에서
가장 중요한 한 가지 요소를 제외하고는 모두 다 버렸다.
- 물리학자 찰스 토머슨 윌슨 -

빌 게이츠의 단 하나의 소원

IQ, 노력, 학벌? No!
더 중요한 건 글 읽는 속도!

같은 공부,
남들은 세 시간 나는 한 시간!
남들 한 번 볼 때, 나는 세 번 네 번!
남들은 한 달에 겨우 책 한 권, 나는 열 권 이상!
시간의 가치 극대화, 삶의 질과 경쟁력의 핵심은 속도입니다.

정보, 지식, 학습, 시험...
모든 것이 결국은 속도 경쟁!
절대 변하지 않는 생존 게임의 룰,
"느리면 죽고, 빠르면 이긴다!"

두뇌 능력의 활성화, 지식 확장의 최적화!
핵심을 빠르고 정확하게 포착하는 글 읽기로
지식 경쟁력의 새로운 패러다임을 갖춰야 합니다.
빌 게이츠, 그의 단 하나의 소원은 글을 빠르게 읽는 것이었습니다.

인생의 8할은 글 읽는 속도가 결정짓습니다.

빠르고 정확하게!

지식 습득의 속도를 높이는 열쇠,
포커스 리딩을 가장 빠르게 배우는 방법!
www.focusreading.co.kr

현상은 복잡하다. 그러나 법칙은 단순하다.
버릴 게 무엇인지 알아내라.
- 리차드 파인먼 -

포커스 리딩

포커스 리딩

펴낸날 2024년 6월 19일 1판 1쇄

지은이 박성후
펴낸이 이종일 강유균
편집위원 이라야 남은영
기획·홍보 김아름 김혜림
교정·교열 이교숙 정아영 나지원
경영지원 이안순
디자인 바이텍스트
마케팅 신용천

펴낸곳 지니의서재
주소 경기도 고양시 덕양구 청초로 66 덕은리버워크지산 B동 2007호~2009호
전화 (02)719-1424
팩스 (02)719-1404
이메일 genie3261@naver.com
홈페이지 www.readlead.kr
출판등록 1978년 5월 15일(제 13-19호)

ISBN 979-11-986215-2-8 (03320)

* 지니의서재는 리드리드출판(주)의 출판브랜드입니다.

FOCUS

더 빠르고 더 정확하게 핵심을 읽어라

포커스 리딩

박성후 지음

IQ보다 글 읽는 속도가 더 중요하다
빠르게 읽으면 무조건 이긴다

READING

지니의서재

《포커스 리딩》 후기

《포커스 리딩》이 베스트셀러인 것도 모르고 읽었고, 책을 다 읽고 감동받아 세미나를 찾아가 듣고는 큰 도움을 받았다. 핵심과 목적에 충실한 똑똑한 책읽기의 노하우, one page 독서노트의 작성까지 글 읽기의 정수를 보여준다. 조금 지나친 표현이 될지 모르겠지만 경쟁자가 몰랐으면… 하는 교육이다.

-경연규-

오래 전에 《포커스 리딩》이라는 책을 접하고 너무 가슴에 와 닿아, 교육을 받았다. 마스터 강의를 마치고 부산으로 돌아오는 KTX에서, 정말 기쁜 마음으로 돌아왔다. 한순간도 돈과 시간 낭비였다는 생각이 안 들었다. “1% 핵심을 잡으면 99%가 보인다!” 놀라운 영감을 받았다.

-박정진-

저는 태권도를 가르치고 있습니다. 운동을 하면서도 늘 책을 가까이 하려고 노력하고 살고 있습니다. 그런데 주변의 많은 분들이 마스터 과정을 마치며 좋은 말씀을 많이 해주셨기 때문에… 저 또한 기대 반 의구심 반으로 오랜 기다림 끝에 오프라인 마스터 과정을 마치게 되었습니다. 마친 소감은 기대 이상이라는 말뿐 더 이상 표현은 무의미한 것 같네요.

-강경선-

40중반을 갓 넘기면서 살아온 삶을 돌아보니 제가 가치 있게 남길 만한 것이 없음을 깨닫고 허전함이 밀려왔습니다. 그 이후 정말 제가 해보고 싶었던 일이 무엇이었는지 살아가야 할 방향을 잡기 위한 탐구의 과정이 시작되었지요. 나의 사명과 비전, 목표를 작성하기 위해 여러 자기계발서를 보면서 다듬던 중에《포커스 리딩》을 만났습니다. 저자의 삶의 체험을 바탕으로 진지한 강의와 철학에 감명을 받았고 저의 삶의 폿대를 다시 한번 고양시키는 자리가 되었습니다. 어떤 일이든 효율적인 글 읽기를 하지 않는다면 그저 시간만 낭비하게 될 것이며 한 번뿐인 인생의 터닝포인트를 위해선 사명과 비전의 설정이 매우 중요함을 깨닫는 기회였습니다. 과거의 실패 시간을 만회하고 성공의 2막 인생을 열어가는 계기가 되도록 다짐해 봅니다.

-박상무-

교육 현장에서 나름 많은 활동을 하고 있습니다. 다른 사람의 교육을 수강생 입장에서 거의 받지 않습니다. 그런데 《포커스 리딩》은 제 삶에서 가장 보람 있는 교육이었습니다. 인생에 절반 이상을 성공으로 이끌어 주신 듯합니다.

-최인순-

사회생활 27년을 하면서 배운 교육 중에서 "최고!!"입니다. 그동안 많은 강의, 세미나를 참석했지만 《포커스 리딩》 교육만큼 인상적이고 감동적이고 저 자신의 소양 계발에 도움이 된 적은 없었던 것 같습니다. 강의 한마디 한마디가 불필요한 어구는 신기할 정도로 없었으며, 너무나 간단한 방법으로 순간적으로 나의 글 읽기 속도가 바뀌는 것을 보고 그저 놀랍다는 느낌만 가득했습니다.

-최영준-

정말 대단하고 놀랍고 새로운 경험이었습니다. 속도 뛰어넘기를 통한 새로운 경험. 정말 신기했습니다. 이렇게도 보여지는 것은 안 해본 사람은 모를 겁니다. 글 읽기에 어려움이 있었던 저에게 큰 변화를 가져다 준 《포커스 리딩》… 꼭 완벽하게 체화될 수 있도록 해보겠습니다! 안 해보면 너무 억울할 것 같아서요.^^

-이경선-

《포커스 리딩》을 통해 글 읽기에 대한 개념을 새롭게 이해하는 계기가 되었습니다. 글 읽기의 원칙과 실질적인 방법은 너무나 단순하지만 굉장히 놀랍습니다. 왜 나는 이런 간단한 방법을 모르고 살았을까요? 진작 알았더라면 얼마나 좋았을까요? 지금이라도 알게 되어 너무 좋습니다. 앞으로 저의 인생에서 큰 획을 긋는 기회가 될 것이라 확신합니다. 너무 감사드립니다.

-김순애-

굉장히 좋은 교육입니다. 많은 교육을 받아봤지만 이런 실질적이고 살아있는 교육은 정말 가치가 있습니다. 많은 사람들이 꼭 배우면 좋겠어요!!!

-임식-

헌책방 집의 딸내미로 30여 년을 살아왔습니다. 어느 날《포커스 리딩》을 선물 받게 되었습니다. 누군가가 어떤 책을 읽을지 추천해달라고 하면 망설임 없이《포커스 리딩》이라고 하겠어요. 'One Page 독서노트' 양식 다운로드 받으러 들어왔다가 큰 깨달음을 주신 박성후 저자님께 감사 말씀 남기고 갑니다.

-김화연-

PROLOGUE

더 빠르고 더 정확하게 글을 읽어라

이 책은 두 개의 질문을 던진다.

"평범함을 뛰어넘는 압도적인 비범함은 어떻게 만들어질까?"

"그 목표를 이루기 위해서 가장 중요한 기술은 무엇일까?"

그래서 두 가지 해법을 제시하고 있다.

첫째, 목표를 달성하기 위한 근본적인 원칙

둘째, 빠르고 정확한 고수들의 글 읽는 기술

무한한 가능성을 실현하고자 도전하는 것은 모든 인간의 본능이다. 단순히 더 많은 시간과 노력을 쏟는 것만으로는 성공을 장담할 수 없다. 지식 경쟁에서 승리하기 위해서는 무엇이 필요할까?

그것을 실천해 줄 압도적인 기술은 순식간에 핵심을 포착해내는 능력이다. 이 책은 인생에서 가장 중요한 바로 그 기술을 배울 수 있다.

세계 최고의 바둑기사 이세돌은 2016년 AI 알파고에게 패한 후 사실상 바둑을 접었다. 인공지능의 속도를 인간이 따라갈 수 없다고 판단했기 때문이다. 그 후 인공지능은 4년 만에 2,500배 빨라졌고 2025년에는 변화 그래프가 거의 수직이 되는 '특이점 시대'가 온다고 한다. 속도는 우리 삶의 모든 것을 바꾸고 있다. 느리다는 것은 도태됨을 의미한다.

AI 기반의 지식 경쟁 시대에 배워야 할 가장 중요한 기술은 글 읽는 속도를 높이는 것이다. 글 읽는 속도를 높이는 기술을 터득하는데 많은 시간을 요구하지 않는다. 없는 능력을 새로 만들기 위해 긴 시간 엄청난 훈련을 해야 하는 것이 아니다. 모든 사람이 태어날 때부터 가지고 있는 두뇌의 감각을 깨우는 것이기 때문에 아주 짧은 시간의 간단하고 단순한 훈련만으로 충분하다.

모든 경쟁력의 핵심은 '속도와 정확성'이다. 원래 속도가 높아지면 정확성이 떨어지고, 정확성을 높이려면 속도는 낮아진다. 그러나 속도와 정확성을 동시에 높일 수 있다면 어떻게 될까? 그것도 압도적으로 높일 수 있다면? 모든 경쟁에서의 승리는 당연한 것이 된다. 속도의 중요성은 두말할 필요가 없다. 글을 읽는 속도는 생존과 직결된다. 속도는 모든 것을 이기는 근원적 경쟁력이다. 경쟁력의 핵심은 속도다.

$E=mc^2$

아인슈타인의 상대성 원리를 담은 이 공식을 모르는 사람은 없을 것이다. 세상은 이 공식 이전과 이후로 나뉜다고 해도 과언이 아니다. 이 공식에서 가장 중요한 것은 'c(속도)'다. 속도에는 제곱의 법칙이 작용한다.

속도가 2배 빨라지면 경쟁력은 4배, 속도가 3배 빨라지면 경쟁력은 9배 높아진다. 말 그대로 속도가 기하급수적으로 압도적인 경쟁력을 만드는 것이다.

모든 생존경쟁에서의 절대 원칙, "느리면 죽는다."이다. 국가, 기업, 개인만이 아니라 동물의 세계에 이르기까지 속도가 느린 것은 생존을 위협받을 수밖에 없다.

"더 빠르게, 더 정확하게, 핵심을 포착하고 이해하기!"

이것이 지식 경쟁에서의 생존 여부를 결정한다. 지식 경쟁에서 저만치 앞서가는 고수들의 핵심 노하우는 바로 이것이다. 경쟁자보다 반 발, 즉 50%의 속도만 빨라도 이기는 것이 게임의 룰이다.

그런데 50%가 아니라 두 배, 혹은 세 배 빠르다면 어떻게 될까? 게임을 시작하기 전부터 이미 승자는 결정되어 있는 것이나 마찬가지다. 포커스 리딩은 2~3주 만에 글 읽는 속도를 3~5배 높여주는 노하우를 제공한다.

그렇다면 글 읽는 속도를 어떻게 높일 수 있을까? 글 읽는 속도를 높이는 방법은 인공지능의 추론 능력을 높이는 방식과 동일하다. 그것은 아주 간단하다. '핵심 포착 능력'을 높이면 된다. 핵심 키워드를 통해 전체를 이해하는 것이다. 즉 중요한 것과 중요하지 않은 것을 순식간에 구분할 수 있는 '가치판단 속도'를 높이는 것이다. 이것을 가능하게 만드는 것이 바로 두뇌의 감각을 깨우는 훈련이다. 이 책에서 배우게 되는 핵심 기술이 바로 그것이다. 눈동자가 아니라 두뇌의 '추론 감각'을 높이는 것이 핵심 포인트다. 키워드 중심으로 즉시 전체 내용을 파악하는 것이 추론이다.

두뇌가 그것을 순간적으로 할 수 있게 만드는 것이 포커스 리딩의 핵심 노하우다.

이미 옥스포드, 하버드, 시카고대학 등 세계적인 명문대학에서는 핵심 중심의 글 읽기 기술을 가르치고 있다. 왜냐하면 빠르게 핵심과 본질을 파악해서 전체를 이해하게 만드는 능력이야말로 지식 경쟁력을 높일 수 있는 지름길이기 때문이다.

글을 읽는 것은 '글자를 읽는 것이 아니라 중요한 것을 찾아내는 것'이다. 즉 '읽는 것이 아니라 찾는 것'이라는 걸 알아야 한다. 이것이 더 빠르게 더 정확하게 읽기 위한 핵심 개념이다.

우리는 이 책에서 두뇌의 정보인식 메커니즘을 바꾸는 방법을 배우게 된다. 두뇌가 원하는 방식은 아주 간단하다.

"핵심 먼저, 중요한 것 먼저!"

이 간단한 기술을 가장 단기간에 효율적으로 배울 수 있는 것이 포커스 리딩이다. 이 책에 담긴 기술이 독자 여러분의 인생을 성공으로 이끄는 원동력이 될 것이다.

차례

PART 2

핵심을 빠르고 정확하게_포커스 리딩 5단계

부록

EPILOGUE

FOCUS

PART 1

위대한 삶으로 올라서는 계단

READING

Focus Reading

글이 자신에게
제대로 도움을 주지 못하는 가장 큰 이유는
뚜렷한 목적의식이 없기 때문이다.
목적의식이 없다는 것은
자신이 어떤 글을 읽어야 하는지,
어떻게 적용해야 하는지 등에 대한
체계적인 정리가 되어 있지 않다는 말이다.
명확하고 상세하며 생생한 목표를 부여할 수 있다면
목표를 향한 자동 메커니즘이 작동할 것이다.
찾아내야 할 해답을 염두에 두고
창조적인 글 읽기를 시작하라.
자신이 추구하는 목표가 무엇인지
정신을 온전히 집중해야 한다.
글과 진정한 대화를 시작하라.

1장

다른 세계로의 문을 열다

글을 읽는 것은 단지 지식의 재료를 줄 뿐이다.
자기 것으로 만드는 것은 사색이다.
-존 로크

글자가 아니라 생각이다

글은 생각 그 자체다

글을 읽는 이유는 무엇일까? 질문은 답을 품고 있다. 헤르만 헤세는 《글 읽기의 기술》을 통해 생각하지 않는 글 읽기를 적나라하게 비판했다. 그는 생각하지 않는 글 읽기는 인생을 낭비하는 것이며 아무런 도움이 되지 않는다고 말했다.

우리는 무엇을 위해 글을 읽는가? 읽으면 뭐가 좋은가? 어떻게 읽어야 할까? **글 읽기는 단순하게 글자를 본다는 뜻이 아니다.** 글을 읽는다는 것은 글 속에 담긴 생각과 의도와 목적을 읽는 것이다. 글 읽기는 시공을 뛰어넘어 생각을 만나는 것인 동시에 서로의 생각이 만나는 것이다. 그리고 생각의 교류를 통해 우리는 원하는 것을 얻을 수 있다. 글 속에는 정신, 지식, 사상, 경험을 모두 포함한 삶 자체가 담겨있다. 그러므로 **글은 생각 그 자체이며, 글을 읽는다는 것은 본질, 핵심을 찾아내는 행위**인 것이다. 그것을 찾아내지 못하면 글을 읽은 것이 아니라 단지 글자만 읽은 것이다. 핵심과 본질을 정확하고 빠르게 찾아내는 것이 통찰력이며 이 글에서는 그 방법을 제시하고 있다.

우리는 글을 통해서 당장이라도 앨빈 토플러의 강의를 들을 수 있고, 톰 피터스의 컨설팅을 받을 수 있다. 그뿐만 아니라 빌 게이츠에게 컴퓨터와 인터넷의 미래에 관한 이야기를 들을 수도 있고, 헤르만 헤세에게 문학 강의를 들을 수도 있다. 글을 통해 그 사람의 진짜 실체를 만나는 것, 이것이 바로 글 읽기의 본질적 가치다.

워렌 버핏을 1 : 1로 만나 그의 투자 노하우를 듣는다고 해보자. 그 시간을 위해 당신이 지불해야 할 비용과 짧은 시간의 한계를 생각해보라. 가능할까? 만약 분야를 막론하고 최고의 전문가 100명을 만나서 배우는 데 비용과 시간을 얼마든지 지급할 수 있다면 당신은 글 읽을 필요가 없을지도 모른다. 그러나 그것은 누구라도 불가능하다. 이에 비하면 글은 거의 공짜나 다름없다. 더 좋은 점은 시간의 제약 없이 그들의 노하우를 통째로 뽑아낼 수 있다는 점이다. 우리는 사람, 곧 나에게 가르침을 줄 이들을 만나기 위해 그들의 글을 읽는 것이다.

어떤 내용이든 한 편의 글을 만들기 위해서는 수많은 고민을 해야 한다. 재료를 모아야 하며, 자신의 지식과 다른 사람의 지식을 아우르는 과정도 거쳐야 한다. 그리고 내용을 다듬고 자르며, 덧붙이면서 일관된 주장을 뽑아내기 위해서 긴 숙성의 시간을 보내야 한다. 내용의 흐름에 따라 불필요한 것들은 자기 살을 도려내듯 잘라내기도 한다. 글을 쓰는 것은 생각을 다듬는 일이다.

글을 통해서 우리는 지식뿐만 아니라, 정신세계를 만날 수 있다. 글을 읽는다는 것은 저자를 포함한 많은 지식인의 정신세계와 만나는 과정이기도 하다. 글이 아니라면 그렇게 깊이 있고 다양한 지식인을 어떻게 만나 이야기를 나눌 수 있겠는가? 글을 통해 일상의 만남에서 찾아볼 수 없는 정제된 정신과 지혜를 주고받을 수 있다.

에베레스트를 오르는 방법은 여러 가지다. 남들이 택한 적 없는 새로운 코스로 첫 등반을 시작하거나, 아무도 시도한 적 없는 방법으로 등반을 한다면 성공은 고사하고 목숨도 지키기 어려울 것이다.

가장 효율적으로 성공하는 방법은 먼저 에베레스트를 정복한 이들의 전략을 알아내 그대로 따라 하는 것이다. 성공한 이들이 등반 전에 무엇을 준비했고, 어떤 루트로 등반을 했으며, 여러 가지 고난을 어떻게 이겨냈는지를 면밀히 분석하고 따라 한다면 첫 등반이라 하더라도 성공 확률이 매우 높다.

여기서 에베레스트는 자신이 원하는 목표다. 당신은 태어나면서 세상을, 가치 있는 목표를 성공적으로 만들어가라는 감당하기 힘든 과제를 받았다. '결핍'을 등에 지고 태어난 대다수 사람의 삶은 그 자체가 위험천만한 도전이다. 예행연습 한 번 없이 목표에 도달해야 한다. 그렇다면 처음이자 마지막인 도전에 성공하기 위해서 우리는 어떻게 해야 할까?

앞서 말한 에베레스트 등반에 성공하기 위한 전략과 같다. 나보다 앞선 누군가를 찾아서 모방하는 것이 시행착오를 줄이는 지혜로운 방법이다. 이렇게 내가 모델로 삼은 사람의 전략, 판단기준, 감정, 목표 등을 그대로 나에게 적용함으로써 그와 동일한 모습이 되고자 하는 것을 '내적 일치'라고 한다. 성공한 모델과 내적 일치를 이루는 것이 가장 확실한 성공전략이다. 즉, 그의 생각, 행동, 가치관, 전략, 노하우 등을 분석해 자신에게 적용함으로써 또 다른 나만의 목표를 만드는 것이다. 그것이 글을 읽는 목적이다.

그런데 과연 글 아닌 다른 방법은 없을까? 에베레스트에 오르는 코스가 다양한 것처럼 지식과 현명함, 냉철한 판단력을 기르는 방법도 다양한데 꼭 글이어야만 할까? 주자의 말에 그 답이 있다.

"글을 읽는다는 것은 글자를 읽는 것이 아니다."

진정한 글 읽기는 글을 통해서 생각 속으로 들어가는 것이다. 우리는 나보다 더 지혜롭게 성공적인 삶을 살다 간 선대의 사람들을 만나기 위해서 글을 읽는다. 단지 정보의 축적을 위해 글을 읽는다면 그는 글 읽기의 진짜 가치를 이해하지 못한 것이다. 글을 통해 만날 수 있는 사람은 많다. 우선 저자가 있고, 더 넓게는 글에 인용되었거나 글쓰기에 영향을 미친 이들까지 포함된다. 글 한 편이 나오기 위해서는 적어도 수백 권 이상의 책이 필요하다.

앨빈 토플러는 자신의 3대 저서인 《미래 쇼크》에서 359권, 《제3의 물결》에서 534권, 《권력 이동》에서 무려 580권의 글을 인용했다고 한다. 인용뿐만 아니라 생각에 영향을 미친 글까지 포함한다면 이 숫자는 훨씬 더 커질 것이다. 톨스토이는 《전쟁과 평화》를 쓰는 데 작은 도서관 하나에 맞먹는 글이 필요했다고 한다.

이렇듯 글 속에는 또 다른 글과 등장인물들의 생각들이 함께 숨쉬고 있다. 공간과 시대를 초월해서 한꺼번에 그렇게 많은 사람을 만날 수 있다는 것이 글 읽기의 진정한 가치다. 그들의 정신을 만나기 위해 자세를 가다듬고 글을 대하는 것이 올바른 자세다. 글 속의 숨은 인물들을 만남으로써 우리는 기대 이상의 다른 것을 얻을 수 있다. 시간이 흐르면 지식은 잊히고 정보는 흘러간다. 그러나 내 것으로 소화된 글 속 인물들의 정신과 지혜들은 필요한 순간마다 자유자재로 나타난다.

글 읽기의 유용함은 세계적인 부자들을 살펴보면 더욱더 뚜렷이 드러난다. '부자'와 '글 읽기 광'의 연관이 어색할지도 모르지만, 사실 자수성가한 부자 대다수는 글 읽기의 고수들이다. 물론 글이 부를 끌어모으는 데 충분조건은 아닐지 모르지만 적어도 필수적인 '정보'의 창인 것만은 사실이다. 미국 최고의 투자자인 워렌 버핏은 하루 중 3분의 1을 투자 자료를 읽는 데 쓴다. 아시아의 거부 리자청은 자기 전 30분간 글 읽는 습관을 갖고 있고, 삼성의 이건희 회장은 한 달 평균 20권의 책을 독파한 것으로 알려져 있다. 읽지 않고 성공한 사람은 거의 없다. 분야를 막론하고 자기 분야에서 인정을 받은 이들은 글 읽기, 그것도 엄청난 다독多讀이라는 공통점을 보인다. 글 읽는 능력이 성공의 지름길이라는 것은 명확한 사실이다.

수익성 높은 투자

누구도 글 읽기가 인생에 확실히 도움이 된다는 것을 부인하지 않을 것이다. 그러나 실제로 어느 정도의 투자 효과가 있는지 제대로 아는 이는 많지 않다. 사실, 일분일초를 쫓기며 살아가는 사람들 대부분은 적지 않은 시간과 돈을 투자해야 하는 다독多讀에 부담감을 느낀다. 물론 높은 수준의 효과를 얻기 위해서는 당연히 시간을 투자해야 한다. 글 읽는 능력을 높이는 것을 투자의 관점에서 그 효과를 가늠해 볼 필요가 있다. 물론 그 수익을 당장 현금으로 환산할 수는 없으므로 일반적인 투자와는 성격이 조금 다르다.

사실 글 읽기 능력의 효과는 일생을 통해 꾸준히 나타난다. 학업 성적, 각종 시험, 입시, 자격증, 전문 지식 습득 등등 개인의 능력 평가는 대부분 글 읽는 시험으로 결정한다. 단지 시험만이 아니라 창조성도 비즈니스 성과도 결국은 글을 읽어야만 발휘될 수 있다.

혁신을 위한 글 읽기, 에디슨

세계 최초로 공업용 실험실을 세우고 세계 최고인 1,093개의 특허를 얻었으며, 그가 사망할 시점에는 미국의 경제인구 중 6분의 1이 그의 발명품으로 인한 산업에 종사했을 정도로 에디슨은 성공한 사람이다. 그의 놀라운 능력은 글 읽기에서 뻗어 나왔다.

초등학교에 입학한 지 석 달 만에 문제아, 열등생이라는 꼬리표를 달고 쫓겨난 에디슨은 어머니 낸시의 글 읽기 교육 덕분에 난독증이라는 치명적인 결함을 극복하고 글을 빠르게, 많이 읽는 법을 익히게 되었다. 《로마제국 홍망사》, 《영국사》와 같은 역사 글부터 셰익스피어와 찰스 디킨스의 문학작품까지 어려서부터 다양한 글을 읽었기에 그는 정규 교육과정 없이도 세계적인 석학들과 어깨를 나란히 할 수 있었다.

쉬는 시간이면 늘 디트로이트 시립도서관을 찾았던 어린 에디슨은 책꽂이 맨 아랫단 왼쪽의 책부터 맨 윗줄 오른쪽 책까지 순서대로 읽었다고 알려져 있다. 자신의 표현에 따르면 이런 식으로 그는 '도서관을 통째로' 읽었다. 이 시기에 에디슨은 앤드류 유레의 《기술, 제조업, 광업의 사전》을 읽고 인생의 전환점을 맞이한다. 실용적인 물건을 제조하는 기술자를 높게 평가한 이 글을 통해 에디슨은 '인간에게 꼭 필요한 발명품을 만드는 발명가'가 될 것을 결심하게 된다.

"뭔가를 발견해내고 싶을 때면 먼저 글을 찾아 읽습니다. 과거에 누군가가 쓴 모든 것을 샅샅이 뒤지는 거죠."

에디슨의 이 말에서 느낄 수 있듯, 그는 글을 통해서 새로운 연구거리와 풀리지 않는 해답을 찾곤 했다. 연구를 위해서 에디슨은 구할 수 있는 모든 정보를 다 읽었고 혹시라도 덜 읽은 경우에는 아예 실험에 들어가지 않았다. 그가 수많은 혁신을 이뤄낼 수 있었던 힘은 바로 글을 늘 가까이했던 습관이었다.

문서정보를 가까이하는 습관, 워렌 버핏

1956년의 100달러짜리 주식투자로 시작한 워렌 버핏이 현재 미국 최고 갑부가 될 수 있었던 숨은 비결은 바로 글 읽기다. 어려서부터 버핏 회장은 신문과 글을 손에서 놓지 않는 것으로 유명했다. 11살의 나이에도 그는 주식투자를 위해서 경제용어를 이해하기 위해 글 읽기에 집착했다. 워렌 버핏은 19살 때 위대한 스승 벤저민 그레이엄의 책인 《현명한 투자자》를 만난다. 그는 그 책을 완전히 외울 정도로 반복해서 읽었다. 그리고 실제로 벤저민 그레이엄에게 배우기 위해 콜럼비아대학에 진학해서 그에게 수업을 받았고 수제자가 되었다. 그의 핵심 가르침을 평생 자신의 투자 원칙으로 삼아 위대한 성공을 거둔 워렌 버핏은 이런 글을 남겼다.

"나는 이 책이 그때까지 나온 투자에 관한 글 가운데 가장 뛰어난 글이라 생각했으며, 지금도 이 책이 투자에 관한 모든 글 중에서 최고라는 생각에는 변함이 없다. 내 아버지를 빼곤 그 어떤 이도 그만큼 내 인생에 영향을 주지 못했다.”

방대한 그의 글 읽기는 대학 시절 내내 시험 걱정을 덜어주었을 뿐만 아니라 최고의 성적으로 졸업할 수 있게 만들었다. 90세가 넘은 지금도 버핏 회장은 늘 글을 가까이한다. 특히 경제신문인 월스트리트저널, 파이낸셜타임스, 워싱턴타임스, 뉴욕타임스는 빠짐없이 매일 챙겨본다. 마치 세계 각국의 경제 사정과 여러 기업의 경영 활동을 담은 보고서를 읽듯 한다. 분명 약 80년 동안의 글 읽기로 얻은 정확한 판단력, 정보 분석능력이 누구도 얻지 못한 높은 수익을 그에게 가져다준 것이다.

아이디어를 낳은 글 읽기, 빌 게이츠

“훌륭한 글 읽기가 되지 않으면 진짜 지식을 얻을 수 없다. 비디오 영상과 음향시스템이 아무리 발달한다 해도, 글은 여전히 정보를 전달하는 최선의 방식이고 간접경험을 하는 최고의 방법이다.”

빌 게이츠의 말이다. 어렸을 때 백과사전을 A부터 Z까지 읽은 것으로도 잘 알려진 그는 모든 분야의 글을 가리지 않고 읽는다. 그는 지금까지도 일 년에 몇 번씩 '생각 주간'이라는 시간을 보낸다. 그 기간에 그는 시애틀 인근의 작은 개인 별장에 들어가 외부 사람과의 만남을 끊고 책 읽기와 사색을 통해 새로운 사업 아이디어를 얻는다. 글 읽기란 그에게 아이디어의 원천이자 생각의 연결고리를 만드는 작업이다. 그는 글 읽기의 가치를 아래와 같은 말로 표현했다.

"오늘의 나를 있게 한 것은 우리 마을의 도서관이었다. 하버드 졸업장보다 내게 더 소중한 것은 바로 글 읽는 습관이다."

글 읽기의 투자 효과가 비단 에디슨, 워렌 버핏, 빌 게이츠뿐이겠는가! 글 읽기의 투자 수익률을 따질 때 빼놓을 수 없는 것 중 하나가 자녀교육이다. 부모의 입장에서 보면 자녀는 자기 인생의 성공을 가늠하는 중요한 투자 대상이다. 자녀교육에 성공한 부모는 성공적인 인생을 살았노라고 말할 수 있다. 자녀를 뛰어난 인재로 키우고 싶은가? 그렇다면 글 읽기 습관부터 가르쳐라. 돈으로도 살 수 없는 호기심을 길러주고 적극적으로 지식을 찾게 하는 습관은 근본적으로 글 읽기에서 비롯되기 때문이다. 어린 시절부터 읽은 글의 양과 질은 훗날 인생의 방향과 삶의 질을 결정한다.

영재 교육을 원한다면 무엇보다 글 읽기 능력을 높이기 위한 훈련이 우선이다. 지적 호기심은 뇌가 발달을 멈추는 열두 살 때 절정을 이룬다. 이때까지 아이들에게는 글 읽기 습관과 훈련의 기회가 주어져야 한다. 호기심이 왕성한 시기의 아이들은 스펀지가 물을 흡수하듯 읽는 내용을 빠르게 받아들인다. 일부러 내용을 가르칠 필요도 없이 그냥 글을 보여주기만 하면 된다. 이때의 글 읽기는 아이들의 잠재성을 극대화할 수 있는 도구이며 이후의 인생을 결정하는 필수요소다. 자녀들의 인생에 대한 가장 높은 투자 수익률을 확실하게 보장하는 것이 글 읽기인 셈이다.

성인의 글 읽기 역시 나름의 효과가 있다. 자신이 이미 지적 호기심이 왕성한 시기를 지났다고 해서 결코 실망하거나 좌절할 필요는 없다. 지금부터 자신만의 글 읽기 프로젝트를 시작하라. 이미 머리가 굳고 지적 흡수력이 떨어졌다 하더라도 글 읽기를 시작하면 두뇌를 활성화하고 창의력과 학습능력을 향상시킬 수 있다. 세상을 바라보는 안목이 달라질 것이다. 이 모든 유익함을 포기하며 글 읽기를 미뤄야 할 이유가 있을까?

성공한 인생 모방하기

글 읽기 계획을 세우기 전에 가장 중요한 것은 그 목적과 의미를 정확하게 설정하는 일이다. 목적이 없는 글 읽기는 시간 낭비가 될 가능성이 크다. 효율적으로 자신의 핵심역량을 발전시킬 수 있고, 다른 사람과 자신을 차별화할 수 있는 희소가치를 갖춰야 한다. 똑똑한 글 읽기는 글 속에 숨어 있는 성공한 이들의 노하우를 자기 것으로 만드는 능력에 달려있다.

큰 성공을 거둔 많은 사례를 자세히 살펴보라. 완전히 백지상태로 시작해서 성공한 경우는 거의 없다. 대부분은 기존의 모범사례를 다듬고 약간의 새로운 것을 추가해 개량한 것이다. 위대한 발명이라고 불리는 에디슨의 탄소 필라멘트 전구 역시 영국의 스완이 먼저 만든 탄소 필라멘트 성능을 향상시킨 것이다. 즉, 많은 위대한 성취들이 사실은 모방과 개량의 산물이라는 거다. 에디슨 역시 이런 말을 한 적이 있다.

> "혁신에 정말 필요한 것은 기존의 뛰어난 아이디어를 발굴, 보전하고 그것을 어떤 형태로 나의 필요성에 응용할 것인지 생각하는 작업이다."

전례를 참고하는 것은 발명가만이 아니다. 경영자나 운동선수, 그 밖에 많은 성공한 사람들이 그러한 과정을 거친다. 그들의 말을 들어보자.

"입사 이후 내가 끊임없이 공부했던 것은 마쓰시타라는 회사였습니다. 저는 마쓰시타 고노스케 씨를 너무 좋아해서 그분이 쓴 거의 모든 글을 흥미롭게 읽었습니다."

-소니의 전 회장 이데이 노부유키의 저서 《망설임과 결단》 중에서-

"내가 지금까지 해온 일의 대부분은 누군가를 흉내 낸 것이다."

-월마트의 창업주 샘 월튼-

"여러 사람의 자세를 흉내 내면서 지금의 내가 만들어졌다."

-스즈키 이치로-

이처럼 무언가를 배운 다음 자기 것으로 소화하는 과정은 결코 부끄러운 일이 아닌, 새로운 창조 작업이다. 획기적인 변화 역시 전례를 다듬는 것에서 시작되어 조금씩 발전한 결과다.

위대한 성취를 이루는 과정은 사실 호락호락하지 않다. 이를 이루기 위해서는 일정 기간 자신의 지식과 역량을 집중적으로 갈고 닦는 기간이 필요하다. 실제로 한 분야에서 전문가의 수준이 되는 데는 상당한 시간과 노력이 필요하다. 하지만 그 기간은 자신만의 희소가치를 창출하기 위해 꼭 필요한 숙성과정이다. 최대한 집중적이고 효율적인 방법을 찾아내 시행착오를 줄이고 시간 낭비를 줄이는 숙성이 필요하다. 그러자면 남들이 쌓은 경험과 지식과 지혜를 활용하는 것이 좋다. 모든 성공은 수많은 실패 후에 이뤄진다. 이미 성공한 사람들의 성공 전략을 자신의 것으로 적용하는 것은 이런 실패를 피해갈 수 있는 효율적인 방법이다.

그렇다면 성공전략을 어디서 어떻게 찾을 것인가? 그들의 진짜 노하우는 글에 담겨있다. 앤서니 라빈스는 저서 《무한능력》을 통해서 '성공을 위한 가장 좋은 방법은 모방'이라고 말했다. 이런 측면에서 글은 일종의 보물지도인 셈이다. 그리고 우리는 지도를 들고 보물을 찾아가듯, 글 속에서 성공을 부르는 노하우를 뽑아내야 한다. 위대한 삶을 살았던 이들과 깊이 있는 교류를 할 수 있다는 면에서 글은 거의 공짜에 가까운 비용으로 막대한 가치를 제공하는 셈이다. 글 한 편에 담긴 한 가지 노하우는 한 사람의 인생을 통째로 바꿔놓을 만큼의 위력이 있다.

너머의 세계로 들어가는 공식 $E=mc^2$

내 인생의 멘토

진정한 멘토는 어려움을 해결하기 위한 실마리를 제공한다. 당신의 멘토는 누구인가? 이 세상에서 가장 위대한 멘토는 글 속에 있다. 글을 통해서는 만나지 못할 사람이 없다. 과거의 선구자들부터 현재의 석학들까지 모든 사람을 글 속에서 만난다. 글 속의 인물들은 시간과 장소에 상관없이 우리가 필요한 순간에 언제든지 만날 수 있으며 늘 필요한 것 이상을 말해준다.

우리가 글을 대할 때는 마음이 함께 움직인다. 내가 마음을 열고 글을 대하면 글 역시 모든 것을 말해준다. 글 속에 지혜가 있고 비전이 있다. 글을 읽는 것은 남의 노력을 값싸게 얻는 것이다. 세상에 이보다 더 좋은 방법은 없다. 정말 중요한 건 실천이다. 게리 해멀의 《꿀벌과 게릴라》에는 이런 말이 있다.

"글을 읽지 않는 사람은 평생을 똑같은 수준으로 부지런히 꿀벌처럼 일할 수는 있지만, 게릴라처럼 갑자기 출세하거나 사업에 성공하지는 못한다. 평소에 꾸준히 글 읽기를 통해 놀라운 지식과 능력, 그리고 자신감을 얻는 자만이 혁명적인 두각을 나타낼 수 있다. 앞으로는 개선 정도로는 안 된다. 그 누구도 상상하지 못한 혁명적인 발상으로 새로운 일을 시작해야 한다는 것이다. 마치 게릴라처럼…."

당신이 정말로 무엇인가를 이루고자 한다면 구체적인 목표를 가지고 글 읽기를 시작하라. 글 읽기에 과거의 경력이 필요한 것은 아니다. 중요한 것은 현재 어떤 지식을 접하고 있으며 앞으로 어느 방향으로 나아갈 것인가 하는 점이다. 이는 오래된 아파트를 리모델링하기 위해 계획을 세우는 것과 같다. 뭔가에 막혀 문제가 해결되지 않을 때는 글을 펼쳐라. 그것이 가장 확실한 방법이다. 스스로 구체적인 계획에 따라 새로운 정보와 지식으로 리모델링하지 않으면 어느 날 도태되어 가고 있는 자신을 발견하게 될 것이다. 이를 경계한 마하트마 간디는 다음과 같은 말을 남겼다.

"영원히 살 것처럼 배우고, 오늘 죽을 것처럼 소유하라."

평범한 삶에서 특별한 삶으로 전환하기 위해서는 '결심'이 필요하고, 그 결심의 구체적인 전략 수립에는 글 읽기가 반드시 들어가야 한다. 흐릿한 목표를 선명하게 하고 느슨해진 의식을 명료하게 하기 위해서는 글을 읽어야 한다. 삶을 개선할 마음이 있다면 일단 글 읽기 목표를 세워라. 목표를 세우고 나면 수많은 선구자가 당신의 멘토가 되어줄 것이다.

우리의 삶은 롤러코스터와 같다. 처음 시작할 때는 긴장 속에서 서서히 올라가지만, 어느 지점에 이르면 갑자기 정신없이 빨라진다. 처음에는 통쾌한 질주를 만끽하며 세상을 다 가진 듯한 느낌이 들 것이다. 그러나 어느 순간 끝없는 추락에 두려움을 느끼기도 한다. 그리고 '이젠 바닥이다.'라고 생각하는 순간 더 아래로 떨어지기도 한다. 위아래를 구분할 수 없을 만큼 한자리에서 회전하는가 하면 한순간 멈춰 서서 곧 이어질 추락의 공포에 우리를 몰아넣기도 한다. 시간이 얼마나 어떻게 흘렀는지 모르다가 하차하는 순간에야 비로소 즐거움도, 스릴도 탑승료와 함께 날아갔음을 깨닫는다. 이런 것이 인생이다. 추락이 언제 끝날지도 모르고 이 열차가 어디로 달리고 있는지도 모른 채 두렵기만 하다면 즉시 공포의 롤러코스터에서 내리고 싶을 것이다. 그러나 그것은 미래의 도전에 대한 포기이며 두려움에 대한 굴복이다. 그리고 그것은 인생을 포기하는 것이다. 그럴 수는 없지 않은가?

추락하든 상승하든 나침반을 가지고 있다면 롤러코스터 같은 인생의 굴곡도 크게 걱정하지 않을 수 있다. 남들이 어찌할 바를 모르고 당황할 때에도 나침반을 가진 사람은 이미 그 위기를 예측하고 대비할 수 있다. 우리의 삶에 필요한 것은 바로 이 나침반이다. 그렇다면 당신의 나침반은 무엇인가? 미래의 삶을 대비할 수 있게 돕는 것은 무엇인가? 당신의 멘토는 누구인가?

지혜 중 최고의 지혜

옛날 어느 나라에 지혜로운 왕이 살았다. 어느 날 왕은 덕망 있고 학식이 높은 학자들을 모두 불러 세상의 모든 지혜를 모아 정리하라는 과제를 주었다. 학자들은 분야별로 주제를 정하고 인원을 나눠서 세상의 지혜를 모으기 시작했다. 그들은 모든 책과 글을 수집해서 가치 있다고 판단되는 방대한 자료를 모아 책으로 편집하였다. 많은 시간과 돈이 들어가는 국가 차원의 프로젝트에 여러 해를 쏟아부은 결과, 드디어 책이 완성되었다. 이 수십 권의 책에는 각 분야의 지혜가 담겨있었다. 그 글을 본 왕은 학자들의 노고에 깊은 치하를 하면서도 그 내용이 마음에 들지 않는다고 말했다. 백성들이 활용하기엔 글의 양이 너무 많다는 문제가 있었기 때문이다. 학자들은 또다시 모여 중복되는 것을 빼고 추려서 내용을 절반으로 줄였다. 그러나 왕은 그것도 많다고 했다. 또 줄이고 줄이는 과정을 반복한 끝에 책은 한 권으로 정리가 되었다. 그러나 왕은 만족하지 않고 계속 더 줄이라고 요구했고 결국 수십 권의 글은 거르고 걸러져 종이 한 장으로 압축되었다.

그럼에도 만족하지 못한 왕이 "그것을 단 한 문장으로 표현하시오."라고 말했다. 고민을 거듭한 학자들은 그 내용을 드디어 단 한 문장으로 만들었다. 그리고 그 문장을 본 왕은 매우 흡족했다. 바로 자신이 원하던 최고의 지혜라고 느꼈다. 왕은 모든 백성에게 그 문장을 공표하며 나라의 슬로건으로 정했다. 대체 세상의 모든 지혜를 담았다는 그 한 문장은 무엇일까?

"세상에 공짜는 없다."

세상의 모든 이치를 이보다 더 함축적으로 담아낸 명언이 있을까? 세상에 공짜는 없다. 대가 없이 얻어지는 것은 없다는 뜻이다. 원인이 있어야 결과가 있고 투자가 있어야 수익도 있다. 깨달음을 얻고 싶다면 그것을 찾는 과정이 있어야 하고, 구원은 누군가의 피흘림이 있어야 하고, 새로운 생명을 만나기 위해서는 출산의 고통이 있게 마련이다. 맑은 공기와 물을 원한다면 시골의 불편함을 감수해야 하고, 나무 그늘의 휴식을 원한다면 먼저 땀 흘리는 노동이 있어야 한다. 합격을 원한다면 달콤한 게으름을 포기해야 하고, 부자가 되고 싶다면 악착같은 젊은 날의 분투가 있어야 한다. 성공은 끊임없는 도전의 결과이며 실패는 포기의 결과다.

이것은 변치 않는 진리다. 개인적인 성취를 바란다면 당연히 그에 상응하는 대가를 지불해야 한다. 그런데 여기서 한 가지 생각할 것이 있다. 같은 대가를 치른다고 해서 모두 똑같이 얻을 수 있는 것은 아니라는 점이다. 어떤 사람은 다른 이의 두세 배를 지불하고도 실패하지만, 어떤 사람은 적은 비용으로도 원하는 것 이상의 결과를 얻기도 한다. 얼마를 지불하고 원하는 것을 얻을지 결정하는 것은 개개인의 몫이다. 우리는 비용을 똑똑하게 지불하는 방법을 배워야 한다. 어떤 과정을 택하는가에 따라 비용과 결과가 달라진다.

예를 들어, 피터 드러커 같은 세계 최고의 전문가를 만나 경영전략을 배우고 싶다고 하자. 비용과 시간은 얼마나 투자해야 할까? 하지만 엄청난 시간과 비용을 들인다고 그 사람들이 만나준다는 보장은 없다. 게다가 피터 드러커는 이미 이 세상 사람이 아니다. 그가 살아 있다고 해도 어려운 문제다.

문자가 만들어진 이후의 모든 지혜는 글 속에서 만날 수 있다. 《경영의 실제》 속에는 언제라도 강의할 준비가 된 피터 드러커가 당신을 기다리고 있다. 글을 통한 컨설팅 비용은 거의 공짜나 다름없다. 당신은 아주 약간의 돈과 시간만 투자하면 된다. 글을 통해서 만나지 못할 멘토는 없다. 그들이 글 속에 풀어낸 평생의 노하우를 생각해보면 글에 투자하는 비용은 절대 아깝지 않을 것이다. 최소한의 비용, 그리고 그 내용을 당신에게 적용하려는 노력이면 이미 충분한 투자다. 시공을 초월한 깊이 있는 내용과 저렴한 '수업료', 이것이 바로 글의 매력이다.

양보다 질이 더 중요하다

$E=mc^2$

현대 과학사에 커다란 변화를 만들어낸 아인슈타인의 특수상대성이론 공식이다. 이 공식이 세상에 나온 것이 1905년이니 벌써 100년 이상의 시간이 흘렀다. 이 이론은 인류에게 우주를 조금 더 정확히 이해할 수 있는 열쇠이자 획기적인 에너지 발전 수단을 제공한 공식이었다. 여기서 우리는 $E=mc^2$이 더 나은 삶에 필요한 에너지를 만들어내는 공식이기도 하다는 사실을 알 필요가 있다.

E(에너지) = m(질량) x c(빛의 속도)²

이 공식에 따르면 빛의 속도에 따라서 에너지의 크기가 변한다. 빛의 속도는 약 300,000km/S이며, c^2(빛의 속도)은 무려 90,000,000,000이라는 엄청난 숫자다. E(에너지)의 크기는 빛의 속도에 제곱 비율로 커지는 것이다. 무게가 적은 원자폭탄이 상상을 초월할 정도의 위력을 내는 것도 mc^2을 에너지로 방출하기 때문이다.

이 공식을 글 읽기에 적용해보자. 우리 삶에 필요한 에너지를 극대화해줄 c는 '지식의 순환 속도'다. 정보를 흡수하고 공유해서 활용하는 속도가 에너지, 즉 경쟁력 수준을 제곱의 크기로 키워준다. 그렇다면 m은? 지식의 질량이다. 이것은 상대성이론에서 질량에 해당한다. 지식의 질량, 즉 글 읽기의 질량(질 & 양)은 빛의 속도를 더 크게 키워내는 핵심이다. 이를 바탕으로 만들어본 글 읽기의 공식은 다음과 같다.

E(삶의 에너지) = m(글 읽기의 질량) x c(지식의 흡수/확산 속도)^2

m(글 읽기의 질량)이 왜 중요한지 원자폭탄에 비유하여 설명해보면 다음과 같다. 원자폭탄의 원료로 사용되는 우라늄 235는 천연우라늄 광석 속에 겨우 0.7%가 함유되어 있다. 나머지 99.3%는 바로 폭탄의 재료로 쓸 수 없는 비분열성 우라늄 238이다. 우라늄 238에서 우라늄 235를 추출해내 순도 90% 이상으로 농축한 것이 원자폭탄의 에너지원이 된다. 순도 높게 농축한 우라늄 235나 플루토늄 239 등이 핵분열 물질로 사용되는 것이다. 에너지원인 우라늄이나 플루토늄의 순도에 따라서 이는 엄청난 폭발력을 가진 핵폭탄이 되기도 하고 일상생활에 쓰이는 에너지 발전의 원료가 되기도 한다. 그러므로 재료로써 우라늄과 플루토늄의 순도는 매우 중요하다. 즉 에너지의 크기는 우라늄의 '질량=질(순도)+양(무게)'에 따라 달라지는 것이다(빛의 속도는 변하지 않는 상수다).

글 읽기에 이 공식을 대입하면 다음과 같이 설명이 가능하다. 삶의 에너지는 지식의 질량과 지식의 순환속도에 비례한다. 우리의 삶을 바꿀 수 있는 에너지를 최대한으로 키우기 위해서는 일단 일정량 이상의 상당한 지식의 질량m이 필요하다. 상대성이론에서는 에너지가 곧 질량이라고 할 만큼, 질량이 에너지의 양에 큰 영향을 미친다.

여기에서 가장 중요하게 생각해야 할 것은 지식도 우라늄이나 플루토늄처럼 순도, 즉 질이 중요하다는 사실이다. 우리가 글 읽기를 통해 습득한 지식의 질이 일정 수준 이상이 되지 못하면 폭발을 일으키지 못하는 불량품, 즉 불발탄에 머물게 된다. 한마디로 글을 읽되 질이 매우 중요하다는 말이다. 질이 높지 않으면 삶에 도움이 될 정도의 에너지를 글로부터 얻을 수 없다.

그렇다면 좀 더 순도 높은 글 읽기를 하기 위해서 우리는 무엇을 해야 하는가? 글 읽기에서 순도를 측정하는 첫 번째 기준은 바로 '핵심과 본질 파악'이다. 아무리 좋은 글을 읽는다 하더라도 핵심과 본질을 잘 뽑아내지 못하면 헛수고일 뿐이다. 금맥을 발견하는 눈과 수준 높은 제련 기술이 순도 높은 금을 뽑아내듯, 글 역시 좋은 글을 알아보는 눈과 그 내용을 순도 높게 뽑아내는 능력이 필요하다. 금맥을 찾듯이 핵심을 찾아내라. 그래야 글 읽기가 더욱 가치 있게 활용된다.

핵심, 본질을 찾아내는 능력의 중요성은 아무리 강조해도 지나치지 않다. 그것이야말로 글 읽기의 성패를 좌우하는 가장 중요한 요소라고 해도 과언이 아니다. 핵심을 선택하는 것은 생각을 선택하는 것이다. 무엇을 뽑아내느냐에 따라 모든 것이 달라진다. 이 설명은 이 책 전체에서 설명하고자 하는 가장 중요한 핵심 메시지다. 이것을 정확히 이해해야만 고효율의 글 읽기 방법을 터득할 수 있다. 계속 반복해서 자세한 설명을 할 것이다. 그리고 고순도의 글 읽기를 하려면 '핵심 중심의 글 읽기' 개념을 알아야 한다. '핵심 중심'이라는 개념은 글 읽기의 질량만이 아니라 속도까지 동시에 높여주는 마스터 열쇠다.

그다음 중요한 문제는 속도 c다. 상대성이론을 보면 에너지 E는 속도의 제곱 비율로 커진다. 그런데 상대성이론에서 c(빛의 속도)는 변하지 않지만, 글 읽기에서는 m(핵심 중심의 고순도 글 읽기)이 c(글 읽기 속도)를 획기적으로 높여주는 강력한 지렛대 역할을 한다. 글 읽기에서는 정해져 있는 최고속도의 한계는 없다. 포커스 리딩은 단 2~3주 안에 글 읽는 속도를 3~5배 높여준다. 엄청난 속도 향상이다. 지식 경쟁력은 정보를 흡수, 활용하는 속도와 비례한다. 그러므로 우리는 매우 낮은 속도에서 벗어나 점점 더 속도를 올려야 하는 과제를 안고 있다.

수십 년 동안 고착되어 온 느린 글 읽기로는 시대의 흐름을 따라가기 매우 힘들다. 앨빈 토플러는 저서 《미래 쇼크》에서 현재 예측

가능한 기술적, 사회적 변화의 가속화 때문에 개인이나 집단의 사회적응이 한층 어려워진다고 이미 밝힌 바 있다. 《부의 미래》에서도 같은 개념을 말하고 있다. 부富를 만드는 세 가지 요소인 지식, 공간(환경), 시간(속도)을 말하면서 변화의 속도에 제대로 대응하는 것이 얼마나 중요한지 강조하고 있다.

엄청나게 빠르게 변화해 가는 환경 속에서 개인과 조직은 어떻게 적응할 것인가? 여기서 핵심은 속도다. 글을 읽는 속도는 정보의 가공, 확산 능력에도 고스란히 영향을 미친다. 정보와 지식이 가치를 만들어내는 세상에서는 그것을 빠르게 습득하고 적재적소에 활용하는 능력을 계발하여야 한다. 정보의 양과 그 가치에 대한 고민, 공유와 확산, 활용은 급변하는 미래 환경에도 매우 중요한 주제가 될 것이다. 지식을 빠르고 정확하게 습득하고 활용하는 구체적인 방법은 2부에서 자세히 설명하겠다.

정리하자면, 두 가지에 집중하라는 것이다.

첫째, 글의 핵심을 정확하게 뽑아낼 수 있어야 한다. 글을 읽는다고 하더라도 정작 중요한 정보는 제대로 포착하지 못하는 경우가 많다. 그러므로 글의 핵심을 뽑아내는 능력이 필요하다.

둘째, 지식의 흡수와 활용 속도다. 필요한 지식을 찾아내고 핵심을 포착해서 활용하는 모든 과정이 매우 빠르게 이뤄져야 가치가 있는 것이다. 경쟁 사회에서 속도는 생존에 직결되는 중요한 조건이다. 여러 가지 조건들이 다소 미흡하더라도 속도 경쟁에서 뒤처지지 않는다면 경쟁에서 승리할 가능성이 매우 높아진다.

세상에서 가장 길고 튼튼한 지렛대

지렛대의 원리

"나에게 길고 튼튼한 지렛대와 지구를 떠받칠 수 있는 단단한 받침점이 있다면 지구를 지금이라도 들어 올리겠다."

아르키메데스의 말이다. 갑갑하게 막힌 인생에서 자신을 번쩍 들어 올려줄 지렛대가 있었으면 하는 생각이 많을 것이다. 우리의 인생을 움직일 수 있는 지렛대는 무엇일까?

지렛대를 어렵게 생각할 필요는 없다. 글, 생각, 인터넷을 포함해서 우리에게 지식과 정보를 제공하는 모든 수단이 지렛대다. 물론 그중에서도 특히 글이 가장 좋은 지렛대임은 두말할 나위가 없다. 글을 통해서 우리는 어려운 문제의 실마리를 찾을 수 있고, 혼란스러운 문제들을 깔끔하게 정리할 수 있다. 자신에게 주어진 버거운 삶의 문제를 가볍게 처리하고 더 큰 꿈을 향해 나아가기 위해서는 이 지렛대가 필수적이다. 자기에게 주어진 모든 문제를 혼자 처리할 수 있는 사람은 몇 명이나 될까. 피할 수 없는 이런 문제들을 넘어서기 위해서 글이라는 지렛대의 도움을 받는 능력이 바로 지혜라고 할 수 있다.

글이라는 지렛대를 통해서 우리의 생각은 다이어트를 하기도 한다. 예전에 담아두었던 쓸데없는 생각들, 초점을 잃은 정보들, 내 삶에 별 영향을 주지 못하는 지식을 더 나은 지식으로 쓸어내고 때때로 그 자리에 새로운 생각의 여백을 만드는 것도 역시 글이다. 빌 게이츠처럼 자신만의 글 읽기, 사색 시간을 따로 마련하는 것 역시 쓸 만한 정보들을 뽑아내고 정리할 수 있는 방법이다. 빌 게이츠가 100개 이상의 보고서를 비롯해 석학들의 숱한 논문을 읽고 관련자들에게 필요한 사항만 전달할 수 있는 것도 쓸 만한 정보를 정리하고 뽑아내기 위해 마련한 '생각 주간'이 있기 때문이다. 애플 창업자 스티브 잡스 역시 빌 게이츠의 생각과 같았다.

"글 읽기와 혼자만의 시간을 가지고 새로운 일을 도모하라."

-스티브 잡스-

아브라함 링컨도 같은 의미로 이렇게 말한다.

"나에게 여덟 시간을 주고 나무를 자르라고 한다면, 나는 도끼 가는 데에 여섯 시간을 쓸 것이다."

아무리 지렛대로 안성맞춤인 목재가 있다 하더라도 그것들을 다듬을 시간이 충분치 못하면 지렛대는 아무 쓸모가 없다. 우리의 인생에서 가장 훌륭한 지렛대 역할을 하는 것이 글 읽기다. 당신에게는 '생각 주간'이 있는가? 정보와 지식을 걸러내고 한 단계 완전히 업그레이드하기 위해 멈춰 서서 사색하는 시간이 있는가? 이는 사소하게 생각할 문제가 아니다. 누군가의 전략을 글에서 읽고 자신에게 적용하는 것 역시 지렛대를 활용하는 것이다. 당신은 누구를 모방하고 있는가? 어떤 사람의 전략을 지렛대 삼아 내 삶의 목표를 만들어가고 있는가? 우리는 글 속에서 빌 게이츠를 만나고, 톰 피터스와 대화를 나누며, 필립 코틀러에게 경영학을 배우며, 앨빈 토플러를 통해 시대의 흐름을 읽는다. 글 속에는 누구든 나의 지렛대가 될 준비가 되어 있다. 그들을 활용하지 않는 것은 전적으로 게으름 때문이다. 세상에는 훌륭한 지렛대들이 너무나 많다. 당신이 워렌 버핏, 빌 게이츠보다 바쁘다 하더라도 그 사실이 글 읽기라는 지렛대를 적극적으로 활용하지 못할 핑계는 되지 않는다.

인생의 변곡점

'변곡점'이란 일정하게 진행하는 흐름의 방향이 급격하게 바뀌는 시점을 말한다. 누구나 인생에서 몇 번의 변곡점을 만나게 되는데, **중요한 것은 어떤 방향으로 꺾이느냐이다.** 위로 꺾일 수도 있고, 아래로 꺾일 수도 있다. 방향은 어떤 준비과정을 거쳤느냐에 따라 달라진다. 여기서 말하는 인생의 변곡점은 글을 통해 얻는 획기적인 변화의 계기이다.

한 분야에서 구체적인 성과를 내기 위해서는 일정 기간의 투자가 필요하다. 그 기간은 각자 어떤 목표와 과정을 선택했는가에 따라서 길 수도 있고 짧을 수도 있다. 분명한 사실은 크든 작든 목표를 이루기 위해서 집중적으로 몰입하는 시간이 필요하다는 것이다.

인생의 목표를 세웠다면 1년 안에 인생의 1차 변곡점을 만들어낼 수 있다. 1년 만에 이뤄봐야 얼마나 이루겠냐고 할지 모르지만 무엇을 어떻게 하겠다고 마음먹느냐에 따라서 많은 것이 달라질 수 있다.

피겨 여왕 김연아가 시니어 피겨 스케이팅 대회에서 입상한 것 역시 주니어를 벗어난 지 1년 만의 일이었다. 물론 생각에 따라서 1년은 인생의 획기적인 성취를 이루기에 짧을지도 모른다. 하지만 성취를 위한 기초 만들기에는 충분한 시간이 될 수도 있다.

1차 변곡점을 만들고 난 후 지속적인 노력을 한다면 얼마 후 더욱 가파른 발전이 시작되는 2차 변곡점을 만날 수 있다. 획기적인 성취는 노력한다고 즉시 이뤄지는 것이 아니다. 일정 수준의 노력이 쌓여야 효과가 나타난다. 다음 그림을 살펴보면 이해하기 쉬울 것이다.

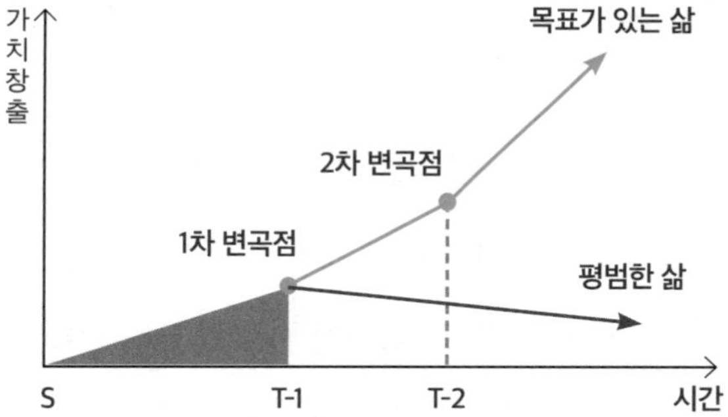

위 그림에서 눈여겨봐야 할 것이 몇 가지 있다. 일단, 목표가 뚜렷한 삶과 목표가 없는 삶은 가치 창출 능력이 다르다. 처음 일정 기간에는 비슷하더라도 이 차이는 시간이 지나면서 급격하게 벌어진다.

전자의 삶은 시간이 지날수록 더욱 높은 가치 창출 능력을 보이지만, 후자의 삶은 반대로 시간이 지날수록 점점 낮은 가치 창출 능력을 보인다. **그 차이는 출발선인 'S'부터 1차 변곡점이 나타나는 'T-1'까지 어떻게 시간을 보냈느냐에 따라 달라진다.** 이 기간에 어느 정도의 지식을 축적했느냐가 그 차이를 결정한다.

1차 변곡점 후 지속해서 목표를 향해 매진한 사람은 얼마 가지 않아 진정한 변화로 이어지는 2차 변곡점(T-2)을 만나게 되고, 그 이후 가치 창출 능력이 비약적으로 상승하게 된다. 이런 이들과 달리 자신만의 목표나 특별한 노력 없이 다수를 따라 움직인 이들은 나이가 들어감에 따라 입지가 위축될 수밖에 없다. 따라서 당신이 현재 어느 시점에 있는지 모른다고 답답해할 필요는 없다.

이 그림은 현재 시점을 'S'라고 생각하자는 데 그 의미가 있다. 언제나 자신이 'S'에 있다고 생각하며 현재를 시작하는 것이 지속적인 발전을 유지하기 위한 비결이다. 그렇다면 실패 없이 1차 변곡점을 만들기 위한 방법은 무엇이 있을까? 그를 위해서는 2단계의 실천 방법을 따르면 된다.

첫째 단계는 목표를 분명하게 설정하는 것이다.

뚜렷한 목표가 없다면 성취라는 단어 자체가 성립하지 않는다.

어떤 목표를 세우든 그것은 당신의 뜻대로 하라. 하지만 자신이 가장 좋아하는 일, 또는 자신 있는 일, 혹은 자신의 미래가치를 극대화할 수 있는 일이라면 더욱 좋다. 여기서 미래가치는 단순히 금전적인 것뿐만 아니라 자신의 이름을 빛내는 것이다.

뚜렷한 목표 설정만 해도 이루고자 하는 바는 이미 50% 이상 달성된 것이나 다름없다. 1953년 예일대학은 졸업반 학생들을 대상으로 목표 설정에 관한 설문조사를 했다. 이때 오직 3%의 학생만 글로 쓴 목표를 가지고 있었다. 그 후, 20년이 지나서 예일대학은 그때 그 졸업반 학생들을 대상으로 어느 정도의 성공을 거두었는지에 대해 설문조사를 실시하였다. 그 결과 20년 전 글로 쓴 목표를 지니고 있었던 3%의 학생이 그렇지 못한 97%의 학생들보다 훨씬 월등한 사회적 성공을 거두었음이 밝혀졌다.

글로 목표를 쓴 3%는 후에 엄청난 부를 누리며 실질적으로 사회를 이끄는 소위 상류층으로 불리는 이들이 되었다. 구체적인 목표를 간직하고는 있으나 글로 쓰지는 않고 마음속에만 품고 있었던 10%는 잘사는 중산층이 되었다. 놀라운 것은 중산층 10%와 상류층 3% 사이에는 학력, 재능, 지능 면에서 아무런 차이도 없었다는 점이다. 두 그룹 사이의 단 한 가지 차이는 구체성이다. 뚜렷하게 자신이 볼 수 있도록 종이에 목표를 적고 실행하는 사람과, 주체적으로 한 번 생각한 적이 있더라도 막연하게 머릿속으로 떠올리는 이들의 차이는 10배 이상의 능력 발휘로 나타났다.

하버드에서도 비슷한 연구를 했다. 1979~89년까지 10년 동안 하버드 MBA 과정 졸업생들을 대상으로 이뤄진 목표수행 연구에서도 유사한 결과가 나왔다. 1979년 졸업생 중 3%는 자신의 목표와 그것을 달성하기 위한 계획을 세워 기록해 놓았다. 13%는 목표가 있기는 했지만, 그것을 종이에 기록하지는 않았다. 10년 후인 1989년 목표가 있었던 13%는 목표가 없었던 84%의 졸업생보다 평균 2배의 수입을 올리고 있었다. 한편 뚜렷한 목표를 기록해 두었던 3%는 나머지 97%보다 무려 10배의 수입을 올리고 있었다.

이러한 연구 결과가 의미하는 것은 무엇일까? 바로 분명한 목표를 가지고 있다 하더라도 그것을 기록하고 날마다 점검하는 사람과 그렇지 않은 사람 간에는 큰 차이가 존재함을 의미하는 것이다. 대부분의 성공한 사람들은 겉으로는 평범해 보일지라도 분명한 목표 설정과 실행이라는 차이점이 있다. 자신의 목표가 적힌 종이를 들고 다니면서 매일 읽도록 하자. 이는 목표를 이룬 자신의 모습을 상상할 수 있도록 돕는다. 이런 긍정적인 자기암시는 성취욕을 고취하는 강력한 동기부여가 된다.

어떤 사회든 3개의 그룹이 존재한다. 아무런 목표의식이 없는 그룹이 'A', 대충 생각만 있는 이들이 'B', 뚜렷한 목적의식과 실천계획을 가지고 있는 상위 리더들이 'C'다. 대부분은 'B'에 몰려 있다. 하지만 자신이 원하는 것을 이루기 위해서는 'C'로 이동해야 한다. 이것이 첫 번째 단계다. 그렇게 할 수 있도록 힘을 기르는 가장 좋은 방법이 글 읽기라는 점은 이제 충분히 알 것이다.

둘째 단계는 자신의 롤모델을 찾아내서 집중적으로 모방하는 것이다.

앞에서 우리는 '글은 사람'이라고 했다. 많은 글 중에서 자신의 목표에 가장 적합한 롤모델이 될 10권의 책을 선정하자. 그리고 그 글을 1년 안에 열 번 이상 반복해서 읽고 소화하는 것이다. 이것은 어려운 일이 아니다. 그리고 결과는 무조건 당신의 기대보다 훨씬 더 크다는 것을 약속할 수 있다. 한 분야의 뿌리가 되는 10권의 책이면 원하는 분야에서 어느 수준 이상으로 올라설 수 있다. 1년 만에 당신이 준 전문가가 될 수 있다면 더 높은 목표를 실현하는 것은 시간문제다. 두드러지는 성취를 이룬 사람들 대부분은 결국 똑똑한 글 읽기를 기반으로 정상에 우뚝 섰다는 공통점이 있다.

누구든 이와 같은 방법으로 1년 동안 10권 이상의 책을 열 번 반복해서 읽는 과정을 거친다면 1년이면 마음가짐, 생각하는 능력, 해당 분야의 전문성이 엄청나게 높아져 있음을 알게 될 것이다. 그리고 어떤 목표든지 성공할 수 있다는 자신감을 얻을 수 있으며 지식을 바탕으로 한 확신, 그리고 구체적인 방법이 눈에 보일 것이다.

대나무는 씨앗을 심은 뒤 첫 4년 동안은 죽순만 하나씩 돋아난다.
땅 위로 죽순만 자라는 동안 땅속에서는 뿌리가 깊게 내려 튼튼한 나무가 된다.
5년째 되는 해에는 1년 만에 무려 25m나 자란다.
대나무에게 4년이란 시간은 25m를 자라기 위해 자신을 가다듬고 준비하는 시간이지 결코 헛된 시간이 아니다.
그리고 대나무의 굵기는 죽순의 굵기에 따라 좌우된다.
일단 죽순의 시기를 지나 대나무가 자라기 시작하면 더 이상 굵어지지 않는다.
죽순으로 있는 시기가 대나무의 쓰임새를 결정하는 것이다.
이처럼 자신을 다듬는 시간 동안은 겉으로 드러나는 것이 별로 없지만 적절한 시기에 이르면 대나무처럼 뛰어난 성장을 이룰 수 있을 것이다.

사람의 집중력을 긴 시간 동안 지속해서 유지한다는 것은 매우 어렵다. 사실 3년도 짧은 시간이 아니다. 3년은 고사하고 3일도 어렵다는 사람이 많다. 하지만 3년 정도의 구체적인 글 읽기 계획과 실행은 자신의 삶을 근본적으로 바꿔놓을 만큼 대단한 위력을 발휘한다. 자신의 인생 목표를 정하고 그에 맞는 글 읽기 계획을 세워라. 그리고 구체적으로 실행에 옮겨라. 각자의 능력에 따라 다르겠지만 포커스 리딩을 제대로 배운다면 하루에 1권도 전혀 어렵지 않을 것이다. **'책은 한 권 한 권이 하나의 세계'**라는 윌리엄 워즈워스의 말대로라면, 3년에 걸친 전략적인 글 읽기를 한다면 세계를 바꾸지 못할 이유도 없지 않겠는가?

글 읽기만큼 우리의 정신을 길러주는 것은 없다. "몸은 음식으로 자라지만 정신은 글로 자란다."라는 쇼펜하우어의 말처럼 글 읽기나 깨달음 없이 인생의 변화를 기대하는 것은 얕은수에 불과하다. 거듭 말하지만 무엇보다 중요한 건 실천이다.

2장

터무니없는 도전, 그것이 광기를 만든다

우리는 진짜 현실을 보는 것이 아니라
그저 우리 눈 앞에 펼쳐지는 세상만을 진짜 현실로 착각할 뿐이다.
-영화 '트루먼 쇼' 중에서-

증명할 필요 없는 도전

28살의 한 청년이 있었다. 그는 아버지가 농노들에게 죽임을 당하는 모습을 보고 큰 충격을 받아 사회주의 출판물을 만들어 배포하다 구금되어 사형을 눈앞에 두고 있었다. 그에게 주어진 시간은 지금 사형수에게 주어진 마지막 5분 만이 남아있었다. 마지막 5분, 28년을 살아온 그 사형수에게 마지막으로 주어진 최후의 5분은 너무나 소중한 시간이었다.

마지막 5분을 어떻게 쓸 것인가? 사형수는 고민 끝에 결정을 내렸다. 나를 알고 있는 모든 이들에게 작별 기도를 하는 데 2분, 오늘까지 살게 해준 신에게 감사하고 곁에 있는 다른 사형수들에게 한마디씩 작별인사를 나누는 데 2분, 나머지 1분은 자연의 아름다움과 지금 최후의 순간까지 서 있게 해준 땅에 감사하기로 마음을 먹었다.

흐르는 눈물을 삼키면서 가족들과 친구들을 생각하며 작별인사와 기도를 하고 나니 2분이 지나버렸다. 그리고 자신에 대해 돌이켜 보려는 순간 '아, 이제 3분 후면 내 인생도 끝이구나.'라는 생각이 들자 눈앞이 캄캄해졌다. 그제야 지나가 버린 28년이란 세월을 아껴 쓰지 못한 게 참으로 후회되었다.

'아, 다시 한번 인생을 살 수 있다면….' 그렇게 회한의 눈물을 흘리는 순간 기적이 일어났다. 황제로부터 사형집행 중지 명령이 내려진 것이다. 구사일생으로 풀려난 그는 사형집행 직전에 주어졌던 마지막 5분을 생각하며, 평생 시간의 소중함을 간직한 채 매 순간을 삶의 마지막인 것처럼 여기며 살았다.

이 사람이 바로 러시아 최고의 작가인 도스토옙스키다. 삶의 본연적 가치를 생각하게 하는《죄와 벌》등 그의 작품들은 이러한 극적인 죽음의 순간의 경험을 바탕으로 탄생했다. 만일 자신이 마지막 순간을 앞두고 있다면 어떤 생각을 할 것인가? 아마도 대부분 지나온 시간에 대해 후회하게 될 것이다. 그리고 도스토옙스키처럼 간절히 원할 것이다.

'아, 다시 한번 인생을 살 수만 있다면….'

삶을 바꾸기 위한 유일한 방법은 무엇일까? 바로 여행을 떠나는 것이다. 이때 무엇을 위한, 어디로 가는 여행인지가 삶의 방향을 결정한다. 단 하나의 목적지를 정할 수 있다면 분명코 언젠가는 도달하게 될 것이다.

내 삶은 무엇에 관한 것이어야 하는가? 자신이 걸어온 길이 익숙하기만 했다면 지금까지의 삶은 그저 그런 삶에 안주해온 것이다. 이젠 자신만의 길을 찾아야 할 때가 되었다. 평범한 삶에서 놀라운 삶으로 변화를 꿈꾼다면 나만의 지도가 있어야 한다. 친숙하고 평범한 것에서 기꺼이 떠나라. 여행을 떠날 때는 이미 익숙해져 있는 통념과 삶의 조건들을 버리지 않으면 안 된다. 이제는 여행자의 관점으로 세상을 바라봐야 한다.

세상을 바라보는 관점을 바꿀 수 있는 가장 쉬운 방법은 무엇일까? 그건 바로 '글 읽기'다. 많은 사람이 글을 통해 얻고자 하는 키워드는 '변화'다. 그런데 단순히 글을 읽고 꿈을 꾸기만 하면 변화가 일어날까? 그렇지 않다. 키워드에 합당한 준비와 실천 전략이 있어야 한다.

만일 어디로 가야 할지 목적지가 뚜렷하지 않다면 삶의 초점을 바꿔야 한다. 자신의 눈을 속이고 있는 장막을 걷어내자. 자신을 속이지 말아야 한다. 자신에 대한 용기와 확신이 없기 때문에 스스로를 속이고 있다. 세상에 안정이라는 것은 존재하지 않는다. 어차피 삶이란 순례자로서의 여행이거나 아무런 의미 없는 삶이거나 둘 중 하나다. 기왕 떠나야 할 여행이라면 기꺼이 자발적으로 준비하는 것이 현명하다.

목적지는 둘이 될 수 없다. 단 하나의 목표를 향해 떠나야 하며, 거기에 자신의 모든 것을 걸어야 한다. 이미 성공이라는 열매를 손에 쥔 사람들의 공통점은 바로 하나의 목표에 자신의 모든 것을 걸었다는 것이다. 자신의 삶에서 고귀한 단 하나의 목표를 추구하는 것이야말로 자신의 모든 잠재력을 발휘할 수 있는 최선의 방법이다. 단 하나의 목표를 향해 첫발을 내딛는 순간부터 주변의 모든 것들이 변하기 시작할 것이다. 비록 넘어지고 상처 입는 일이 수없이 반복되겠지만, 그래도 포기하지 않는다면 소중한 선물을 발견하게 될 것이다.

내 삶의 업vocation을 정하라

"어느 곳을 향해 배를 저어야 할지 모르는 사람에게는 어떤 바람도 순풍이 아니다."

프랑스 사상가 몽테뉴의 말이다. 인생도 마찬가지다. 속도 이전에 방향이 훨씬 더 중요하다. 내 삶이 최고 수익률을 올리기 위해서는 정확한 방향이 설정되어야 한다. 무작정 아무 곳으로나 내달리는 어리석음은 결국 낭떠러지에 직면하게 된다.

미래는 갑작스럽게 오는 것이 아니다. 반드시 현재와 인과관계를 맺으며 어떤 사전 징후라도 보이며 다가온다. 안개 속에서 헤매고 있다고 생각하는가? 그렇다면 눈앞에 보이는 것에 연연하지 말고 산꼭대기로 오르는 방향이 어디인지부터 생각하라.

미래를 위한 준비를 어떻게 하고 있는가? 미래에 무엇이 필요한지 깊이 생각하고 있는가? 자신의 인생에서 최고의 투자는 무엇인가? 자신의 인생을 노예 다루듯 함부로 굴리고 있지는 않은가? 자신의 가치를 높일 수 있는 전략을 수립해야 한다. 미래를 위한 최고의 투자는 '지식 습득 능력'을 확보하는 것이다. 그것도 획기적이고 혁신적이며 탁월한 수준이어야 한다. 남들이 빼앗아갈 수 없는 자신만의 자산은 차별화된 지식 습득 능력뿐이다.

어떤 기업이나 조직도 당신의 미래를 책임져주지 않는다. 참신하고 혁신적이며 남들이 가지지 못한 노하우가 없다면 자신의 가치는 갈수록 하락하게 될 것이다. 이러한 모든 문제에 대한 해답은 단 하나의 목표를 향한 전문적이고 차별화된 지식 습득 능력을 계속 갈고 닦아 나가는 것이다.

당신의 인생에서 단 하나의 최종 목표는 무엇인가? 그것은 당신의 모든 것을 걸고 승부를 내야 하는 투쟁이어야 하며, 인생의 주제여야 한다. 그것이 바로 '업'vocation(사전적 의미로는 신의 부르심, 소명召命, 사명calling)이다. 직업은 상황에 따라 수시로 변할 수 있지만 업은 변하지 않는다. 진정한 삶의 가치와 보람, 좌절과 극복은 업과 함께 했을 때 존재하는 것이다. **인생은 업을 찾는 작업이며, 업을 더 가치 있게 만드는 과정이다.** 글 읽기는 그 업을 구체화하고 실현하기 위한 과정이며 방법이다.

업은 삶의 중요한 전환점이 되는 출발이며 목적을 향해 나아가는 과정에서의 일관된 지침이고, 모든 행동과 생각의 기준이 되는 하나의 방향이자 목표다. 그리고 진실한 싸움이자 삶 전체의 질을 결정한다. 업이 없다면 당신의 삶은 의미가 없다. 업은 자신의 절대적인 권리이자 필생의 의무다. 모든 생각을 당당히 이야기할 수 있어야 한다.

당신의 업은 무엇인가? 업에 대한 결심이 있기 전까지 당신의 인생에는 어떠한 혁신적인 변화도 일어나지 않을 것이다. 마음속에 무언가를 바라고 있다면 그것이 진정한 업과 관련이 있는지 생각해보라. 단순한 바람이나 희망, 긍정적인 사고 등으로는 아무것도 실체적으로 만들어내지 못한다.

내면 깊은 곳에서 울려 나오는 소리에 귀를 기울여보라. 그 소리가 무엇인지 들을 수 있어야 한다. 잘 듣는 것이야말로 바로 자신의 삶을 이끌어가는 리더십의 출발이다. 진정한 경청傾聽, listening attentively이란 내 안의 세미한 소리를 듣는 것이다. 그 소리에 자신의 인생을 모두 투자하는 것이 진짜 인생이다.

업vocation을 세우는 것은 자신에 대한 혁명을 일으키는 것이다. 기약도 없는 점진적인 변화가 아니라 혁신적이고 파괴적인 구조적 변화를 설계하는 것이다. 자신이 진정으로 원하는 것이 무엇인지를 발견함으로써 삶은 비약적인 발전을 이룰 수 있다. 결심하기 위해서는 선택을 해야 한다. 죽을 것인가, 아니면 살 것인가? 깨어 있을 것인가, 아니면 잠들어 있을 것인가? 본질적인 삶을 살 것인가, 아니면 공허한 삶을 살 것인가? 내면의 충족인가, 아니면 표면적인 도취인가? 어떤 삶을 선택할 것인지 이제 단호하게 결정하라.

현재의 모습이 넘어진 상태, 배고프고 결핍된 상태라면 한참 동안 그대로 있어라. 서둘러 일어나려 하지 마라. 비틀거리며 일어나는 것이 중요한 것이 아니다. 일어난 후 어디로 달려갈 것인지 생각하는 것이 더 중요하다. 어쩌면 넘어지고 굶주린 건 더 본질적인 걸 주시려는 신의 선물일 수도 있다. 우리가 저지르는 대부분의 실패는 당장 눈앞의 것만 취하려는 조급함 때문이다.

걸치레를 벗어 던져라. 진정으로 원하는 삶은 미래에 만들어지는 것이 아니다. 왜냐하면 미래는 아직 존재하지 않는다. 과거의 삶도 마찬가지다. 없는 것은 없는 것이다. 모든 것은 현재다. 바로 이 순간이 삶의 모든 것이다. 인생은 장거리 마라톤이 아니다. 현재의 연속이다. 지금 이곳이 우리가 살아 있는 곳이며 모든 것에 충실해야 할 순간이다. **현재는 신의 선물이다. 이 선물을 어떻게 사용할 것인지를 결정하라.** 이것이 바로 업vocation을 성공시키는 열쇠다.

글 읽기는 업vocation을 발견하기 위해 선택할 수 있는 가장 좋은 방법이다. 언제 쓰인 어떤 글이든 그 저자는 현재 존재하고 있는 당신과 이야기를 나누고 있다. 저자와 어떤 대화를 나눌 것인지는 순전히 당신의 몫이다. 글과 끊임없이 대화하라. 업vocation을 발견한 그 순간부터 글과의 진정한 대화가 시작될 것이다.

아! 다시 한번
인생을 살 수 있다면

- 지금처럼 산다면 10년 후 내 삶은 어떤 모습일까?
- 어떤 일을 하고 어떤 선택을 해야 가치 있는 미래를 만들 수 있을까?
- 나의 삶은 무엇을 위한 싸움인가?
- 알아야 할 것과 배워야 할 것은 무엇인가?
- 최선을 다했지만 왜 성과를 얻지 못하고 있는가?
- 무엇에 대한 책임감으로 살아야 하는가?
- 내 삶을 바꾸기 위한 전략은 어떤 것들이 있을까?

자신의 삶에 어떤 질문을 던지며 살고 있는가? 내 안에 있는 힘과 용기, 지혜를 꺼낼 수 있는 열쇠는 무엇인가? 그것은 바로 자신에게 던지는 질문이다. 질문은 모든 것을 열 수 있는 마스터키와 같다. 분명한 것은 진정으로 얻고 싶은 것, 되고 싶은 것은 내 안에 있다는 것이다. 그 답을 끌어내고 싶다면 그에 합당한 질문을 던져야 한다.

물고기를 원하면서 산을 향해 달려가는 어리석음을 범하지 말자. 남들이 산을 향해 간다고 무작정 나도 따라갈 수는 없다. 자신이 원하는 것이 무엇인지부터 정확하게 알아야 한다. 그리고 그것을 얻으려면 어디로 가야 할 것인지 생각해야 한다.

마찬가지로 남들처럼 무작정 글을 많이 읽는다고 해서 원하는 것을 얻을 수 있는 것은 아니다. 확실하게 말하건대 그런 식의 글 읽기는 실패할 수밖에 없다. 글을 통해 무엇을 얻으려는지 스스로 알지 못하면서, 또한 어떤 글을 읽어야 원하는 것을 얻을 수 있는지도 알지 못한 채 글을 읽는 것이다. 자신이 무엇을 원하는지, 그리고 어디에서 그것을 찾을 수 있는지 명확하게 알아야 원하는 것을 얻을 수 있다. 우리가 깨달아야 할 중요한 통찰 중 하나는 다음과 같은 것이다.

"우리의 삶은 본래 그렇게 만들어진 것이 아니라 그렇게 되도록 스스로가 선택했기 때문에 현재의 상태가 된 것이다."

부지런히 가다 보면 목적지가 나올 것이라고 착각하지 마라. 노예처럼 열심히 일한다고 성공하는 것은 결코 아니다. 자신에게 원하는 것을 질문하라. 나는 누구인가? 지금 하는 일이 어떤 의미를 담고 있는가? 내 인생에서 하고자 하는 일은 무엇인가? 내 안에서 스스로 답을 찾아야 한다.

아우슈비츠 수용소에서 살아남은 유대인 심리학자이자 정신과 의사인 빅터 프랭클은 다음과 같이 말했다.

"살아갈 수단은 갖고 있지만 존재 의미는 갖고 있지 않다."

왜 우물을 파야 하는지에 대한 답도 없이 열심히 땅만 파는 삶에서 어떤 가치를 찾을 수 있겠는가? 목적지도 없이 무작정 여행을 떠나는 것은 곤란하다. 그런 여행에는 어떤 바람도 순풍이 되지 못한다. 모든 바람이 역풍으로 작용한다면 그것처럼 피곤한 인생도 없다.

질문은 목적 혹은 답을 찾기 위한 도구이자 열쇠다. 질문은 에너지와 방향의 원천이다. 자신을 목적지로 향하게 하며, 삶의 질을 결정한다. 자신이 누구인지, 어디에서 왔는지, 어디로 가고 있는지에 대해 생각하게 하는 가장 높은 차원의 도구다. 따라서 글 읽기 역시 근본적인 질문에서 시작되어야 함이 마땅하다.

질문을 던지는 것 자체가 어려운 일은 아니다. 진짜 어려운 일은 질문을 던지기 위해 온전한 정신을 유지하고 환경을 만드는 것이다. 사람에게는 두 가지 삶이 있다. 하나는 자신이 살았던 삶이고, 다른 하나는 아직 살아보지 못한 삶이다. 당신은 가슴속에 어떤 꿈을 품고 사는가? 그 꿈을 실현하기 위한 방법은 무엇인가? 그 꿈이 꿈으로 끝날 것인지 아니면 현실이 될 것인지는 어떤 질문을 던지느냐에 달렸다.

나의 삶을 갉아먹고 있는 것이 무엇인지도 모른 채 꿈만 꾸어서는 안 된다. 우리의 가슴속에서 무엇을 말하려고 하는지 질문을 던지고 귀를 기울여 들어야 한다. 그 소리는 이미 오래전부터 나의 소명이 무엇인지 계속 말하고 있었음을 깨닫게 될 것이다. 글은 그 세미한 소리를 듣게 만드는 보청기다.

나의 믿음과 행동을 변화시키는 데 효과를 발휘하려면 절실한 감정과 욕망이 필요하다. 자신이 지향하는 목표는 자신에게 달려있다. 그러므로 자신이 무엇을 원하는지 깨달아야 한다. 진정으로 원하는 것이 무엇인지 모르고 사는 것은 눈을 감고 야구 배트를 휘두르는 것과 다름없다. **공에서 눈을 떼지 마라.** 끝까지 집중력을 유지해야 한다. 미래에 대한 걱정에 사로잡히지 말고 자신이 그리는 최종 목적지를 생각하라. 거기에서 눈을 떼지 않는다면 반드시 제2막이 열린다. 지금 해야 할 일은 극적인 전환점을 위해 치밀하게 준비하는 것이다.

자신에게 주어진 시간 대부분을 투자하는 현재 직업을 다시 생각해보라. 자신의 핵심 가치관이 담긴 업vocation을 실현하는 데 적합하지 않거나, 목표를 향해 나아가는 데 발전 가능성이 없는 직업에 종사하는 것은 인생을 낭비하는 일이다. 직업을 선택하는 것은 매우 중요한 문제다. 직업은 자신에게 주어진 시간 중 가장 큰 비중을 차지하고 있기 때문에 인생의 최종 목표인 업vocation의 가치와 일치하는 것이 좋다.

인생은 시간이 지난다고 무조건 성장하는 것은 아니다. 좌절과 실패를 이겨내지 못하고 무너지는 경우가 재도약에 성공하는 경우보다 훨씬 더 많다. 그 이유가 뭘까? 가장 큰 이유는 현재 하는 일이 자신의 가치를 실현해줄 수 있는 일이 아니기 때문이다. 그렇기 때문에 중도에 포기하거나 어려움에 닥쳤을 때 맥없이 무너지는 것이다. 즉 자신의 인생을 걸고 할 만한 일이 아니다. 그런 일에 한 번뿐인 인생을 낭비한다는 것은 참으로 안타까운 일이다.

사람들은 항상 시간이 부족하다고 한다. 그래서 글 읽을 시간도 없고 언제나 허둥지둥 살아간다. 어쩌면 이 글을 읽는 당신 역시 그렇지도 모른다. 현대인들의 공통된 특징이 바로 시간이 없다며 투덜거리는 것이다. 그렇다면 어떻게 해야 할까? 단순하게 생각해보자.

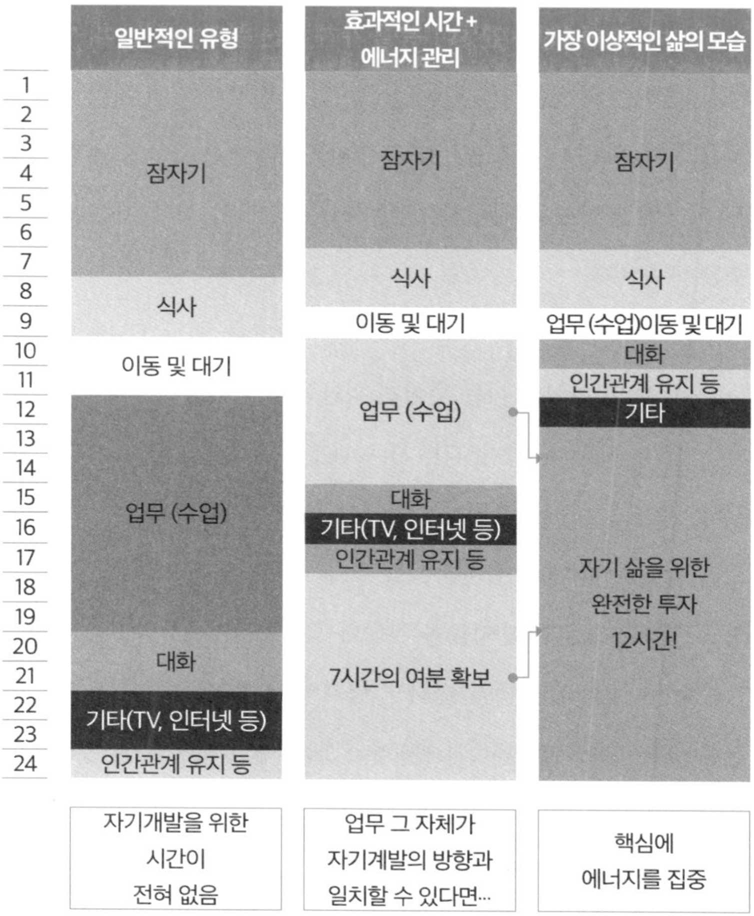

[표1] [표2] [표3]

자기 일job과 업vocation이 일치하도록 하는 게 정답이다. 일반적으로 사람 대부분이 하루를 어떻게 보내고 있는지 시간을 나누어보면 다음과 같다.

[표 1]을 보면 알 수 있듯이 정말 자기 자신을 위한 시간이 거의 없다. 일반적인 학생들이나 직장인들의 하루 일정이 거의 이런 형태일 것이다. 짬을 내서 글을 읽는다든지 자기계발에 시간을 할애하는 것은 이러한 일정표에서는 참으로 어려운 일이다. 이제 시간의 질을 조금 바꿔보자.

[표 1]과 [표 2]의 차이는 주어진 시간의 질을 높였다는 것이다. 잠자는 시간, 이동 및 대기시간, 기타 자투리 시간을 각각 1시간씩 줄였다. 그리고 업무나 수동적으로 해야 하는 시간을 7시간에서 5시간으로 줄였다. 최대한 집중적이고 효율적으로 일을 처리하면 2시간 정도 줄이는 것은 어렵지 않을 것이다.

중요한 것은 **시간이 단순히 정량적인 것만이 아니라는 사고의 전환**이다(이 책의 앞부분에서 설명한 아인슈타인의 상대성이론 공식을 다시 생각하자. 양보다 더 중요한 건 질이다). 자신에게 주어진 업무에 대해 적극적이고 목표지향적인 사고를 한다면 하루에 2시간이 아니라 그 이상의 시간과 에너지를 자신을 위한 투자로 전환할 수 있다.

이렇게 하면 전보다 무려 7시간의 시간을 만들어낼 수 있다. 하루에 7시간이라면 정말 엄청난 시간이다. 자기계발에 투자할 수 있는 충분한 시간이다. 이런 식으로 핵심 중심의 효율적인 시간 관리를 한다면 더 이상 "시간이 없어서…."라는 말은 하지 못할 것이다. 한 걸음 더 전진해보자. 최고 수준으로 시간을 배분할 방법이 있다. 일job과 업vocation이 일치되도록 하는 것이다. 그렇다면 어떤 모습이 될까?

[표 2]와 [표 3]에서 달라진 것은 하나밖에 없다. 자신의 일(직)職을 업과 일치되도록 한 것이다. 그러면 활동하는 대부분의 시간이자 하루의 절반인 12시간을 온전히 자신의 업을 위해 사용할 수 있다. 이것은 무작정 직장을 그만두고 새로운 길을 가라는 의미가 아니다. 현재 직장이 자신의 업vocation을 실현하는 데 도움이 된다면 그 자체가 [표 3]과 같은 삶을 살고 있는 것이다. 하지만 그렇지 않다면 직업이나 직장에 대해 깊게 고민해볼 필요가 있다.

우리의 인생에서 왕성하게 에너지를 쏟으며 일할 수 있는 시간은 불과 30여 년 정도다. 그런데 그 시간의 대부분을 누구를 위해, 무엇을 위해 사용하는지 생각해보라. 이 시기에 몇 번의 시행착오를 겪다 보면 가장 중요한 가치에 집중할 수 있는 시간 대부분이 지나가고 만다. 인생의 끝자락에 서서 자신의 삶을 돌이켜 볼 때 "후회 없이 진정한 가치를 실현하기 위해 최선을 다했다."라고 말할 수 있어야 하지 않을까? 그렇게 되기 위해서 항상 다음과 같은 질문을 던져라.

"현재 내가 사용하고 있는 시간은 나의 업을 위해 몇 %를 투자하고 있는가?"

그리고 깊이 생각하고 대답해보라.

"(　　)%"

이것이 자신의 시간에 대한 생산성을 높이기 위한 핵심 질문이며 대답이다. 생각하고 질문하고 대답하라. 그리고 개선할 수 있는 방법을 찾아라.

광기와 열정이 어우러진 삶

삶의 재설계를 위한 열쇠는 하나의 업을 정하는 것이고, 우리는 그 업을 실현하기 위한 효과적인 수단으로 글 읽기를 한다. 자신이 성취하고자 하는 바를 명확하게 결정하고 그 목표를 이루기 위해 글이 디딤돌이자 지렛대가 되는 것이다. 그렇다면 목표에 접근하기 위해 조금 더 구체적으로 어떤 전략과 로드맵을 설계해야 하는지 살펴보자.

목표를 향한 동기부여의 원천은 "왜?"라는 질문이다. 그것에 대한 대답을 가슴속에 담고 있어야만 힘들고 고통스러운 순간에도 굳건히 버틸 수 있는 에너지를 공급받을 수 있다. 만일 자신이 설정한 목표가 내면의 '왜?'와 깊은 관련이 없다면 잘해봐야 평범한 정도의 결과만 얻게 될 것이다. 수시로 바뀌는 자기 생각과 감정을 넘어 삶의 원칙과 일치하는 비전과 목표가 필요하다. 그래야 변치 않는 가치를 향해 일관된 발걸음을 옮길 수 있다.

'무엇'과 '왜'의 일치를 끌어냈다면, 지금부터 글 읽기와 일치하는 삶의 로드맵을 '어떻게' 설계할 것인지 생각해보자. 가장 먼저 해야 할 일은 목표에 대한 성취를 단계적으로 나누는 것이다. 아무리 중요하고 반드시 이루어야 할 목표라 할지라도 한걸음에 뛰어올라갈 수는 없다. 거듭 말하지만, 긍정적인 사고나 목적의식만으로 목표에 도달할 수 있는 것은 아니다.

첫걸음이 천 리 길을 결정하듯이 단기, 중기, 장기 목표를 설정하고 실천 전략을 수립해야 한다. 이때 단기를 부화기, 중기를 성장기, 장기 목표를 개화기라 하고 단계별 목표를 설정하면서 다음과 같은 점을 생각해보기 바란다.

부화기

이 시기는 아기가 지식을 닥치는 대로 흡수하는 것과 같다. 무엇이든 닥치는 대로 읽어라. 다양한 사람들을 글 속에서 만나면서 자신이 어떤 꿈을 가질 수 있는지 탐색하는 시기다. 비유하자면 앞에서 언급한 죽순이 대나무로 아직 자라지 않고 때가 오길 기다리는

구분	부화기	성장기	개화기
어느 정도의 기간이 필요한가?			
최고의 롤모델은 누구인가?			
무엇을 집중적으로 배워야 하는가?			
무엇을 달성할 것인가?			

시기라고 할 수 있다. 이 기간은 얼마나 필요할지 사람마다 다를 것이다.

중요한 것은 이 기간에 폭넓은 글 읽기를 얼마나 어떻게 하느냐에 따라 성장기에서의 크기가 달라진다는 점이다. 어쩌면 인생에서 가장 중요한 시기가 바로 이때라고 할 수 있다. 이 시기에는 실용적인 주제보다 인생을 이해하고 가치관을 좋은 방향으로 만들어 줄 수 있는 글을 읽는 것이 좋다. 문학과 역사에 관련된 글이 좋다. 특히 인문학 고전을 많이 읽는다면 자신도 위대한 인생을 살 수 있다는 아주 중요한 사고의 틀을 만들게 될 것이다.

어려서 읽는 문학과 역사 등에 관한 글 읽기는 평생 살아갈 영양

분을 축적하는 것과 같다. 훗날 나이가 들었을 때 읽는 것과는 인생에 끼치는 영향력에서 적어도 열 배 이상의 차이가 있다. 대략 10여 년 정도가 부화기로서 글을 읽는 시기라고 볼 수 있다.

그리고 이 시기에 글쓰기도 배워야 한다는 것을 절대 놓치지 말아야 한다. 이 시기에 글쓰기를 배우는 것은 글 읽기와 마찬가지로 나이가 들었을 때 배우는 것보다 훨씬 쉽고 탁월한 효과를 기대할 수 있다. 글쓰기를 배우기 위한 가장 좋은 방법은 '무작정 베끼기'다. 글에서 좋은 문장을 뽑아내서 베껴 쓰는 것보다 더 쉽고 좋은 방법은 없다. 읽고 난 뒤에 좋은 글을 뽑아내서 직접 글로 써보는 동안 매우 큰 정신적인 성장을 하게 될 것이다. 인문학 고전을 읽으며 베껴 쓰기를 하는 것, 이것이 부화기에 해야 할 일이다.

성장기

우선 1~3년 정도 목표에 집중한 한정된 주제별 글 읽기를 해보라.

성장기에는 주제별 글 읽기를 하는 것이 매우 효과적이다. 흔히 말하는 '다양성'이나 여러 분야를 아우르는 '통섭consilience'에 대한 욕심은 이 단계에서는 일단 접어두는 것이 좋다. 세상 모든 것에는 순서가 있는 법이다. 일정 수준에 오르기 전까지는 한 분야에 집중해야 한다.

해당 분야에서 많은 사람이 인정하는 최고의 고수 3명을 선정하라. 그들이 쓴 글 중에서 대표 서적 10권을 정하라. 심사숙고해서 선정한 10권의 책이야말로 당신의 인생에서 오랫동안 영향력을 미칠 초석이 될 것이다.

1년 동안 10권의 책을 집중적으로 반복해서 읽어라. 이것을 실천해보면 놀라운 변화를 경험하게 될 것이다. 1년 동안 겨우 10권이라고 가볍게 생각한다면 큰 오산이다. 10권의 책은 최고의 스승 100명이나 다름없다. 그 100명의 스승을 1년 동안 깊이 있게 학습한다는 게 결코 쉬운 일이 아닐뿐더러 그 효과가 엄청나다는 사실은 실제 경험을 통해서만 알 수 있다.

1년 동안 주제별 집중 글 읽기를 충실하게 했다면 목표에 도달하기 위한 가장 중요한 관문은 성공적으로 통과한 것이다. 이 1년이란 기간 동안 지금까지 해왔던 모든 글 읽기의 총합보다 더 깊이 있는 지식의 틀이 만들어지게 된다.

이제 그렇게 형성된 기초 지식을 자신의 목적에 합당한 형태로 가공하는 과정이 필요하다. 어떤 지식이든 그대로 써먹을 수는 없다. 개인별로 추구하는 삶의 목표와 전략 등이 다르기 때문이다. 그러므로 어떤 목적으로 사용할 것인지에 따라 지식의 전략적 소화과정이 있어야 한다.

최소한 약 3년 정도의 기간을 두고 집중적으로 주제별 글 읽기를 하라. 부화기에 선정한 주제에 대해 더욱 깊게 학습하면서, 더불어 아웃풋을 해야 한다. 이때의 아웃풋은 해당 주제에 대해 다른 사람들에게 가르치는 일이다. 무엇이든 가장 빨리 배우는 방법은 직접 가르쳐보는 것이다. 일종의 훈련이다. 미숙해도 상관없다. 아니 미숙한 과정에 많은 에너지를 투입해야 한다. 배움의 깊이를 더하기 위해 가르치는 것이다. 다양한 사람을 대상으로 최대한 자신이 공부하고 있는 것을 설명하고 가르쳐봐야 한다. 그렇게 함으로써 더욱 세련된 모습으로 숙성되어 가는 것이다.

개화기

읽는 것이 입력이라면, 그에 합당한 출력이 병행되어야 한다. 출력이 없는 입력은 아무 의미가 없다. 입력은 어떤 형태로든 출력하기 위해서 하는 것이다. 입력의 수준은 어떤 출력을 하느냐에 따라 달라진다. 즉 출력이 입력의 질을 결정하는 것이다.

가장 높은 수준의 글 읽기는 '글을 쓰는 것'이다. 읽는 것이 입력이라면 가르치고 글을 쓰는 것은 출력이다. 이제는 제대로 '가르치는 것'과 '글을 쓰는 것'을 실천하라. 다른 사람들에게 가르치는 일을 3년 정도 하게 되면 어느 정도 준 전문가 이상의 지식과 경험이 축적된다. 그런 다음 그 주제를 자신만의 지식으로 틀을 잡는 일이 글쓰기 작업이다. 가르치며 글 쓰는 작업을 함으로써 드디어 전문가의 수준으로 올라서게 된다.

글쓰기 작업을 통해 얻게 되는 이익은 손으로 꼽을 수 없을 정도로 막대하다. 먼저 자신만의 지식과 노하우가 만들어진다. 그리고 지금까지 학습해온 주제에 대해 독립적인 전문가로서 인정받을 수 있으며, 대외적인 평가가 급격하게 달라진다. 이것이 2차 변곡점으로 들어가는 열쇠를 손에 쥐는 방법이다.

부화기와 성장기를 충실하게 거치고 그 흐름을 놓치지 않는다면 개화기는 시간이 지나면서 자연스럽게 형성된다. 개화기는 자신이 추구하는 업vocation을 구체화할 수 있는 시기다. 지금까지 노력해온 실제 결과물로 보여줄 수 있으며 자신의 지식을 함께 나누는 많은 동역자가 만들어질 것이다. 그리고 이 시기는 지금까지 집중해온 해당 주제를 중심으로 지식의 영역이 확장되는 시기라고 할 수 있다. 지금까지 일단 접어둔 지식의 진정한 다양성을 추구하면 여러 분야가 통합되는 이른바 통섭consilience이 가능해진다. 지식의 깊이와 폭이 급속하게 확장되는 시기다.

진정한 통섭consilience은 한 분야에서 일정 수준 이상으로 축적된 지식이 없으면 불가능하다. 그렇기 때문에 부화기와 성장기에는 한 분야에 집중해야 함을 강조하는 것이다. 피터 드러커의 경우에도 한 분야에서 3년 정도 집중 학습을 하면서 일정 수준 이상의 전문지식을 갖춘 후에 또 다른 분야로 지식을 확장했다고 한다. 이것은 누구에게나 해당하는 방식이다.

3단계 과정을 정리하면 다음과 같다.

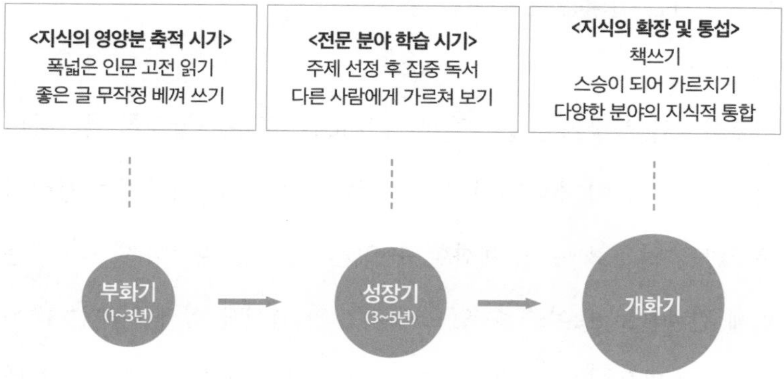

3장

단 하나를 위해 모든 것을 거는 법

우리의 운명은 우리의 생각과 행동에 의해 결정된다.
바람의 방향은 바꿀 수 없지만 배의 방향은 조정할 수 있다.
-토머스 빌로드-

비현실적인 도전,
그 순간 현실을 뛰어넘는다

"삶의 방향과 목적에 따라 에너지를 집중하고 효과적으로 사용하기 위한 것이 '사명선언문'이다. 지금까지 진정한 변화와 발전, 그리고 매 순간 이어지는 과정에서 성취감을 경험하지 못했다면 그것은 명확한 방향이 없었기 때문이다. 인생의 최종 방향인 사명을 실천하기 위해 이루어야 할 거시적인 프로젝트를 3개로 압축해보자. 이것이 모여 비전을 구체적으로 만들어낸다. 비전은 당연히 사명과 가치가 일치해야 한다. 사명과 일치시키지 않고 이루어지는 비전은 없다. 왜냐하면 비전이란 눈에 보이는 인생의 최종목표이기 때문이다. 진정한 글 읽기는 사명과 비전에 합당한 글을 선택하고 전략을 실천하는 것이다."

천재의 대명사라고 일컬어지는 레오나르도 다빈치는 예술, 과학, 문학, 철학 등 모든 분야에서 비교 대상이 없을 정도로 뛰어난 재능을 발휘했다. 그가 남긴 작품 중 어떤 것은 지금까지도 연구를 끝내지 못한 게 있을 만큼 시대를 초월한 천재성을 발하고 있다.

그러나 다재다능한 천재 다빈치도 처음부터 모든 분야에서 능력을 발휘한 것은 아니었다. 그가 세상에 자신의 가치를 내보이기 시작한 것은 미술 분야였다. 그림에서 시작해서 점차 과학과 문학 등으로 영역을 넓혀 나간 것이다.

자신의 능력을 다른 사람들보다 탁월한 수준으로 높이기 위해서는 순서가 필요하다. 일단 여러 분야를 목표로 하기보다 한 분야에서 재능을 발굴하고 최고 수준으로 끌어올리는 것이 현명한 방법이다. 동시에 여러 분야에 에너지를 분산하는 것은 그만큼 실패할 확률이 높다. 어디에 집중할 것인지 포인트를 찾아내야 한다.

그러자면 자신의 내면에 숨어있는 강점을 발견해야 한다. **진정한 능력은 하나의 강점에 자신의 모든 에너지를 반복적으로 집중하여 투입함으로써 계발되는 것이다.** 전략의 본질은 자신의 강점을 포착해내고, 그것을 계발하기 위한 계획을 수립하고 실천하는 것이다. 다른 사람의 기준이 나의 기준이 되어서는 안 된다. 나에게는 나만의 강점을 바탕으로 가야 할 길이 있다. 승리하기 위한 첫 단추는 바로 자신의 강점을 찾아내는 것이다.

글 읽기는 여기에서부터 출발해야 한다. 자신의 능력을 계발하고 남다른 자질을 갖추기 위해 체계적으로 접근하는 것이 중요하다. 아무 글이나 무작정 읽어대는 것은 그리 현명한 방법이 아니다. 하루에도 엄청난 양의 글이 쏟아지는데, 도대체 어떤 글을 읽어야 할지 뚜렷한 방향을 잡지 못하면 글의 홍수 속에서 길을 잃게 된다.

혹자는 이렇게 말할 수도 있다.

"글 읽기를 뭐 이렇게 복잡하게 해야 하나? 글이란 건 그냥 읽기만 해도 좋은 것 아닌가? 이렇게 복잡하고 어렵게 해야 한다면 차라리 읽지 않겠다."

이런 식으로 아무렇게나 글 읽기를 하고 싶다면 원하는 대로 해도 좋다. 하지만 글이 별 도움을 주지 못할 뿐만 아니라 아주 좋은 기회를 스스로 걷어찬 행동에 대해 머지않아 후회하게 될 가능성이 크다. 앞에서도 말했지만 글 읽기는 사람의 두뇌가 할 수 있는 최고 수준의 지적 활동이며 창조 작업이다. 글 읽기를 제대로만 한다면 자기계발을 위한 더 이상의 효과적인 방법은 없다.

지금부터 솔직해지기로 하자. 그래야 자신의 내면에 감춰진 강점과 약점, 그리고 재능을 찾아낼 수 있다. 자신이 어느 방향으로 움직여야 하는지 알 수 있다면 이미 반은 성공한 것이다. 스스로에게 질문을 던져보라.

'나는 무엇을 할 것인가?'
'내가 진정으로 원하는 것은 무엇인가?'

자신이 원하는 것과 자신에게 어떻게 동기부여를 할 수 있는지 생각하라. 이것을 모르고서는 아무리 노력해도 진정한 발전이나 성공을 기대하기 어렵다. 예를 들어 220볼트에서 작동하는 전자제품에 110볼트를 연결하면 어떻게 되겠는가? 혹은 그 반대의 경우라면? 기계가 움직이지 않거나 고장이 나고 말 것이다. 기계가 원하는 전기를 적절하게 공급하지 못하면 오히려 부작용이 생길 뿐이다. 이처럼 무엇이 자신의 동기를 자극하는지 알지 못하면 원하는 목표를 달성하기 어렵다.

"내가 생각하는 성공이란 어떤 것인가?"
"그 성공을 이루기 위해서는 무엇이 필요한가?"

무작정 열심히 노력하다 보면, 어느 날 갑자기 성공이란 것이 눈앞에 펼쳐질 거로 생각한다면 결국 좌절만 겪게 될 것이다. 성공에 대한 정의와 기준도 없고, 무엇이 필요한지도 모르면서 어떤 성공을 바란단 말인가? 성공하기를 바란다면 자신에게 가장 가치 있는 일이 무엇인지부터 깊이 생각해보라.

성공이란 자신이 판단하는 가장 가치 있는 일에 집중하는 것, 그 자체를 말한다. 어떤 결과나 목표에 이르러야만 하는 것이 아니라 과정 그 자체가 성공을 의미한다. 인생에서 종착점이란 없다. 끊임없이 일관된 가치를 추구하며 자아실현을 위해 노력하는 것이 곧 성공이다. 경제적인 성취는 일부분일 뿐이다. 자신이 생각하는 성공의 정의부터 정리해보자.

자신의 삶에 대해 다른 사람이 정의를 내리는 것처럼 불행한 일은 없다. 스스로 자유롭고 창의적으로 자신의 삶에 대해 표현하고 가치를 추구해야만 한다. 모든 사람에게는 자유의지와 선택의 권리가 있다. 그런데 왜 당신은 다른 사람처럼 살고자 하는가? 다른 사람과 당신이 추구하는 가치는 절대 같지 않으며, 그러한 가치를 실현할 수 있는 재능 역시 다르다. 자신의 존재가치를 인정하라. 자신을 객관적으로 바라볼 수 있는 합리적인 사고를 통해 누군가 정해놓은 한계를 넘어야 한다. 그래야 당신은 새로운 인생을 설계할 수 있다.

우리가 살고 있는 이 지구 위에는 하루에도 수천 명 이상의 사람들이 스스로 목숨을 포기하고 있다. 그렇게 많은 사람이 왜 스스로 자신의 삶을 포기하는 것일까? 지금 자신이 원하는 것이 무엇인지 말해보라. 우리가 깊이 인식하지 못하고 있는 중요한 사실은, 자신이 간절히 원하고 있는 그것이 사실은 진실이 아닐 수도 있다는 것이다. 지금 원하는 것이 진정으로 인생을 채워줄 가치를 담지 못하고 있을 가능성이 아주 크다. 다른 사람들의 기준으로 그것을 원하고 있는지도 모른다. 바로 그게 함정이다. 그 함정에서 빠져나오지 못하면 살아도 제대로 살아 있는 것이 아니며, 자신의 삶은 존재하지 않는 것이나 마찬가지가 된다. 왜냐하면 자기 삶이 아니라 다른 사람의 삶을 살고 있기 때문이다. 그렇다면 글 읽기를 통해 나의 인생을 어떻게 만들어가야 할까?

나를 자유롭게 만드는 한 문장

우리의 인생에 주어진 것 중에서 원하는 대로 조정할 수 있는 것이 있고, 그렇지 않은 것이 있다. 시간은 누구에게나 공평하게 주어졌지만, 그 양을 늘리거나 줄일 수 없다. 그럼에도 많은 사람이 착각하는 것 중 하나가 시간을 관리할 수 있다고 생각한다. 시간은 관리의 대상이 아니다. 다만 주어진 시간을 얼마나 가치 있게 쓸 수 있느냐가 중요하다.

하루는 24시간으로 고정되어 있지만 사용할 수 있는 에너지는 얼마든지 크게 만들 수 있다. 주어진 시간에 얼마나 많은 에너지를 모을 수 있느냐가 우리의 역할이다. 우리의 주제는 시간 관리가 아니라 '에너지 관리'가 되어야 한다. 시간의 법칙과는 달리 에너지 몰입의 법칙에 따르면, 한 곳에 에너지를 집중할수록 더 강한 힘을 발휘할 수 있으며 더 큰 가치를 생산할 수 있다. 이처럼 삶의 방향과 목적에 따라 에너지를 집중하고 효과적으로 사용하기 위한 것이 '사명선언문'이다.

자신이 추구하는 가장 가치 있는 것이 무엇인지를 정의 내리는 것이 바로 사명선언문이다. 사명선언문 없이 살아가는 것은 GPS를 장착하지 않고 비행하는 것과 같다. GPS가 없으면 방향을 잃고 헤매다 조만간 연료가 고갈되어 추락을 면하기 어려울 것이다.

"사명선언문은 개인의 헌법이다."

한 국가가 정상적으로 유지되기 위해 가장 중요한 것이 바로 헌법이다. 헌법이 없다면 국가는 존재할 수 없다. 국가의 정체성과 통치이념, 국민의 책임과 의무 등이 헌법에 담겨있기 때문이다. 헌법이 없는 국가는 다른 나라에 지배를 당하고 있거나 무정부 상태이거나 둘 중 하나다.

개인도 마찬가지다. 만일 자신의 사명선언문이 없다면 둘 중 하나의 상태다. 다른 사람의 기준에 따라 지배를 당하고 있거나 무 개념적인 삶을 살고 있다. 지금까지 진정한 변화와 발전, 그리고 성공을 경험하지 못했다면 가장 큰 이유는 바로 자기만의 명확한 사명이 없었기 때문이란 사실을 분명히 알아야 한다.

그렇다면 내가 서있는 현재의 위치와 바라보는 방향이 정확한지 아닌지 따져봐야 하지 않을까? 어떤 기준으로 그것을 검증할 것인가? 국가가 정체성을 유지하고 있는지 아닌지는 헌법에 근거해 판단해야 하듯이 개인의 경우는 사명선언문에 근거해서 생각해야 한다.

사람들은 흔히 '마음속으로 간절히 원하면 반드시 이루어진다.'라고 생각한다. 그런데 무엇을 간절히 원할 것인지, 원하는 그것이 정말 중요한 것인지 냉정하게 판단해봐야 한다. 하고 싶고 가지고 싶은 것들을 목록으로 만들기도 하지만, 도대체 그런 것들이 자신에게 왜 중요한지에 대해 생각을 해봐야 한다.

사명선언문은 그 모든 판단의 근거를 담고 있어야 한다. '사使(사용하다) 명命(생명, 목숨)'선언문이란 생명을 어떻게 사용할 것인가, 즉 **자신의 삶을 어떤 가치를 향해 움직일 것인가에 대한 선언서**를 말한다. 사명을 정의하기 위해서는 몇 가지 생각해야 할 것들이 있다. 비전과 목표, 그리고 신념이 바로 그것이다. 각각의 연관성은 다음의 그림을 보면 이해하기 쉬울 것이다.

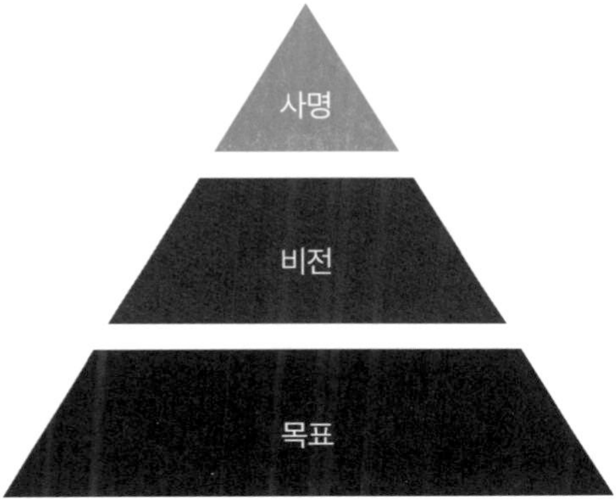

사명 : 인생의 최상위 가치관이자 원칙
비전 : 사명대로 살았을 때의 최종 목표
목표 : 비전을 이루기 위한 과정에서의 크고 작은 성취들

장·단기적 성취인 비전과 목표는 사명이라는 등대가 존재할 때 비로소 이룰 수 있다. 따라서 사명이 없이는 어떠한 비전과 목표도 무의미하다. 목표나 비전이 흔들리거나 변한다고 할지라도 사명이 굳건하게 성립되어 있다면 아무런 문제가 없다. 즉 사명은 자신의 존재 이유라고 할 수 있다. 사명선언문을 근거로 무엇을 이루고 싶은지, 어떤 사람이 되고 싶은지를 생각하고 그것을 가르쳐줄 글을 선택하는 것이 글 읽기의 출발이다.

성공의 비밀은 이미 자신의 내면에 있음을 깨달아야 한다. 진정으로 무엇이 자신의 사명으로 적합한지 알기 위해서 다음의 세 가지 질문을 던져보자.

첫째, 평생 헌신할 수 있는 일인가?

둘째, 자신이 추구하는 가치를 실현할 수 있는 일인가?

셋째, 자신의 재능을 살릴 수 있는 일인가?

이 3개의 질문에 대한 판단기준이 사명선언문이다. 이 3개의 질문 중에서 한 가지라도 "아니오."라고 답한다면 그것은 사명을 향한 일이 아니다. 왜 사명선언문이 필요한지 이제 충분히 이해됐으리라 생각한다. 그렇다면 사명선언문은 어떻게 작성하는 것일까?

사명선언문은 자신의 삶에 어떤 가치를 실현할 것인지를 담고 있다. 지금 이 글을 통해 사명선언문 작성에 대한 모든 내용을 담을 수는 없다. 무엇에 중점을 두어야 하는지 작성 순서와 방법에 대해서 간략히 다루고 넘어가겠다. 사명선언문을 작성하기 위해 필요한 질문은 다음과 같다. 빈 칸은 스스로 채워보자.

1. 죽을 때까지 간직하고 싶은 가치 혹은 목표는 무엇인가?

내 인생의 핵심가치는 (①　　　), (②　　　), 그리고 (③　　　)이다.

2. 누구를 위해, 무엇을 위해 헌신할 수 있는가?

내 삶은 (①   ),(②   ), 그리고 (③   )를 위한 삶이다.

3. 지금부터 10년 후 어떤 모습이기를 바라는가?

10년 후 나는 (   )을 하는 (   )한 사람이기를 바란다.

4. 삶이 앞으로 6개월밖에 남지 않았다고 가정한다면 마지막으로 누구에게 무엇을 하고 싶은가?

내 삶의 마지막을 후회 없이 마무리하기 위해 (   )에게 (   )을 할 것이다.

5. 지금 죽기 직전이라고 하자. 지금까지 이룬 것은 무엇이며 사랑하는 가족들에게 어떤 말을 하고 싶은가?

이룬 것 :

남기고 싶은 말 :

이 다섯 가지 질문들을 모두 고려해 당신의 삶을 어떻게 살고자 하는지 명확하고 구체적으로 적어라. 그리고 중복되는 내용을 모아서 문장으로 다듬는다. 그것이 바로 당신의 사명선언문이다. 복잡한 과정은 생략했지만, 질문에 대한 답을 심사숙고해 정리한다면 자신의 훌륭한 사명선언문을 만들 수 있을 것이다. 참고삼아 필자의 사명선언문은 다음과 같다.

> 나는 불씨다.
> 내 안의 불씨를 통해 다른 사람의 인생에 생명의 씨앗을 심고
> 새로운 출발을 할 수 있도록 헌신한다.
> 가치 있는 인생을 위해 내 삶의 쭉정이를 불태우며
> 또 다른 불씨를 만들기 위해 노력한다.

사명선언문은 이제부터 글을 선택하고 활용하는 모든 근거가 될 것이다. 제대로 된 인생은 사명선언문을 작성하는 것에서부터 시작한다.

단 하나의 최종 목표를 향한
꿈의 비탈길

인생의 최종 방향인 사명을 실현하기 위해 이루어야 할 거시적인 프로젝트를 3개로 압축해보자. 이것이 '비전'이다. 비전은 사명과 방향이 일치해야 한다. 사명을 근거로 하지 않고 이루어지는 비전은 없다. 3개의 프로젝트는 경제적, 정신적, 육체적인 면으로 나누어

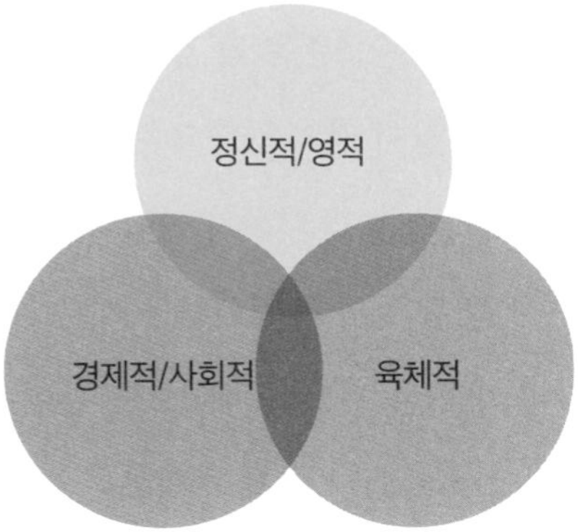

분류할 수 있다. 다음의 그림을 보면 사명과 3개의 프로젝트의 관계를 쉽게 이해할 수 있을 것이다.

먼저 정신적 혹은 영적인 프로젝트는 자신만이 아니라 주변인, 특히 가족을 포함한다. 가족은 모든 정신과 영적인 에너지를 제공한다. 사명은 궁극적으로 경제적 풍요로움만으로 완성되는 것이 아니다. 내적인 부분이 충족되었을 때 비로소 사명이 이루어지며 자아의 가치를 높일 수 있다. 정신적 프로젝트는 삶에서 가장 소중한 가치가 무엇인지를 스스로 정확히 이해해야만 설계할 수 있다. 경제적, 육체적 프로젝트가 엔진과 연료라면 정신적 프로젝트는 지도이자 나침반이라고 할 수 있다. 이는 사고와 판단의 방향을 제시해주고 사명으로 향하는 길을 잃지 않도록 도와준다.

두 번째로 경제적 프로젝트는 비즈니스, 재정 등과 관련된다. 인간의 삶에 돈이 차지하는 비중은 거의 절대적이다. 세상을 사는 데 돈이 없으면 할 수 있는 일이 거의 없다고 해도 과언이 아니다. 돈을 가벼이 여기는 어떤 주장에도 동의하기 어렵다. 돈은 생명이나 다름없다. 그러므로 돈에 대한 철학을 정립하는 것은 매우 중요하다. 경제적인 능력을 갖추기 위한 최고의 재테크는 무엇이라고 생각하는가? 앨빈 토플러의 말에 의하면 가장 수익률이 높은 재테크는 바로 남들이 갖지 못한 획기적인 지식 습득 능력을 갖추는 것이다.

세 번째로 육체적 프로젝트는 정신적 경제적 프로젝트를 건강하게 만든다. 육체적 프로젝트는 건강을 잃어봐야 그중요성을 절실하게 깨닫는 경우가 많다. 건강을 잃으면 경제적, 정신적 프로젝트를 추진하는 것이 불가능해지며, 모든 것을 잃게 된다. 건강은 모든 것의 근간이다. 또한 혼자만 고통받는 것이 아니라 가장 소중한 주변 사람들까지 힘들게 한다.

죽음의 수용소 아우슈비츠에서 살아남은 유대인 심리학자 빅터 프랭클은 극한의 환경에서 중요한 사실을 깨달았다. 수용소 안에서 살아남은 사람과 스스로 삶을 포기한 사람은 어떤 차이가 있는지 관찰하면서 발견한 것이다. 이들에게서 가장 크게 구별되는 요인은 '미래의 비전'에 대한 의식을 가졌는지의 여부였다. 죽음의 수용소 안에서도 비전은 자신이 왜 살아야 하는지에 대한 확실한 자의식을 심어주었다. 생존자들에게는 끝내 살아남아 반드시 이루어야 할 사명과 중요한 역할에 대한 자기 확신이 있었다는 것이다.

비전에는 인간 행동의 기본적 동기부여가 그대로 담겨있다. 그것은 눈앞의 현실 너머를 볼 수 있는 능력이며, 존재하지 않는 것을 상상하고 현실과 같이 느끼는 감각이다. 자신이 누구이며 어떤 존재인가 하는 핵심적인 질문과 연결되어, 자신이 이룰 수 있는 공헌, 가치, 목표 등을 명확하게 만들어준다. 비전에는 개인의 능력을 초월하는 위력과 삶의 질에 가장 큰 영향력을 미치는 힘이 담겨있다.

다시 한번 생각해보자. 비전이란 사명대로 살았을 때 이룰 수 있는 최종 목표다. 즉 사명과 일치하는 삶을 살면서 이루고자 하는 목표를 말한다. 비전을 이루기 위한 최선의 디딤돌이 바로 글 읽기다. 진정한 글 읽기의 시작은 사명과 비전에 합당한 글을 선택하고 전략을 세우는 것이다. 즉 사명과 비전을 설계하는 것이 글 읽기의 성공을 만드는 출발이라고 할 수 있다. 비전은 머리에만 담아 두어서는 안 된다. 반드시 종이에 적어야 한다. 다음의 내용을 깊이 생각해서 적어보자.

사명

비전		
정신적/영적	경제적/사회적	육체적

인간은 항상 시간이 모자란다고 불평을 하면서
마치 시간이 무한정 있는 것처럼 행동한다.
-세네카-

4장

1만 시간의 법칙 깨뜨리기

자신의 모든 것을 바칠 만한 일을 찾는 것이 삶의 비결이다.
가장 중요한 것은 내가 이루지 못할 만한 일을 찾아야 한다는 것이다.
-조각가 헨리 무어-

목적지를 정하지 않은 배는 어떠한 바람도 순풍이 아니다

어느 날 글 읽기 모임의 한 회원이 1년 동안 자신이 읽을 100권의 책 목록을 가져와서 나에게 조언을 구한 적이 있었다. 그가 가져온 글 목록은 참으로 다양한 분야가 총망라되어 있었다. 문학, 철학, 심리학, 경제학, 자기계발, 협상, 글쓰기, 비즈니스 등 모든 분야가 다 들어 있었다. 나는 그가 가져온 목록을 보고 그가 무엇에 집중하고 싶은지 감을 잡을 수 없었다. 그에게 이렇게 물었다.

"도대체 하고 싶은 게 무엇입니까? 딱 하나만 말해보세요."

그는 새로운 직업을 찾는 중이었기에 시간이 여유롭지 않은 상황이었다. 물론 목록에 포함된 여러 분야의 책들이, 다 필요하고 중요한 내용이긴 하지만 그에게는 현재 집중해야 할 목표가 무엇인지가 더 중요했다. 나는 그에게 이런 제안을 했다.

"올해 집중적으로 파고들 한두 분야만 선택해서 그 분야에서 최고 수준의 마스터가 쓴 책 10권을 선정해보세요."

다행히 그는 내 말뜻을 이해했다. 얼마 후 그가 다시 선정한 글 목록을 검토한 다음 추가 제안을 했다.

"이 책들을 10번씩 반복해서 읽어보세요. 그러면 한 꺼풀 눈이 열리게 될 겁니다."

세상의 모든 일이 그렇듯이 글 읽기 역시 선택과 집중을 했을 때 원하는 성과를 만들어낼 수 있음을 이야기해준 것이다.

글 읽기는 자신의 인생을 설계하고 구조조정하는 일이다. 끊임없이 글을 읽으면서 스스로 인생 방향에 대한 고민이 없다면 글 읽기는 아무 의미 없는 행위일 뿐이다. 어떤 지식을 습득해야 하는지, 무엇이 중요한 것인지, 무엇을 버려야 할 것인지 등에 대한 판단기준도 없이 글을 읽을 수는 없다.

일단 베스트셀러라면 믿음이 가는가? 베스트셀러는 나의 기준이 아닌 타인의 기준일 뿐이다. 남들이 선택한 것을 나에게도 똑같이 중요하다고 여기는 것은 좋은 방법이 아니다. 글이 인생에 막대한 영향을 끼칠 수 있다는 점에 동의한다면 책을 선택하는 데 매우 신중할 필요가 있다.

앞에서 말했듯이 글 읽기가 인생을 가치 있는 방향으로 만들어가는 일이라면 자신이 어떤 삶을 살 것인지부터 정하는 것이 올바른 순서다. 일단 자기 목적에 부합하는 올바른 책을 선택하는 것이 중요하다. 읽는 책에 따라 자신의 생각 방향이 결정되는 것이기 때문이다.

글을 통한 지식경영은 목표와 같은 방향에서 일관성을 유지하는 것이 중요하다. '어떤 글을 읽느냐'는 것은 '어떤 삶을 살 것이냐'와 같은 의미다. 방향을 정해야 한다. 방향도 없이 글을 읽는 것은 핸들 없이 액셀러레이터를 무작정 밟아대는 것과 다를 바 없다. 높은 산을 오르는데 지도도 없이 도전한다면 조만간 조난당할 확률이 높다.

선택과 집중을 통해 깊이 파고드는 글 읽기를 하려면 주제별 혹은 저자별 글 읽기를 하라. 주제별, 저자별 글 읽기란 자신이 집중할 한 분야 혹은 한 사람을 선택해 집중적으로 학습하는 것이다. 순서는 다음과 같다.

첫째, 어떤 분야를 집중적으로 읽을 것인지 결정하라. 그 분야에서 최고 전문가가 누구인지 파악해 몇 사람을 선정하라.

둘째, 정해진 주제 안에서 그들이 쓴 최고의 책을 10권 정도 선정하라.

셋째, 선정된 책을 10번 이상 반복해서 읽어라.

넷째, 반복해 읽으면서 중요한 것을 추려내어 정리하라. 거기에 자기 생각을 포함해라.

다섯째, 정리된 것을 통합하라. 통합을 위한 최선의 방법은 자신만의 언어로 책을 쓰는 것이다.

주제 및 롤모델 선정

▼

최고의 책 10권 선정

▼

10번 이상 반복읽기

▼

핵심내용 정리

▼

통합 및 내 책 쓰기

이 과정을 충실하게 실천하는 데 필요한 시간은 길어야 3년이면 충분하다. 그리고 자신은 해당 분야에서 어느 정도 전문가 수준으로 올라설 수 있다. 단기간에 지식의 체계화 및 활용 능력을 극대화할 수 있는 가장 좋은 방법이다.

압도적인 경쟁우위를 위한 비장의 기술

모방의 열쇠는 질문하기

말콤 글래드웰은 저서 《아웃라이어》를 통해 천재적이고 비범한 능력을 갖추거나 성과를 내기 위해서는 타고난 재능보다는 성장 과정에서의 훈련이 더 중요하다고 말했다. 타고난 재능 이전에 시대적인 타이밍, 주변 환경, 본인의 노력 그리고 훈련에 투입된 누적 시간이 성공을 결정한다는 것이다. 특히 타고난 지능지수의 영향력에 대해 강하게 부정했다. IQ보다 무언가를 누구에게, 언제, 어떻게 말해야 최대의 효과를 거둘 수 있는지에 대한 방법, 즉 '실용 지능'을 강조하고 있다. 실용 지능이란 다른 말로 표현하자면 커뮤니케이션 능력이라고 할 수 있다.

《아웃라이어》를 통해 우리가 주목해야 할 것은 바로 '1만 시간의 법칙'이다. 비범한 성과를 만들어내는 아웃라이어가 되기 위해서는 자기 분야에 최소한 1만 시간의 노력을 반드시 들여야만 한다는 것이다. **최고 중의 최고, 즉 천재적인 성과는 그냥 열심히 하는 것이 아니라 한 가지 분야를 긴 시간 동안 집중해서 노력했을 때 우리 두뇌가 최적의 상태가 됨으로써 만들어진다**는 것이다. 그런데 1만 시간은 매일 3시간씩 10년 혹은 10시간씩 3년을 투자해야 하는 시간이다. 어지간한 결심을 하지 않고서는 1만 시간을 채우기란 참으로 어려운 일이다.

그가 《아웃라이어》에서 언급했던 사례들은 우리가 잘 알고 있는 모차르트, 비틀즈, 빌 게이츠 등 세계 최고의 성취를 이룬 걸출한 사람들이다. 그렇다면 세상을 뒤흔드는 수준의 아웃라이어는 아닐지라도 괄목할 만한 성과와 발전을 이룰 방법은 없을까? 한 걸음 더 나아가 1만 시간의 법칙을 훨씬 단축할 방법은 없을까?

어떤 목표든 그것을 가장 빠르고 확실하게 성취할 방법은 이미 성공한 사람들의 노하우를 찾아 나에게 적용하는 것이다. 그것이 모방이다. **모방은 성공의 지름길이다.** 모방보다 더 효과적인 성취의 기술은 없다. **인간의 모든 성공 스토리는 결국 창조적 모방을 통해 만**

들어진 것이다. 그래서 우리는 그들이 어떻게 성공했는지 정신자세와 방법, 그리고 핵심 노하우를 찾아내야 한다. 모방에 관한 다음과 같은 이야기가 있다.

두 나그네가 길을 가고 있었다. 그들은 오랫동안 걸었기 때문에 매우 지쳤고 목도 말라 어딘가 쉴만한 곳과 먹을 게 필요했다. 다행히 그들은 사람이 살지 않는 빈집을 발견했다. 천장이 매우 높은 집이었다. 거기에서 잠시 쉬어가기로 하고 지친 몸을 눕혔다.

그런데 그들의 눈에 뭔가 이상한 것이 보였다. 높은 천장에 바구니가 달려있었고, 바구니 속에는 과일이 가득 담겨있는 것이었다. 바구니에 담겨있는 과일은 그야말로 목마르고 배고픈 그들에게 가장 필요한 것이었다. 그들은 과일 바구니를 내릴 방법을 찾아보았다. 그러나 바구니는 매우 높은 천장에 매달려 있었기 때문에 쉽게 내릴 수 없었다. 긴 막대로 흔들어보고 돌을 던져보기도 했지만, 바구니는 요지부동이었다. 여러 가지 방법을 시도했지만 모두 실패하고 말았다.

두 나그네 중 성격이 급한 한 사람이 화를 내며 말했다. "저 바구니는 누군가가 나그네들을 골탕 먹이기 위해 저렇게 높은 곳에 올려놓은 것이 틀림없어. 힘을 더 낭비하느니 차라리 한 걸음이라도 갈 길을 가는 것이 낫겠어." 그러고는 그냥 떠나버렸다.

또 다른 나그네는 곰곰이 생각해보았다. '누가 어떤 목적으로 올려놓았는지 알 수는 없지만 분명한 것은 누군가 분명히 올라간 사람이 있다는 사실이다. 그렇다면 내가 시도했던 방법이 아니라 바구니를 올려놓은 사람이 어떻게 올라갔는지를 찾아보자.' 그리고 집 주변을 자세히 살펴보았다. 높은 천장에 올라간 사람이 사용했던 방법을 찾는 것이 열쇠인 것이다. 결국 그는 창고에서 긴 사다리를 발견할 수 있었고 바구니를 내려 과일을 맛있게 먹었다.

이것은 탈무드에 나오는 이야기다. 이 이야기에서 우리는 무엇을 배울 수 있을까? 두 가지를 생각해볼 수 있다. 하나는 질문의 중요성이고, 다른 하나는 정답을 찾는 방법이다.

두 나그네는 무엇이 달랐을까? 그건 바로 답을 찾기 위한 합당한 질문을 했느냐, 하지 않았느냐의 차이다. 먼저 떠난 사람은 자신의 방법대로 최선을 다하긴 했지만, 답을 찾지 못했다. 그는 자신의 방법이 통하지 않자 포기하고 떠나버린 것이다. 그러나 또 다른 나그네는 여러 가지 시도를 한 후에 질문을 던졌다.

'천장에 올라가 바구니를 매단 사람의 방법은 무엇이었을까?'

즉 자신의 방법이 아니라 천장에 올라가는 데 성공한 사람의 방법을 생각한 것이다. 그리고 그는 천장에 올라갔던 사람의 방법을 찾아냈다. 결국 자신이 원하는 것을 얻을 수 있었다.

최선의 노력 여부가 중요한 것이 아니다. 원하는 바를 얻기 위해 나름대로 최선의 노력을 기울이지 않는 사람은 별로 없다. 그런데도 사람들 대부분은 자신이 목적한 바를 달성하지 못한다. 그건 바로 답을 얻을 수 있는 질문을 하지 않았기 때문이다. **가장 중요한 열쇠는 질문이다. 답을 찾기 전에 질문을 먼저 찾아야 한다.**

이때 질문은 자신의 방법이 아니라 이미 그것을 성취한 사람의 방법이 무엇일까를 묻는 것이 핵심 포인트다. 문제의 본질을 찾는 질문과 이미 성공한 사람의 방법을 모방하는 것이 시행착오를 줄이고 자신도 성공할 수 있는 최선의 방법임을 탈무드는 가르치고 있다.

똑똑한 모방을 배워라

글 읽기의 근본적인 목적은 단연코 '모방하기'다. 글 속에 담긴 지혜와 삶의 노하우 등을 모방하기 위해 글을 읽는 것이다. 정말 그럴까?

- 위인전을 읽는 이유는? → 그의 삶을 모방하기 위해서다.
- 역사책을 읽는 이유는? → 과거를 통해 현재와 미래를 제대로 보는 눈

을 갖추기(모방) 위함이다.

- 지식과 정보 중심의 글을 읽는 이유는? → 글 속의 노하우를 나에게 적용(모방)하기 위해서다.
- 철학책을 보는 이유는? → 글 속의 사상을 나의 삶에 더 가치 있게 만들기(모방) 위함이다.
- 성경책을 읽는 이유는? → 성경의 핵심인 예수를 닮기(모방, 따라 하기) 위함이다.
- 시, 수필 등 문학을 읽는 이유는? → 작가의 감성을 느끼기(모방) 위함이다.

어떤가? 결국 모방할 수 있는 내용과 방법을 찾는 것이 똑똑한 글 읽기다. 목적을 명확하게 인식하지 못하기 때문에 글 읽기가 도움이 안 되는 것이다. 한마디로 정리하자면 똑똑한 모방, 즉 '**창조적 모방을 위한 전략적 글 읽기**'라고 할 수 있다.

글을 읽고 난 후 오랫동안 기억하고 활용하기 위해서는 모방에 집중해야 한다. 세상에 어떤 위대한 생각이라도 모방하지 않고 백지에서 스스로 무언가를 창조한 경우는 없다. 세상에는 새로운 것이 존재하지 않는다는 사실을 이해해야 한다. **인간의 모든 창조는 과거의 것을 모방한 것이다.** 인간은 무無에서 유有를 창조하는 존재가 아니다. 그것은 신의 영역이다. 유에서 또 다른 유를 만들어내는 것이 인간이다. 끝없는 변화와 개선을 해가는 것이 인류의 역사라고 할 수 있다.

뛰어난 성취를 이룬 모든 사람이 누구를 모방했는지를 안다면 당신은 세상의 지혜를 습득하는 가장 중요한 비결을 터득한 것이나 다름없다. 그런데 이때 조심해야 할 것이 있다. 분명히 모방이 성장과 성공의 마스터키인 것은 틀림없으나 치명적인 함정을 가지고 있다는 것도 알아야 한다. 모방은 양날의 칼이다. 한쪽 날은 승리를 안겨주는 힘을 가지고 있지만, 또 다른 날은 자신을 베는 치명적인 위험이 숨어 있다. 예를 들어보자.

과거에 '비즈니스 리엔지니어링'이라는 경영기법이 전 세계적으로 화두가 된 적이 있었다. 이것은 1990년 마이클 해머가 제창한 경영이론이다. 기업 체질 및 구조의 근본적인 변화를 위해 경영방식을 근본적으로 재설계해 경쟁력을 확보할 방법을 담고 있다. 비용, 품질, 서비스, 속도와 같이 핵심이 되는 경영성과 지표들을 비약적으로 향상시킬 수 있도록 사업 활동을 근본적으로 다시 조정해 조직구조와 업무 방법을 혁신시키는 것이다.

과거 이건희 회장이 삼성그룹을 세계적인 기업으로 변화시켰던 '신경영'은 비즈니스 리엔지니어링에 뿌리를 두고 있다. 삼성그룹은 "마누라와 자식 빼고 모든 것을 바꿔야 한다."라는 경영 지침에 따라 대대적인 구조조정을 감행했고, 그것이 글로벌 기업으로 성장할 수 있는 토대가 되었다.

그리고 수많은 기업 사이에서 비즈니스 리엔지니어링, 즉 대대적으로 재조정하는 경영혁신기법이 유행되었다. 결과는 어떻게 되었을까? 삼성처럼 성공한 기업도 있지만, 오히려 역효과를 내고 엄청난 타격을 받은 기업들도 적지 않았다. 대대적인 사업 구조조정을 한다고 핵심역량과 아까운 인재를 잃는 잘못을 범한 경우도 많았다. 원인은 '무작정 따라 하기'에 있었다. 남들이 하는 방법을 그대로 따라 하다 실패한 것이다.

그렇다면 비즈니스 리엔지니어링이 잘못된 경영기법이란 것인가? 그건 아니다. 자신의 처지에 맞게 적용하지 않고 무작정 모방만 했던 것이 실패의 원인이 된 것이다. 실패한 기업들은 새로운 경영기법을 적용하는 데 적절한 전략이 부족했다.

이것은 무엇을 말하는 것인가? 모방하라는 것인가, 아니면 하지 말라는 것인가? 결론은 모방하되 창의적으로 하라는 것이다. 창의적 예술가의 대가인 피카소는 이렇게 말했다.

"훌륭한 예술가는 모방하고, 위대한 예술가는 도용한다."

모방은 타인의 것을 겉만 비슷하게 흉내만 내는 것이지만, 도용은 남의 노하우나 비법에 담긴 내면의 속성을 제대로 훔쳐내는 것이다. **단순한 표면적인 흉내만 내는 것이 아니라 오리지널의 영혼까지 베끼는 것이 도용이다.** 피카소는 모방보다 오히려 도용하라고 부추기고 있다.

20세기 미술계의 거장 피카소는 모방의 달인이었다. 그는 마네나 세잔의 그림을 모방했다. 그러나 단순한 모방이 아니라 한 차원 더 높은 창조적 모방이었다. 초창기의 고흐는 아예 밀레의 추종자였다. 그림의 분위기만 좀 달랐을 뿐 그림의 구도와 제목까지 똑같았다. 모차르트는 음악계의 위대한 천재였다. 그러나 그도 협주곡 9번(No. 271)을 작곡한 21살 이전까지는 완전히 독창적인 작곡을 하지 못했다. 그 이전까지는 모방을 통한 재창조였을 뿐이라는 이야기다.

창조는 무지개가 아니다 파랑새도 아니다. 저 멀리 있는 게 아니라 매우 가까운 곳에 있다. 이미 존재하는 것에 미세한 변화만 주어도 손에 쉽게 잡히는 것이 창조다. 하수는 백지상태에서 완전한 창조를 그리겠다고 덤비지만, 고수는 치밀하게 베낀다. 치밀한 모방의 끄트머리에서 새로운 재창조가 나온다.

지금보다 한 차원 높은 글 읽기를 하고 싶다면 창조적 모방을 위한 노하우를 터득해야 한다. 1만 시간의 법칙을 단축하려면 성공한 사람들의 노하우를 가져다 제대로 도용하라. 그러면 시간과 노력을 크게 절약할 수 있다. 가장 빠르게 성공하는 제1 법칙, 그건 바로 창조적 모방이다.

20은 80보다 크다

세상은 다음과 같이 둘로 단순화할 수 있다.

• 거의 영향을 주지 않는 다수 vs 결정적인 영향을 주는 소수

세상은 공평한가? 그렇지 않다. 세상은 핵심적인 소수와 다수의 추종자로 구성되어 있다. **소수의 핵심이 다수를 움직이는 것이 세상의 원리이며 힘의 법칙이다.** 이 차이점을 깨닫고 이에 상응하는 전략을 취할 수 있다면 원하는 것을 더 많이 가질 수 있다. 우리가 깨닫든 깨닫지 못하든 상관없이 이 법칙은 절대적으로 우리의 삶과 사회를 지배하고 있다.

당신은 어디에 속하고 싶은가? 무엇을 선택하고 싶은가? 사람들

대부분은 당연히 후자일 것이다. 왜 그럴까? 후자의 가치가 전자보다 훨씬 크기 때문이다. 이것은 양이 아니라 질이 더 중요함을 증명하는 것이다. **질은 언제나 양을 이긴다. 승리자는 언제나 질에 집중한다.** 이것이 '20 : 80 법칙'이다.

이탈리아의 경제학자 빌프레도 파레토가 처음 발견한 20 : 80 법칙은 노력, 투입량, 원인 중에서, 핵심이 되는 작은 부분이 대부분의 성과를 만든다는 것이다. 모든 부분에서 노력과 성과 사이에는 일정한 불균형이 존재한다. 이를테면 투입되는 에너지 중 핵심 20%가 산출량의 80%를 만들어내고, 전체의 노력 중에서 핵심에 집중하는 20%에서 성과의 80%가 만들어진다는 것이다.

핵심 20%가 80%를 만들어낸다는 것은, 나머지 80%의 노력은 고작 20%의 결과밖에 만들어내지 못한다는 것이다. 가치가 적은 80%에 에너지를 사용하는 것은 낭비다. 순도 높은 20%에 집중해야 한다.

선택과 집중은 포커스 리딩의 원칙이자 방법이다. 핵심과 본질에 집중하는 것이다. 세상은 20 : 80 법칙보다 훨씬 더 극단적이다. 1 : 99가 오히려 더 자연스럽다. 1%의 핵심과 99%의 주변으로 구성되어 있다. 그러므로 1% 핵심에 집중하면 효율성을 극대화할 수 있다.

핵심 1%를 잡으면 99%는 저절로 이해된다. 속도와 정확성을 동시에 높이는 포커스 리딩의 원리는 바로 이것이다. 인생의 성공 여부가 삶의 목적을 정의한 사명에 집중하느냐에 달려있는 것도 같은 맥락이다.

노력에 비해 만족할 만한 성과가 나오지 않는 것은 에너지를 집중해야 할 포인트에 초점을 맞추고 있지 못하기 때문이다. 1만 시간의 법칙을 깨뜨리는 것은 무작정 더 열심히 노력하라는 말이 아니다. 그렇게 한다고 좋은 결실을 얻을 수 있는 것이 아니다. **중요한 것과 중요하지 않은 것을 구분하는 판단력, 선택한 핵심역량에 80% 이상의 에너지를 집중하는 것**이 탁월한 성과를 만들기 위한 핵심 열쇠다.

옥스퍼드대학에서는 핵심 중심의 글 읽기를 다음과 같이 가르친다.

"무조건 처음부터 끝까지 읽으려 들지 마라. 먼저 그 글이 뭘 전달하려는지 요점을 파악한 후, 결론을 먼저 읽고 나서 서론을 보고 다시 결론을 본 후에 관심 있는 부분을 여러 번 가볍게 훑어보는 방법을 터득하라."

포커스 리딩에서 제시하는 핵심 중심의 글 읽기 원리는 글에서 찾을 수 있는 가치의 80%를 그 글의 20% 정도의 페이지에서, 그리고 글을 처음부터 끝까지 통독하는 시간의 20% 이내에 얻을 수 있다는 데서 출발하는 것이다. 포커스 리딩과 옥스퍼드대학의 핵심 중심의 글 읽기는 맥이 같다.

글을 빠르게 읽으면서 핵심을 찾아내는 것이나, 삶에서 가장 중요한 20%의 핵심역량에 집중하는 것이나 결국 같은 원리다. 무조건 열심히 하기보다는 핵심을 찾아내라. 그리고 자신의 핵심 역량에 모든 에너지를 집중하라. 모든 기회를 다 추구하기보다는 80%의 가치를 가진 20%의 목적에 에너지를 쏟아라. 이것이 바로 당신을 가장 빠르게 변화시키는 비결이며 결국 승리한다.

실패하지 않는 전략이란 가장 중요한 가치에 집중해서 계획을 세우고 실행하는 것이다. 자기 인생에서 진정으로 중요한 것이 무엇인지를 다시 생각해보라. 그리고 그 중요한 일을 지금의 방법으로 이룰 수 없다면 전략을 재조정해야 한다.

대부분의 위대한 성과는 한 가지에 대한 지속적인 몰입과 경험을 통한 통찰력이 결합하였을 때 이루어진다. 일생을 통해 성취하는 것 중 대부분, 즉 자신과 타인에게 귀중한 가치의 대부분은 실제 삶의 아주 작은 부분에서 이루어진다.

사람들이 하는 일의 대부분은 가치가 낮다. 우리가 읽는 글의 대부분도 가치가 낮다. 핵심은 행간에 숨어 있는 소수이다. 아무리 오랜 시간 노력해도 목표에 도달하지 못하는 이유는 그 소수의 핵심을 읽지 못하기 때문이다. 근본적인 변화를 만들기 위해서는 발상의 전환을 해야 한다. 지엽적이고 부수적인 주변에서 겉도는 것은 의미 있는 변화를 만들지 못한다.

스스로 질문을 던져보라.

'20%의 시간으로 가치 있는 결과의 80%를 어떻게 만들 것인가?'

우리에겐 시간이 부족한 것이 아니다. 에너지를 잘못 사용하고 있다. 노력과 성과는 비례하지 않는다는 발상의 전환을 해라. 힘든 노동은 낮은 이익을 얻는다. 많은 시간을 투입하는 것은 그 자체가 비효율이다. 핵심 20%만으로 나머지 80%를 이해할 수 있는 기술을 터득해야 한다. 포커스 리딩은 그 기술을 배우는 것이다. 지렛대 효과를 극대화하는 기술이다. **포커스 리딩의 모든 기술은 세상과 인생의 법칙을 그대로 적용한 것이다.**

양을 축적하면 좋은 결과가 따라올 것이라는 낡은 상식, 고정관념을 버려야 한다. 인생도 비즈니스도 글 읽기도 원리는 동일하다. 이제부터 질 중심의 관점으로 바꾸자. **20%는 80%보다 더 크고,**

80%는 20%를 위해 존재한다는 사실을 명심하라. 눈에 보이지 않는 20%, 행간에 숨어 있는 20%를 포착하는 훈련을 해라. 쓸모없는 80%는 가차 없이 제거하라. 자신의 인생에서 중요한 것이 무엇인지 찾아내라. 그리고 거기에 집중하라. 글 읽기와 인생의 성공 법칙은 같은 것이다.

삶에서 가장 중요한 일에 최선의 노력을 기울여라. 항상 최고의 결과를 만들어내는 소수의 방법, 소수의 행동, 소수의 원인과 접근법이 존재할 것이다. 그것을 찾아라. 그리고 확대하라. 성과는 단순한 향상을 넘어 획기적으로 높아질 것이다.

필자는 초등학교 시절부터 글을 쓰는 작가를 꿈꿔왔다. 대학 1학년 입학하자마자 전공은 뒷전이고 도서관의 책을 모두 읽고 졸업하겠다는 야무진 목표를 세웠다. 그래서 온갖 독서법을 배우며 훈련했다. 1년에 최소 200~300권 이상의 책을 읽었다. 마흔을 넘어가기 전에 적어도 5,000권 이상의 책이 내 손을 거쳐 갔다. 견디기 힘든 인생의 여러 고비를 거치는 과정에서 가장 절박하고 어려운 시기에 포커스 리딩이라는 글 읽기 시스템을 만들어 세상에 내놓았다. 포커스 리딩은 단지 글을 빠르고 정확하게 읽는 기술이 아니다. 수많은 일을 경험하면서 축적된 삶의 지혜를 글 읽기 기술로 시스템화한 것이다. 성공적인 인생의 원칙과 기술은 글 읽기와 동일하기 때문에 가능한 일이었다. **핵심과 본질에 집중하는 것, 선택과 집중, 20 : 80 법칙 모두 같은 원리다.** 그러면 효율성이 높아지고 더 좋은 결과를 만든다.

포커스 리딩의 원리와 기술은 이 책을 읽는 당신에게 깊은 통찰과 놀라운 성취를 안겨줄 것이다.

이제부터 본격적으로 세상의 진짜 글 읽기 고수들이 사용하는 기술, 포커스 리딩의 세계로 들어가자!

"Stay hungry, stay foolish(끊임없이 갈망하고, 우직하게 전진하라)!"

FOCUS

PART 2

핵심을 빠르고 정확하게_ 포커스 리딩 5단계

READING

Focus Reading

임계점에 도달하기 전까지는 아무런 변화도 일어나지 않는다.
아무런 성장이나 발전도 없어 보이지만
임계점에 도달하는 순간 엄청난 에너지가 폭발한다.
성공과 실패는 능력의 차이나 가능 불가능의 문제가 아니다.
임계점을 만들어내느냐 못하느냐의 차이이다.
임계점에 도달하기까지 계속할 것인가 아니면 중간에 포기할 것인가?
누구는 포기해버리고 누구는 포기하지 않는다.
거기서 인생이 결정된다.
결국 성공이라는 것은 자신이 부여한 목표를 완수하는 것,
혹은 그 방향으로 계속 전진하는 것이다.
일단 하기로 했으면 확실한 답을 얻기 전에는 포기란 없다.
그것이 성공이다.

5장

1단계_
마인드셋

기회? 바로 내가 만든다!
-나폴레옹-

Mindset

글자를 읽는 것이 아니라 그림을 그리는 것이다

지금부터 커다란 도화지에 그림을 그린다고 생각해보자. 그림을 그릴 때는 가장 먼저 무엇을 그릴 것인지 결정해야 한다. 대상은 풍경, 정물, 인물 혹은 제품의 디자인이 될 수도 있다. 일단 붓을 들기 전에는 분명한 대상이 있어야 한다. 대상이 명확할수록 그리기 좋다. 대상에 따라 그것을 효과적으로 표현하기 알맞은 도구를 고를 수 있다. 파스텔을 쓸 수도 있고, 크레파스로 그릴 수도 있다. 아니면 여러 가지 도구를 다양하게 섞어서 사용할 수도 있다. 세상의 모든 재료가 그림의 도구가 될 수 있다.

풍경화를 그린다는 가정하에 다음 과정을 살펴보자. 풍경을 그리기 위해서는 먼저 연필로 대강의 스케치를 하면서 그림의 전체적인 구도와 집중적으로 다뤄질 소재의 윤곽을 잡는다. 스케치를 완성하고 나면 옅은 물감으로 간단한 명암을 넣는다. 그리고 색을 칠하면서 점점 더 세세한 특징을 부각시키며 덧칠이 필요한 곳은 몇 번 더 채색함으로써 강조하기도 한다. 덧칠과 수정을 가할수록 그림은 완성도가 높아진다. 마지막으로 부족한 부분을 마무리하면 하나의 그림이 완성된다.

글 읽기는 바로 그림 그리기와 같은 과정을 거친다. 이 과정을 글 읽기와 포커스 리딩의 각 단계로 정리하면 다음과 같다.

그림 그리기	글 읽기	포커스 리딩
그림의 대상 정하기	글 읽는 목적 정하기	1단계_마인드셋
대상에 대한 이해	예비 글 읽기 및 두뇌 활성화	2단계_ 속도 뛰어넘기
스케치		
명암 색칠	핵심 중심으로 빠르고 정확한 반복 읽기	3단계_ 스키핑 & 스캐닝
덧칠하기		
세부 묘사하기	중요내용 정리	4단계_ 핵심단어 뽑아내기
마무리	나의 지식으로 소화 및 활용	5단계_ 질문하기

위 표를 보면 그림을 그리는 과정처럼 포커스 리딩의 각 과정 역

시 매우 자연스러움을 알 수 있을 것이다.

1단계_마인드셋Mindset

이것은 "나는 할 수 있다."라는 마인드를 다지는 단계다. 목적은 목표를 달성해야 하는 이유다. 왜 글을 읽는지가 명확해야 동기부여도 가능하다. 예를 들어 포커스 리딩을 마스터하려는 목표라고 하자. 성공적으로 목표를 완수하기 위해서는 자신감을 가지고 동기부여를 해야 한다. 내면에 잠재된 능력을 조금만 깨워도 대단한 능력이 발휘된다. 이 과정을 통해 자신감을 회복하면 글 읽기 능력을 5배 이상 높이는 것이 전혀 어렵지 않음을 알 수 있을 것이다. 그뿐만 아니라 달성하고자 하는 목표 역시 확실히 이룰 수 있다.

마인드셋 과정은 글 읽기에만 해당하는 것이 아니다. 모든 일은 목표를 향한 마음 상태, 곧 '마인드셋'으로 우리는 신속하게 더 좋은 결과를 만들어낼 수 있다. 마인드셋 과정에서는 주제는 다음과 같다.

- 내 안의 성공 메커니즘을 작동하기
- '나는 할 수 없다.'라는 부정적 생각 깨부수기
- 구체적인 목표 설정과 달성 전략 수립

자신을 냉소적으로 바라보고 부정적으로 평가하는 사람은 자신에 대해 긍정적으로 평가하는 사람들보다 실패할 확률이 높다. 실제로 《학습된 낙천주의》의 저자인 마틴 셀리그만의 말에 따르면, 비관주의자들은 낙천주의자들보다 인간관계나 학습, 비즈니스 등 모든 면에서 뒤떨어진다. 같은 조건이라 하더라도 비관적인 태도는 결과에 악영향을 미친다.

포커스 리딩 훈련을 몇 주만 하면 당신은 두 가지를 느끼게 될 것이다. 첫 번째는 '스스로 변한 모습을 보고 느끼는 기쁨'이며, 두 번째는 '왜 진작 배우지 않았을까 하는 후회'다.

2단계_속도 뛰어넘기Speeding up

두뇌의 능력은 이미 말했듯이 과학으로도 아직 모두 발견하지 못할 정도로 무한하다. 속도 뛰어넘기 훈련은 글 읽기에 방해가 되는 요소를 제거하고 지금까지 활용하지 못한 두뇌의 잠재력을 깨운다. 속도 뛰어넘기 과정을 통해 얻게 되는 것은 다음과 같다.

- 단기간에 글 읽기 능력을 획기적으로 향상시키는 속도 감각을 높인다.
- 집중력이 향상된다.
- 고질적인 글 읽기 장애 요소인 묵독 습관을 없애준다.
- 매우 빠른 속도로 텍스트를 이해할 수 있다.

• 잠재의식을 활성화한다.

• 산만함을 줄인다.

• 핵심단어를 집어내는 두뇌 능력이 향상된다.

단기간에 당신의 글 읽기 능력을 계발하는 비밀이 바로 '속도 뛰어넘기' 훈련이다. 거듭 말하지만, 우리에게 필요한 능력은 핵심 내용을 바르게 뽑아내고 그것을 정리해 목적에 활용하는 능력이다. 속도 뛰어넘기 훈련은 두뇌를 엄청난 수준으로 활성화한다.

3단계_스키핑 & 스캐닝Skipping & Scanning

우리는 종종 '정독精讀'이라는 말로 천천히 머릿속에 내용을 새긴다는 표현을 쓴다. 하지만 이 방법을 우리의 두뇌가 좋아하는 것은 아니다. 느리게 읽는 것은 단지 속도가 느린 것이다. 매우 빠르게 읽으면서 정확하게 내용을 이해하는 것이 더 효율적인 정독이다. 정보를 느린 속도로 받아들이는 것은 두뇌의 활성화를 막을 뿐이다. 그리고 느린 정보 입력은 집중력을 떨어뜨리기도 한다.

글 읽기에 관한 사람들의 잘못된 고정관념 중 하나가 바로 "글은 씹어 먹듯이 천천히 읽어야 한다."라는 것이다. 보통 사람은 글을 읽을 때 1분에 100~200단어 정도를 받아들인다. 하지만 이 정도의 속도는 두뇌 활동의 긴장을 떨어뜨린다. 그 결과 우리의 뇌는 천천히 글을 읽는 동안 서서히 잠에 빠진다. 즉 가수면假睡眠 상태에 빠지는 것이다. 두뇌는 긴장하지 않으면 집중도 하지 않는다. 두뇌의 집중을 위해서는 긴장감을 높여야 하며 긴장감을 높이기 위해서는 정보의 입력 속도를 높일 필요가 있다.

따라서 글을 천천히 씹어 먹겠다는 생각을 버리지 않는다면 짧은 시간 안에 필요한 정보를 신속하게 뽑아내는 글 읽기를 할 수 없다. 빛의 속도로 정보가 탄생하고 소멸하는 21세기에는 '빠른 정보 처리 속도' 그 자체가 경쟁력이다. 두뇌의 잠재력을 외면하고 지금의 느린 글 읽기를 고집하는 것은 속도 무제한 고속도로에서 페라리를 타고 시속 30km로 기어가는 것이나 다름없다. 300km냐 30km냐를 결정하는 것은 바로 당신이다. 이제 두뇌 회전의 가속 페달을 힘껏 밟아라. 원하는 만큼 얼마든지 빨리 달려도 된다. 두뇌의 능력은 얼마든지 여유가 있다.

스키핑 & 스캐닝 훈련을 하게 되면 무엇이 달라질까?

- 매우 빠른 속도로 글 읽는 습관을 갖게 된다.
- 글의 내용을 전체적으로 이해할 수 있다.

- 공부의 가장 중요한 비결인 '반복 학습'을 남보다 5배 이상 많이 할 수 있다.
- 책, 신문, 보고서 등 모든 것을 매우 빠르게 읽고 정리할 수 있다.
- 남보다 더 많은 공부를 더 많이 반복할 수 있다.
- 지문이 긴 시험에서 압도적으로 유리하다.
- 두뇌 활성화 및 집중력 향상에 큰 변화가 생긴다.

4단계_핵심단어 뽑아내기Selecting Corewords

말을 할 때, 글을 쓸 때, 혹은 공부할 때 무엇이 중요한 내용인지 뽑아낼 줄 아는 능력이 다른 사람을 뛰어넘는 탁월함이 된다. 평범함과 탁월함의 차이가 바로 이것이다. 핵심을 파악할 줄 아는 사람들은 복잡한 상황을 단순화하는 능력이 있다. 뛰어난 통찰력을 가진 사람들은 핵심이 무엇인지 귀신같이 뽑아내고 날카로운 질문을 던지면서 발전 기회를 찾아낸다.

에디슨은 아무리 복잡한 설계도라도 문제가 무엇인지 한눈에 파악할 정도의 '눈'을 가지고 있었다. 이건희 회장이 플래시 메모리 분야를 핵심사업으로 추려내지 못했더라면 삼성은 지금 초일류 기업으로 자리매김하지 못했을 것이다. GE의 잭 웰치 역시 위기의 GE를 핵심사업 위주로 정리함으로써 세계 최고의 기업으로 변화시켰다.

이 모든 것은 핵심을 파악하는 능력에서 비롯된다.

포커스 리딩은 핵심 중심으로 이해하고 요약 정리하기 위한 방법으로 '3의 법칙'을 활용한다. 3의 법칙을 활용하는 것은 가장 핵심이 되는 소수의 내용을 먼저 골라내 그를 바탕으로 관련된 내용들을 연결하는 능력을 키워준다. 지금까지 당신이 글을 읽었던 경험을 떠올려보자. 글을 읽고 난 후 다른 사람에게 프레젠테이션하거나 내용을 요약하여 전달해본 경험이 적어도 한두 번 이상 있을 것이다. 이런 발표를 할 때 효과적인 내용 전달에 실패하는 사람들의 가장 큰 문제는 내용 전달을 위한 구조설계 방법을 모른다는 것이다. 3의 법칙은 학습과 커뮤니케이션을 효과적으로 할 수 있도록 도와준다.

NLPNeuro-Linguistic Programing(신경언어프로그래밍)에서는 이렇게 추상적이고 모호하게 이야기하는 사람을 빅 청커Bic Chunker라고 부른다. 빅 청커가 되는 근본적인 원인은 자신이 전달하고자 하는 핵심 메시지를 모른 채 막연하게 떠오르는 모든 이야기를 떠들어댄다는 점이다. 글을 읽는 것도 마찬가지다. 소수의 핵심 내용을 제대로 파악하겠다는 의지가 필요하다.

글의 핵심을 추출하는 것은 나무의 기둥을 파악하는 것과 같다. 세부적인 사항들은 가지일 뿐이다. 기둥이 아니라 잔가지에 집착하다 보면 자연히 글 내용을 추려내고 정리할 수 없다. 이와 마찬가지로 우리가 글의 내용을 기억하고 활용하기 위해서는 정보를 핵심 위주로 일목요연하게 정리하는 것이 중요하다. 그래서 기억하기 좋고 정리하기 좋도록 우리는 3의 법칙을 활용할 것이다. 대부분의 글은 3개의 '사고 묶음'으로 전체의 흐름과 내용을 정리할 수 있다.

포커스 리딩의 4번째 단계인 '핵심단어 뽑아내기'에 익숙해지면 비즈니스, 공부, 글쓰기, 말하기, 커뮤니케이션, 시간관리 등 다양한 분야에서 남들보다 좋은 결과를 얻을 수 있다. 이는 경쟁자와 당신을 구분 짓는 탁월함이 될 것이다.

5단계_질문하기Communication

글을 읽고 질문을 찾아내는 것은 글 읽기의 최종 목표다. 훌륭한 답은 훌륭한 질문에서 탄생한다. 질문은 떠오르는 대로 아무렇게나 묻는 것이 아니다. 좋은 질문이란 뿌리를 잡는 것이어야 한다. 우선 자신이 묻고자 하는 것에 대해 핵심이 이해되지 않는다면 좋은 질문을 할 수 없다. 그러므로 질문을 잘하기 위해서는 핵심 중심의 이해 능력이 필요하다.

포커스 리딩에서는 질문하기를 'question' 혹은 'asking'이라고 하지 않고 'Communication'이라고 한다. 이것은 "글은 생각이다."라는 글 읽기의 대전제에서 시작되는 개념이다. 글과 소통을 하기 위한 도구로서 질문을 사용하는 것이다. 단순히 모르는 것을 묻는 것이 아니라 더 깊은 사고, 다른 관점, 경청을 위한 수단으로 질문을 하는 것이다. 가장 높은 수준의 소통을 가능하게 만드는 것이 바로 질문이기 때문이다. 2~4단계까지는 글 속에서 저자의 지식을 뽑아내는 것이라면, 5단계는 그 지식을 더 깊이 이해하고 나의 목적에 활용하는 과정이다.

모든 글 읽기는 유익한 것을 얻기 위한 수단이다. 글 읽기의 핵심이자 마무리가 질문하기인 것도 같은 맥락이다. 내가 무엇을 배웠는지, 글을 다 읽은 지금 무엇을 얻었는지 되묻는 과정이 질문하기다. 저자와 머릿속으로 나누는 대화, 내가 정리한 글의 내용과의 대화, 글에서 뽑아낸 내용이 실제로 적용 가능한지를 묻는 자기 자신과의 대화도 모두 질문하기에 포함된다. 즉, 글을 자신이 이해했는지 확인하고 자신만의 것으로 어떻게 소화할지 최종적으로 점검하는 과정인 것이다. 예를 들어 다음과 같은 질문을 할 수 있다. 뒤에서 우리는 질문의 도구와 다양한 질문들을 만나게 될 것이다.

"이 문제의 핵심은 무엇인가?"

"이 상황이 나에게 요구하는 것은 무엇인가?"

"어떻게 해야 본질적인 문제에 접근할 수 있을까?"

"나는 무엇을 해야 하는가?"

"가장 현명한 선택은 무엇인가?"

"내가 버려야 할 것은 무엇인가?"

글에서 얻은 모든 내용은 질문의 방향에 따라서 긍정적으로 보이기도 하고 부정적으로 평가되기도 한다. 질문은 글의 정보 중 쓸 것과 버릴 것을 가려내는 도구이며, 쓸 것으로 분류된 지식을 어떻게 활용할 것인지 결정하는 과정이다. 질문 능력이 높아지면 무엇이 달라질까?

- 좋은 답을 얻게 된다.
- 현명한 선택을 하게 된다.
- 생각하는 능력이 크고 깊어진다.
- 내가 필요한 정보를 얻게 된다.
- 글을 더 깊이 정확히 이해할 수 있게 된다.
- 글을 나에게 유익하게 적용할 수 있는 능력을 갖추게 된다.
- 정확하게 핵심을 파악하게 한다.
- 적은 노력으로 커다란 결과를 얻을 수 있다.
- 시행착오를 줄일 수 있다.

도끼날부터
갈아라

글을 읽고 이해하며 활용하는 것은 우리 두뇌가 할 수 있는 가장 높은 수준의 활동이다. 글 읽기를 잘하는 것보다 더 빠르게 자신의 역량을 높일 수 있는 것은 거의 없다. 그런데 사람들 대부분은 '글자 읽기=글 읽기'라고 착각하고 있다. 글 읽기는 글자를 읽는 것이 아니라 글 속에 담긴 본질적인 의미, 생각, 목적을 읽는 것이다. 그래서 글 읽기가 쉽지 않은 것이다.

글 읽기를 통해 인생을 바꾸고 싶은가? 그렇다면 지금부터 도끼날부터 갈아보자. 큰 나무를 자르고 싶으면 도끼날부터 갈아야 한다.

"누군가 내게 나무를 벨 6시간을 준다면 나는 그중 4시간을 도끼 날을 가는 데에 쓰겠다."

- 에이브러햄 링컨-

도끼날을 가는 것은 마인드를 정립하는 것이다. 이것은 단순히 포커스 리딩 기술을 익히는 것보다 더 중요할 수 있다. 왜냐하면 중도 포기하지 않고 포커스 리딩의 가진 놀라운 효과를 확실하게 터득하고 평생 활용하기 위해서는 무엇보다 목적의식이 선행되어야 하기 때문이다. 마인드를 정립하기 위해서는 자신에게 지속해서 영향을 미치고 동기부여도 해줄 수 있는 롤모델의 선택이 중요하다.

이해를 돕기 위해 예시를 가지고 설명을 해보겠다. 여러분도 각자가 자신의 실천계획을 직접 작성해보라. 순서는 다음과 같다.

Step 1 모방할 성공 모델 선정(롤모델의 성공 전략 파악)

Step 2 롤모델을 닮는 데 방해가 되는 문제 해결 방안 모색

Step 3 할 일과 하지 말아야 할 일의 목록 작성

Step 1 모방할 롤모델 설정(이미지 설정, 모델의 성공 전략 파악)

롤모델	무엇을 배울 것인가?
에디슨	• 글 읽기에 대한 엄청난 열정 • 창조적이고 다양한 사고능력 • 목표를 향한 정신적 육체적 몰입 능력 • 효율적인 협력 시스템 구축 • 고객을 위한 가치창조

1단계는 나의 롤모델을 정해 그의 생각, 가치관, 성공 노하우, 인생 역경 등을 배우고 모방하는 것이다. 다른 사람의 성공을 배워서 모방하는 것이 '학습'의 핵심이자 기초다. 우리가 글을 읽는 이유는 결국 다른 사람의 생각과 방법, 가치관, 성공패턴 등을 모방하기 위한 것이다.

세상에는 더 이상 새로운 것이 없다. 이미 수많은 선례와 그 결과가 남아있다. 당신이 원하는 것 역시 이미 누군가에 의해 고민하고 도전했으며 성취되었던 일이다. 우리가 하려는 모든 일은 과거에 없었던 새롭게 만들어져야 하는 것은 거의 없다. 우리가 발전 혹은 발명이라고 부르는 것은 기존의 것에 약간의 차이를 더하는 것일 뿐이다.

지금보다 더 나은 인생을 살고 싶다면, 더 나은 삶을 이뤄낸 다른 이의 방법을 참고해야 한다. 그중 쓸 만한 전략을 나에게 맞도록 수

정해서 자신에게 적용하는 것이 우리가 해야 할 일이다. 목표 달성을 위해서 누군가의 노하우를 구하고자 한다면 먼저 내가 추구하는 목표를 명확히 해야 한다. 그리고 그 목표를 이룬 이들을 찾으면 된다. 이렇게 만들어진 역할모델의 리스트에서 나와 가장 유사하거나, 본받고 싶을 정도로 강렬한 업적을 남긴 이를 골라라. **자신이 활동할 분야의 오리지널, 즉 뿌리가 되는 사람을 선택하라.** 그리고 비로소 그 사람의 생각이 담긴 글을 찾는 것이다. 이것이 글을 선택하는 원칙이고 방법이다.

당신에게 역할모델이 없다면 획기적인 변화를 만들기 힘들다. 그 모델의 모든 것을 본뜨듯 자신에게 적용하는 작업은 '생산적인 모방'이다. 생각과 행동, 가치관, 자세, 그 모델의 역할모델까지 닮아보고자 노력하라. 그리고 **'이 사람은 어떤 생각을 하는가?'**를 주목하며 글을 읽어라. 그리고 실제로 내가 판단하고 행동하는 데도 그의 생각을 적용해보라.

모방의 천재가 되고픈 당신에게 다음 표는 작은 도움이 될 것이다. 표에 당신이 닮고자 하는 모델이 누구인지, 그리고 그 모델을 닮기 위해 어떤 글을 읽어야 하는지 먼저 적어보자. 당신이 확실한 역할모델을 정했다면 이미 목표를 위한 여정의 절반은 성공한 것이나 다름없다. 이제는 역할모델을 정하고 그를 철저하게 모방하기 위해 부단히 노력해야 한다.

Step 2 롤모델을 닮는 데 방해가 되는 문제 해결 방안 모색

문제점	개선 및 해결 방안
• 부족한 글 읽기량 • 수동적이며 태만한 생활 습관 • 동기부여를 위한 장기적 목표가 없음 • 장기적인 자기계발 전략이 없음 • 삶의 목표와 동떨어진 생활 태도	• 목표 및 시간관리 : 글 읽기에 대한 구체적 목표 설정 및 정기적인 시간 확보 • 글 읽기 환경 : 중요하지 않은 일 하지 않기 • 주제별 글 읽기 : 목표에 적합한 분야의 글 읽기 목록 선택과 집중

나의 글 읽기에 방해가 되는 것이 무엇인지 생각해보자. 가장 흔한 걸림돌은 바로 '시간 부족'이다. 현대인의 시간 부족은 사실 참으로 아이러니한 문제다. 과거에 비해 이동시간이나 일 처리 속도향상을 돕는 기술이 점점 늘어남에도 불구하고 왜 우리는 점점 더 시간 부족에 시달리며 하고 싶은 일을 시작도 못 해 보고 주저앉는 것일까?

이는 기술의 발전에 따라 우리가 처리해야 하는 정보의 양도 늘어나기 때문이다. 우리가 매일 처리하는 수많은 일은 내가 원하든 원치 않든 앞으로도 계속 주어질 것이다. 이러한 모순을 극복하기 위한 해결 방안은 우선순위를 정하고 그에 따라서 일을 처리하는 것이다. 아직 해야 할 일의 우선순위가 명확히 정해지지 않았다면 모든 일을 크게 몇 가지로 분류해보는 것도 도움이 된다. 네 가지로 분류한 아래의 내용을 한번 보자. 모든 일은 네 가지 중 하나다.

1순위, 중요하고 급한 일	2순위, 중요하지만 아주 급하지는 않은 일
이건 삶의 근본적인 문제다. 자신의 삶에서 가장 중요한 일이다. (나의 경우에는 글을 쓰거나, 중요 프로젝트를 기획하는 일 등이다.)	대표적인 것이 운동이나 글 읽기처럼 미래를 위한 투자 혹은 중요한 인간관계를 유지하는 일 등이다.
3순위, 중요하지 않지만 급한 일	**4순위, 중요하지도 않고 급하지도 않은 일**
전화를 걸고 메일을 보내고 업무적인 회의를 하거나 청소를 하는 등 우리들의 일상적인 일들의 대부분이 여기에 속한다.	대부분의 시간 낭비가 여기에 속한다. 예컨대 TV 시청, 인터넷 서핑 및 SNS, 약속되지 않은 만남, 기다리기 등이다.

물론 사람에 따라 세세한 기준이 더 생겨날 수 있다. 하지만 모든 일을 네 가지 기준으로 크게 분류하면 적어도 무엇을 먼저 해야 할지 망설이는 시간이 줄어든다. 순위가 높을수록 중요한 일이고 낮을수록 중요도가 떨어지는 일이다. 그렇다면 당신의 시간 배분은 어떻게 되어있는지 한번 생각해보라. 혹시 생활에 기본적으로 필요한 일이나 일상사(3~4순위)를 최우선 순위로 둔 것은 아닌가? 뒷순

위의 일을 먼저 처리할수록 당신은 목표에 늦게 도착할 것이다. 이것이 바로 당신이 스스로 정해 놓은 틀에서 벗어나지 못하는 가장 큰 이유다.

당신의 목표와 가장 긴밀한 활동을 어디에 두고 있는가에 따라 목표달성에 투자하는 시간의 배분이 달라지는 것도 같은 맥락이다. 글 읽기는 몇 번째 순위에 들어가는가? 시간이 없어서 글을 못 읽는다는 것은 글 읽기를 4순위에도 두지 않는 셈이다. TV나 인터넷 서핑 등에 글 읽기보다 더 많은 시간을 보내고 있다면 시간이 없어 글 읽기를 못 하는 것이 아니다. 이것은 '시간이 있어도 안 한다'와 같다.

시간 배정 방법은 간단하다. 중요도에 따라 여러 가지 일들의 '우선순위'를 정하는 것이다. 가장 중요한 것에 먼저 시간을 배정하고 그다음 중요한 것 순서대로 시간을 채워 넣는 것이다. 그러자면 '**과감하게 버리기**'를 할 수 있어야 한다. **낮은 순위의 일은 기꺼이 우선순위인 일을 위해서 포기하라.** 그런 일은 대부분 하지 않아도 전혀 문제가 없는 비생산적인 일이다. 버리기를 잘하기 위해서는 상당한 용기와 결단 그리고 계획성이 필요하다. 그런 일에 연연하게 되면 4순위의 일들이 일상에서 중요하고 가치 있는 일을 밀어내는 상황이 발생한다. 당신의 실제 생활이 그렇지 않은지 생각해보라.

1, 2순위에 좀 더 많은 시간을 배정하기 위해서는 3, 4순위에 투자하는 시간을 그만큼 더 줄여야 한다. 그리고 자신이 순위에 매긴 그대로 일을 처리해야 한다. 순위를 매기고도 그것을 지키지 못한다면 예전과 같은 삶을 살 수밖에 없다. 우선순위 분류를 시작해보면 생각보다 마음속 갈등이 클 것이다. 되고 싶은 것과 당장 하고 싶은 것은 불일치하는 경우가 대부분이기 때문이다. 그렇다면 순간적이고 주관적인 기준을 대신할 신뢰할 만한 기준은 없을까? 그것은 바로 자신의 롤모델을 모방하는 것이다. 그가 다른 모든 일보다 우선순위에 두었던 것, 그리고 남들에게는 우선순위임에도 그가 뒷순위로 밀어 두었던 것이 무엇인지 알면, 당신만의 우선순위 분류도 좀 더 쉬워질 것이다.

우선순위를 부여하는 기준은 세 가지다.

첫째, 나의 목표에 부합하는 일인가?

둘째, 얼마나 중요한 일인가?

셋째, 자신의 가치를 얼마나 높이는 일인가?

이 기준에 따라 우선순위를 정해보면 현재의 시간 배정이 어떻게 수정되어야 할지 판단할 수 있을 것이다. 다음의 표에서 자신의 문제와 그 해결책을 정리해보자.

Step 3 할 일, 그리고 하지 말아야 할 일의 목록 작성

포기해야 할 일	집중해야 할 일
• 불필요한 인간관계, SNS 등 • TV 시청 및 무절제한 인터넷 서핑과 같은 비창조적인 행위 • 비생산적인 금전 지출(술, 담배, 오락 등)	• 중요한 것을 먼저 하는 시간관리 습관 • 자신의 목적에 도움이 되는 인간관계 • 건강한 육체와 정신을 유지하기 위한 노력 • 창조적 가치를 만드는 일에 비용 투자 • 글 읽기 모임 만들기 • 목표를 위한 단계적 전략

3년, 5년, 10년 후에 무엇을 하고 있을지 생각해본 적이 있는가? 모든 것이 빛의 속도로 변해가는 지금, 1년은 분명 엄청난 변화를 이룰 수 있는 시간이다. 이 변화의 속도에 걸맞게 정보를 수집하고 활용하지 못한다면 몇 년 후 자신이 어떻게 될지에 대해서 설명하지 않아도 충분히 짐작할 수 있을 것이다. 변화는 곧 기회다. 이것을 잡느냐 놓치느냐는 얼마나 준비하는가에 달려 있다. 기회를 잡고 싶다면 그것을 잡을 수 있도록 촘촘한 그물을 짜라. 무엇을 잡을 것인지 명확하게 정해서 기회를 노리라는 뜻이다.

정보를 모을 때는 모든 내용을 머릿속에 다 담으려고 애쓸 필요가 없다. 중요한 것만 놓치지 않으면 된다. 선택은 어디에 역량을 집

중할 것인지 결정하는 행위다. 이는 정보를 모을 때뿐만 아니라 지금 당장 할 일과 당장 하지 않아도 되는 일을 구분하는 데도 유용하다. 이것을 선명하게 하려면 먼저 **'집중할 일'과 '포기할 일'을 목록으로 만들어보라.** 자기 목표가 뚜렷한 사람이라면 10분에서 30분 안에 충분히 목록을 작성할 수 있다. 이 목록을 작성하지 않으면 자신도 모르는 사이에 덜 중요한 일부터 하게 된다. 이는 곧 시간과 에너지의 낭비로 이어지며 효율적으로 목표에 도달하고자 하는 당신의 꿈을 조금씩 흔들기 시작할 것이다.

목록을 작성하는 것만으로도 현재 나의 문제가 무엇인지 파악할 수 있다. 자신의 노력으로 자신의 문제를 파악하지 않는다면 얼마나 어리석은가? '누구 때문에'라는 말보다 더 기회를 날리는 것도 없다. 누가 자신을 망가뜨리고 힘들게 했다는 말인가? 결국, 모든 문제는 자기 자신의 문제일 수밖에 없다. 내가 변하기 위해서는 **뭔가를 하는 것도 중요하지만, 그 전에 포기할 일을 찾아내는 것도 중요하다.** 그것을 구분하는 것이 변화의 시작인 것이다.

상상을 현실로 만드는 3단계 프로세스

마인드셋이란 자신의 인생을 설계할 때 사고방식이나 마음가짐을 어떻게 할 것인가를 결정하는 것이다. 어떤 인생을 살 것인가 하는 것은 사고방식과 마음가짐의 영향을 많이 받는다. 외부에서 주입되는 정보나 압력에서 벗어나 자신의 마음을 스스로 정하는 것이 마인드셋이다. 원칙이나 공식은 단순하고 쉬울수록 좋다. 공식은 다음과 같다.

1단계: 목표 확정하기

2단계: 목표를 이루기 위해 해야 할 일 목록 작성하기

3단계: 기한을 설정하고 목록에 적힌 일을 실행하기

1단계 : 목표를 확정하기

먼저 자신이 무엇을 하고자 하는지를 명확하고 구체적으로 정하는 것이 첫 단계다. 성공을 꿈꾸는 사람들은 많지만, 자신이 원하는 성공의 모습을 구체적으로 떠올릴 수 있는 사람은 많지 않다. 막연히 부자 되는 것, 출세하는 것, 시험에 합격하는 것 등은 명료하지 못한 목표다. 부자나 출세의 기준이 무엇이며 자신이 바라는 수준이 어느 정도인지에 대한 구체적인 기준이나, 언제까지 그것을 이루겠다는 기한이 없다면 제대로 된 목표로 보기 어렵다. 시험을 앞두고 공부하고 있다면 그 시험이 왜 내게 중요한지 구체적인 이유와 합격 이후의 삶에 대한 확실한 목표가 필요한 것이다.

목표에는 지식, 비즈니스, 시험 및 학업 등 여러 가지 분야가 있을 수 있다. 어떤 것이든 글 읽기를 통해 이룰 수 있는 것이라면 무엇이

분야	이루고자 하는 목표	목표를 이뤄야만 하는 이유

든 포커스 리딩의 목표가 될 수 있다. 다음의 표에 당신의 목표를 구체적으로 상세하게 적어보라.

2단계 : 목표를 이루기 위해 해야 할 일 목록 작성

에베레스트를 오른다고 생각해보자. 세계에서 가장 높은 이 산을 동네 뒷산 놀러 가듯이 오르려 한다면 시작도 못 하고 돌아오게 된다. 반드시 올라야 하는 목적과 이유가 분명하다고 해도 철저하게 준비하지 않으면 100% 실패하고 만다. 정상에 오르기 위해서는 여러 상황에 대비한 준비물을 챙겨야 한다. 그리고 역할에 따라 팀을 조직해야 하고 등반할 날짜의 날씨, 온도도 점검해야 한다. 어느 것 하나라도 소홀히 하면 문제가 생겼을 때 대처하기가 너무 힘들어진다. 이렇게 모든 걸 철저하게 준비한 후에 도전해야 한다.

오르고자 하는 곳을 명확히 했다면 그곳에 오르기 위해서 무슨 행동을 해야 하는지 구체적으로 써보라. 아무렇게나 방향도 없이 열심히 한다고 그 목적이 달성될 리 만무하다. 무슨 일을 하든 구체적으로 할 일을 정해야 한다. 어느 정도의 글을 읽어야 하는지, 몇 번을 반복해야 하는지, 누구와 함께하거나 도움을 받아야 하는지 등 생각해야 할 것이 매우 많다. 그것을 꼼꼼히 쓰고 우선순위를 매겨 가장 중요한 것부터 해나가야 한다. 욕심이 지나쳐 자신의 역량을 초과하게 되면 실패할 수도 있으니 균형감각을 가지고 계획을 세워라.

목표	목표를 이루기 위해 해야 할 일

3단계 : 기한을 설정하고 목록에 적힌 일을 실행하기

이제는 해야 할 일을 언제까지 완수할 것인지 정해야 한다. **기한이 없는 목표는 동기부여 효과를 현저하게 떨어뜨리며 목표로서 기능을 상실한다.** 우리의 두뇌는 최종기한을 좋아한다. 최종기한을 정하게 되면 두뇌는 그 기한 안에 목표를 달성하기 위해 모든 정보의 흐름을 그 방향으로 집중하게 된다. 기한은 강제 효과를 발생시킨다. 강제 효과는 두뇌가 최고 능력을 발휘하게 만든다. 혹시 목표가 어떤 과정을 거쳐 이뤄질지 모른다 해도 확고한 최종기한은 정해야 한다. 최종기한이 정해지면 그 기한을 지키기 위해 최선을 다하라.

구체적인 목표, 그 목표를 달성해야 할 명확한 이유, 중요도에 따라서 해야 할 일, 그리고 최종기한까지 정해지면 모든 에너지를 집중하여 실행하는 것이 가능하다. 여기저기 다른 곳을 쳐다볼 이유가 없으므로 정신과 육체의 에너지를 한곳에 모을 수 있기 때문이다.

큰 목표	실행할 일	최종기한

실행에 있어서 몰입은 매우 중요하다. 몰입 없는 실행은 정신과 에너지가 분산된다. 계획과 결심이 결과를 만드는 것은 아니다. **결과는 오로지 실행을 통해서 만들어지는 것이다.** 결과가 어떻게 되느냐는 실행에 좌우된다. 아무리 타고난 감각과 재능이 있다 할지라도 실행할 때 몰입하지 않으면 결과가 좋을 수 없다. 몰입은 화살이 흔들리지 않고 과녁을 향해 똑바로 날아가게 만드는 힘이다. 아무리 활을 쏘는 궁수의 자세가 좋고 장비가 좋아도 정작 화살을 날리는 순간 집중력을 잃으면 과녁의 중심을 맞힐 수 없다. 에디슨은 몰입에 대해 이렇게 말했다.

"많은 사람이 정해진 시간을 한 가지 방향으로만 사용하고 한 가지 목표에만 집중한다면 그들은 성공할 것이다. 문제는 사람들이 다른 모든 것을 포기하고 매달릴 수 있는 단 한 가지 목표가 없다는 것이다."

'몰입Flow'이라는 개념을 소개한 미하이 칙센트미하이 교수는 이렇게 말했다.

"몰입이란 어떤 일에 집중하여 내가 '나'임을 잊어버릴 수 있는 심리적 상태로 곧 행복을 의미하며, 물 흐르는 것처럼 자연스럽고 편안한 느낌이다."

당신이 목표에 모든 에너지를 집중해보라. 세상에 이루지 못할 것이 아무것도 없을 것이다. 미하이 칙센트미하이 교수는 몰입을 경험하기 위해 다음과 같은 세 가지 조건을 제안하고 있다.

1. 자신의 행동에 대한 뚜렷한 목표가 있어야 한다. 목표가 있어야 에너지와 가고자 하는 방향에 집중하게 된다.
2. 자신이 인지하는 능력(기술, 지식 등)과 인지하는 목표 사이에 균형이 맞아야 한다. 가장 중요한 것은 실제 능력이나 목표보다 '인지하는' 능력

과 목표다. 자신이 어떻게 보는가에 달렸다는 말이다. 본인의 목표가 능력보다 너무 낮다고 생각되면, 도전이 너무 쉬워지면서 지루해지기 쉽다. 반대로, 목표가 능력보다 너무 높다면 불안감만 준다.

3. 목표를 이루기 위한 활동에 문제점이 발견되면 기술과 지식을 수정하고 다시 적용하여 발전시키고 계속 몰입할 수 있는 조건을 유지해야 한다.

그럼 구체적으로 어떻게 해야 몰입을 할 수 있을까? 이것도 미하이 칙센트미하이 교수의 말을 들어보자.

- **다중 작업을 하지 마라.** 동시에 두 가지 이상의 업무를 처리하면 몰입을 못 하게 된다. 왜냐하면, 여러 가지 일을 동시에 하면서 모든 일에 최선을 다하기 힘들며, 몰입 자체의 즐거움을 잃고 결과의 질만 더 낮출 뿐이다.

- **집중력을 분산시킬 수 있는 것을 없애라.** 주위 환경에서 몰입하는 데에 방해하는 것이 있는가? 온도, 소음, 가구 배치, 사물, 다른 사람, 불빛, 등 작은 것도 큰 차이가 될 수 있으므로 잘 살펴서 최상의 환경을 만들어야 한다.

- **큰(장기) 목표를 정한 뒤 작은(실행) 목표로 나누어라.** 나뉜 작은 목표들이 충분히 자신에게 도전 의식을 자극하도록 하는 것이 좋다. 작은 실천과 성취들이 모여서 큰 목표를 이루는 것이다.

- **지속해서 몰입을 경험하기 위해 목표를 높여라.** 본인의 능력이 점점 발전하게 되면 선택한 활동들이 쉬워진다. 그러면 집중을 덜 해도 목표달성이 쉬워지면서 지루해진다. 목표를 높이면 관심이 더 생길 것이고 본인의 능력도 점점 발전된다.

- **생각하지 않아도 되는 활동을 피해라.** 예를 들어 TV 시청이나 인터넷 서핑, SNS 등이 그런 것들이다.

가장 중요한 것

글 읽기는 그 자체가 목적이 아니다. 글 읽기는 목적을 이루기 위한 과정이고 수단일 뿐이다. 그러므로 글 읽기를 통해 자신이 이루고자 하는 목표에 대한 확신이 무엇보다 중요하다. 확신은 단순한 기대나 믿음과는 다르다. 확신의 힘은 믿음보다 10배 혹은 100배 이상 강하다. 기대나 믿음은 쉽게 허물어질 수 있지만, 확신은 웬만해서는 변하지 않는다.

글을 읽는 기술보다 더 중요한 것이 바로 목표에 대한 확신이다. 자신이 세운 목표가 글 읽기를 통해 반드시 이루어진다는 확신이 중요하다. 이는 자신이 생각한 그대로 될 것이기 때문이다. 막연한 희망이나 기대로 목표를 이루기 어려운 이유는 확신처럼 강력한 몰입 에너지를 불러일으키지 못하는 탓이다. 몰입이 없으면 지속해서 실천하기 어렵다. 반드시 이루어질 것이라는 확신과 이루고야 말겠다는 의지가 동기부여의 동력임을 잊지 마라.

그런 확신과 의지를 명확히 하기 위해서는 구체적인 목표와 그에 맞는 설계가 필요하다. 포커스 리딩 1단계에서는 그러한 작업을 통해 글 읽는 자세를 가다듬고 정신 무장을 하는 것이다. 글 읽기에 이러한 복잡하고 거창한 작업이 꼭 필요한 것은 아니다. 그러나 지금까지 한 번도 해본 적이 없다면 이러한 작업을 꼭 거치는 편이 더 효과적일 것이다. 번거롭다거나 귀찮다는 생각보다는 나를 위한 작업이라는 긍정적인 생각으로 마무리하길 바란다.

나만의 특별함,
경계 너머에 있다

벼룩은 크기가 겨우 2mm 정도밖에 되지 않는다. 그런데 놀랍게도 이 녀석은 세계 최고의 높이뛰기 선수다. 자기 체구의 약 300배 정도인 60cm를 뛰기도 한다. 사람으로 치면 약 500m가량을 뛰는 것과 같다. 이 벼룩을 20cm 높이의 유리컵에 가둬놓으면 톡톡 뛰면서 유리컵의 천정에 계속 부딪힌다. 그러다가 시간이 지나면 부딪히지 않을 만큼만 뛴다. 결국 60cm를 뛰던 벼룩은 절반 높이도 안 되는 약 20cm 정도만 뛰게 된다. 이렇게 오랜 시간을 갇힌 벼룩은 그 후에 유리컵이 사라져도 20cm 이상은 뛰지 않는다. 이렇게 20cm는 벼룩의 한계가 된다. 사실 60cm를 뛸 수 있는 벼룩의 신체적 능력이 사라진 것은 아니다. **벼룩의 한계는 바로 자기 생각에서 오는 것이다.**

당신의 한계는 어디까지인가? 아직 당신은 자신의 한계를 알지 못한다. 지금 자신의 한계가 어느 정도라고 말한다면 그것은 유리컵이 자신의 한계라고 생각하는 벼룩의 체념과 같다. 만일 글 읽기 속도가 몇 주 만의 훈련으로 5배 이상 빨라질 수 있다고 한다면 믿을 수 있겠는가? **한계는 자기 생각 속에서 만들어진다.** 물론 5배가 아니라 그 이상도 가능하다. 유리 벽에 갇힌 생각의 한계를 깨야 한다.

잠재력의 중심이 되는 뇌의 무게는 고작 1.5kg밖에 되지 않는다. 그런데 이 작은 뇌 안에는 약 1조 개의 세포와 1,000억 개의 뉴런(신경세포)이 있다. 하나의 뉴런이 수십만 개의 다른 뉴런들과 서로 정보를 주고받으면서 처리할 수 있는 정보의 양은 무한대에 가깝다. 약간의 노력만 따라준다면 두뇌를 훨씬 더 많이 사용할 수 있다는 건 확실하다. 우리 뇌보다 더 뛰어난 알라딘의 램프가 어디 있겠는가?

잘못된 훈련_안구운동

흔히 하는 속독훈련에 빠지지 않고 등장하는 것이 있다. 바로 안구운동이다. '속독훈련 = 안구훈련'이라고 할 정도로 지금까지 안구운동은 속독의 필수 과정으로 인식되어왔다. 그러나 우리 주변에서 안구운동을 통해서 속독의 대가로 거듭났다는 사람은 거의 없다. 결론부터 말하면, **안구운동은 하지 않아도 된다.** 안구운동으로 글 읽기 능력을 계발하겠다는 것은 뒤로 뛰는 연습으로 마라톤에서 우승하겠다는 것처럼 터무니없는 말이다. 안구운동은 우리 두뇌와 눈의 능력을 무시하는 것이나 다름없다. 왜 그런지 살펴보자.

우리 눈의 시신경은 인체에서 가장 빨리 반응하는 부분이다. 눈은 무려 500분의 1초의 속도로 시각 정보를 인지한다. 우리의 눈은 순간적으로 정보를 인식하는 것이다. 이는 의식적인 반응이라기보다는 거의 무의식적인 반응에 가깝다. 안구운동은 이런 눈의 시신경을 인위적으로 빠르게 움직이는 훈련이므로 눈과 두뇌의 작동 메커니즘에도 어긋난다. 이는 자동으로 엄청나게 빠르게 움직이고 있는 기계를 억지로 수동으로 움직이려는 것과 같다. 사실 우리 인체의 대부분은 수동이 아니라 자동이다. 주변의 온도에 따라 저절로 땀이 나고 추위를 느낄 때는 피부의 땀구멍이 좁아지는 것처럼 인체의 대부분은 생존에 필요한 조절을 위해 자동으로 움직인다. 눈 역시 무의식적인 정보 인식이 의식적인 정보 인식보다 많다.

이런 눈을 억지로 특정한 속도로 움직이게 한다고 정보가 더 빨리 습득되는 것은 아니다. 그뿐만 아니라 안구운동을 한다고 정보가 두뇌에 효과적으로 저장되는 것도 아니다. 어차피 **정보를 저장하는 곳은 '뇌'다. 눈은 글자를 비추는 거울일 뿐이다.** 의식적이든 무의식적이든 상관없이 눈이 인식하면 그것을 정보로 받아들일 것인지 말 것인지는 두뇌가 결정하는 것이다. 다시 말하지만 모든 정보를 이해하고 분석하는 것은 눈이 아니라 두뇌다. **눈은 정보를 보지만**see **두뇌는 정보를 읽는다**reading.

눈동자는 우리가 인위적으로 빠르게 움직이려고 노력하는 것보다 이미 백 배 이상 빠르게 움직이고 있다. 우리 두뇌는 눈이 인지한 모든 정보 중에서 어느 것이 중요한지 중요하지 않은지를 순간적으로 분류해 남길 것만 남긴다. 그렇게 분류된 정보는 분석된 후 다양한 형태로 변형되어 저장된다. 이런 메커니즘을 무시한 인위적인 안구운동은 무의미한 훈련에 불과하다.

결론적으로 안구운동을 통한 빠르게 읽기는 아무리 눈을 빠르게 움직일 수 있다 해도 눈동자 스스로 움직이는 자동 메커니즘보다 더 빠를 수 없다는 한계를 지니고 있다. 그리고 인체의 본래 기능과 상관없는 인위적인 훈련이므로 지속해서 훈련하지 않으면 금방 그 속도가 원점으로 돌아간다.

예컨대, 앞으로 뛰는 것에 익숙한 사람이 어느 날부터 뒤로 뛰기 훈련한다고 해보자. 처음에는 쉽지 않아도 일정 기간 후에는 상당한 속도로 자연스럽게 달릴 수 있을 것이다. 그렇지만 우리 몸은 뒤로 가기 위해 만들어지지 않았다. 게다가 항상 뒤로만 다닐 수는 없지 않은가? 뒤로 달리는 훈련을 멈추고 다시 과거처럼 앞으로만 다니게 되면 일정 시간 후에는 뒤로 달리는 것이 다시 부자연스러워진다. 안구운동과 뒤로 달리기는 이렇게 훈련하기도, 유지하기도 힘들다. 자연스러운 인체의 작동원리를 무시하고 불편한 훈련을 하는 것은 정상적이지 않다. **정상적인 기술이라면 자전거 타기처럼 한 번 배우면 평생 그 효과를 즐길 수 있어야 한다.** 만일 균형 잡는 훈련을 매번 해야 한다면 누가 자전거를 타겠는가?

'읽는다'는 말은 '본다, 듣는다, 느낀다, 맡아본다' 등의 말과 동의어다. 왜냐하면, 그 모든 것들은 결국 두뇌가 어떤 정보를 인식하고 판단하는 것이기 때문이다. 모든 정보 입력의 결정권은 눈, 코, 입, 귀, 피부 등이 아니고 두뇌다. 그러므로 우리가 집중해야 할 훈련 포인트는 눈이 아니라 두뇌가 되어야 하는 것이다.

두뇌가 원하는 방식으로 정보를 입력하는 것이 바로 효율적인 글읽기 방식이다. 그럼 두뇌는 어떤 방식을 원할까? 어떻게 해야 효율성을 높일 수 있을까? 결론부터 말하자면 다음과 같다.

• 핵심과 결론부터

• 중요한 것부터

• 거시적인 것부터

• 반복 읽기

• 요약과 정리

이런 방식으로 글을 읽을 때 두뇌는 쉽게 받아들이게 되고 다음과 같은 효율성이 동시에 높아진다. 효율성이란 속도만을 의미하는 것이 아니다.

• 더 빠르게 읽을 수 있다.

• 더 정확하게 읽을 수 있다.

• 더 잘 이해할 수 있다.

• 더 오래 기억할 수 있다.

• 더 잘 활용할 수 있다.

본질적으로 '본다, 읽는다'는 행위는 두뇌의 작용이다. 그러므로 **두뇌의 정보 처리 속도를 높이는 것이 핵심이다.** 포커스 리딩은 그것을 어떻게 훈련해야 할 것인지 체계적으로 설명하고자 한다. 두뇌의 자연스러운 기능과 자신이 가진 잠재능력이 어떤 경로로 발휘되는지를 이해하고 나면 아주 쉽게 지금보다 몇 배 이상 글을 효율적으로 읽는 게 가능하다는 사실을 알게 된다. 포커스 리딩은 기존의 속독과 비교할 수 없을 정도로 빨리 배울 수 있다. 그리고 그 효과를 평생 활용할 수 있다. 두뇌가 가진 본래의 기능을 이해하고 자연스럽게 활성화하는 방법이기 때문이다.

6장

2단계_
속도 뛰어넘기

현재는 물론 미래에도 전략적으로 성공할 수 있는 열쇠는
핵심역량을 가려내 그 핵심 영역에 더욱 집중하는 것이다.
-게리 하멜의 《미래를 위한 경쟁》 중에서-

Speeding up

포커스 리딩 2단계인 속도 뛰어넘기를 통해 두뇌의 잠재능력을 깨우는 방법을 배우게 된다. 훈련을 하는 전 과정에서 항상 아래의 내용을 기억하기 바란다. 포커스 리딩은 두뇌가 원하는 방식의 정보 입력 시스템이다. 두뇌와 컴퓨터의 정보 입력 방식은 전혀 다르다.

컴퓨터	두뇌
중요도 개념 없음	핵심, 중요한 것 먼저 저장
글자, 이미지 선호도 차이 없음	글자가 아니라 이미지형 개념 선호
한 번 입력하면 영구적 저장	중요 개념 중심으로 클러스터화

두뇌가 원하는 방식은 중요정보를 먼저 입력하고, 중요정보 중심으로 개념화하며, 모든 정보는 하나의 덩어리처럼 중요정보 중심으로 클러스터화하여 다른 중요정보들과 연결된다는 것이다.

이것은 두뇌가 가장 선호하는 효율적인 정보 처리 방식이다. 포커스 리딩은 바로 이러한 원리를 기반으로 만들어졌다.

또 하나 중요한 핵심은 글을 읽는 것은 눈이 아니라 두뇌라는 사실이다. 그러므로 훈련은 눈이 아니라 무조건 두뇌에 초점을 맞춰야 하며 두뇌가 선호하는 방식의 정보 입력 훈련을 해야 하는 것이다. 눈동자를 훈련하는 기존의 속독법은 사실 시작부터 잘못된 방식이다. 눈동자 훈련은 할 필요가 전혀 없다. 핵심은 두뇌다. 우리 두뇌는 이미 놀라운 성능을 가진 슈퍼컴퓨터보다 더 뛰어난 능력을 갖추고 있다. 그러므로 두뇌의 능력을 아주 조금만 깨워도 글 읽기 속도는 단숨에 몇 배 이상 높아질 수 있다. 두뇌의 원리를 잘 이해하면 훈련의 효과는 어렵지 않게 비약적으로 높아진다.

핵심과 결론부터 잡아라

글을 읽을 때 가장 먼저 고려해야 할 것은 글쓴이의 생각이다. 글은 생각이다. 글은 저자의 생각이며 분신이다. 그러므로 글을 읽는 사람은 가장 먼저 저자의 생각이 무엇인지 이해해야 한다. 저자가 그 글을 어떤 목적과 동기를 가지고 썼는지, 저자가 글 속에서 이야기하고자 하는 핵심 주제가 무엇인지 이해해야 한다는 것이다.

한 권의 책이 있다. 저자의 생각은 어디에 담겨있을까? 저자가 말하려는 핵심단어는 무엇일까? 본문을 읽지 않고도 저자의 의도를 파악하려면 어떻게 해야 할까? **글에서 가장 중요한 단어는 바로 글 제목에 있다.** 그리고 글을 쓰게 된 목적이나 동기는 머리말에 담겨 있다. 또한 글을 쓰기 전에 저자가 가장 신경 쓰는 부분이 바로 목차다. 목차는 저자의 생각이 구조화된 설계도나 다름없다. 건축 설계도를 자세히 보면 실제 건물을 보지 않고도 어떤 용도의 건물이며 특징이 무엇인지 알 수 있는 것과 같다.

글 읽기를 급한 마음으로 해서는 안 된다. 급하게 달려간다고 더 많은 것을 얻을 수 있는 것은 아니다. 먼저 저자에게 다음과 같이 질문해보자.

"이 글에서 말하려는 것은 무엇이며, 그것을 한마디로 어떻게 정의하고 있는가?"

물론 질문에 대한 답은 글을 읽으며 스스로 생각하고 찾아봐야 한다. 하지만 목차와 머리말, 맺음말 등에서 대략적인 윤곽을 포착할 수 있으며, 글로 정리해보면 더 명확하게 알 수 있다. 이것은 글 읽기에서 매우 중요한 과정이다. 실제로 해보면 그 중요성을 이해할 수 있을 것이다.

전체 파악하기whole understanding

전체 파악하기는 머리말과 목차를 통해 글의 구조와 주제를 파악하는 것이다. **목차는 목적지와 경로에 대한 친절하고 정확한 이정**

표 역할을 한다. 머리말과 목차를 통해 글의 주제와 대략적인 내용을 이해하는 것은 먼 길을 떠나기 전에 지도를 보며 주요 코스를 미리 파악하는 것과 같다. 글의 구조와 주제를 파악하는 것은 저자의 마음을 읽는 것이다. 저자가 글을 어떤 흐름으로 설계했는지, 글을 통해 말하고자 하는 핵심이 무엇인지를 가늠하는 것이 전체 파악하기의 목적이다. 저자는 글의 주제를 먼저 정하고 그 주제를 효과적으로 설명할 수 있는 흐름, 즉 구조를 설계한다. 그러므로 글을 읽을 때 핵심 주제와 흐름을 이해해야 거시적인 핵심을 놓치지 않으면서 미시적인 사항도 깊이 있게 이해할 수 있다. 글을 읽는 사람은 거시적, 미시적 관점이 모두 필요하다.

글 전체에서 저자가 말하려는 가장 중요한 핵심단어는 무엇일까? 그 핵심단어를 어디에서 찾을 수 있을까? 그것은 글의 제목이다. 목차에는 제목을 설명하기 위한 2차 핵심단어들이 일목요연하게 정리되어 있다. 이것만 봐도 글의 내용을 파악할 수 있다. 그것으로 부족하다면 머리말에서 저자가 설명해 놓은 집필 의도와 목적을 참고하면 된다. 이를 유심히 살피는 것이 본문을 읽기 전에 글의 내용을 파악하는 데 필요하다.

목차는 지도다. 저자가 말하려는 목적지가 어디이고, 그 목적지에 도달하기 위해 어떤 과정을 거치게 되는지 한눈에 보여주는 것이 바로 목차이다. 그러므로 글을 읽기 전에 목차를 유심히 살펴라. 화가가 그림을 그리기 전에 대상을 유심히 살피듯이, 목숨을 건 군사 훈련에서 군인이 지도를 살피듯이 목차를 살펴야 한다. 그러고 나면 글의 대략적인 핵심, 저자가 말하려는 의도, 자신이 얻어야 할 내용을 이해할 수 있다. 목차를 생각하고 글을 읽게 되면 자신이 전체 글의 흐름 중에 어디쯤을 읽고 있는지 정확하게 이해할 수 있다. 이러한 방향감각 없이 글을 읽는 것은 지도 없이 밀림 속에서 헤매는 것과 같다. 그리고 지금 읽는 내용이 이 글에서 왜 필요한지, 이 내용 중에 무엇이 진짜 중요한 것인지를 놓치기 쉽다. 목차를 읽는 방법은 다음과 같다.

- 글 읽기 전에 목차를 자세하게 살피는 습관을 기른다.
- 중요하다고 판단되는 부분에는 밑줄 또는 자신만의 표시를 한다.
- 은유적이거나 비유적인 소제목은 전체의 흐름을 바탕으로 어떤 내용일까 상상해본다.
- 큰 제목을 먼저 보고 소제목을 보면 전체의 흐름을 이해하기 좋다.
- 목차에 드러난 글 전체의 흐름을 머릿속에 담으려 노력한다.

글을 한 번 다 읽고 나면 다시 목차를 바탕으로 전체의 내용을 정리한다. 목차와 머리말 등을 통해 파악해야 할 것은 '글의 주제'와 '글에서 내가 얻고자 하는 것'이다. 이것을 머리에 담아놓는 것은 지도에 목적지의 좌표를 설정하는 것과 같다. 우리의 두뇌는 명확한 좌표를 향해 자동 항해하는 배와 같다. 주제를 알고 글을 읽으면 내용을 정리하는 데 큰 도움이 된다. 전체 파악하기를 하고 난 후에는 다음과 같이 정리하라.

중요하다고 생각되는 단어들	
이 글의 주제를 추정해보라	
저자 혹은 나 자신에게 어떤 질문을 던질 수 있을까?	

두뇌의 순간
인지 감각 활성화

지금부터는 글을 빠르고 정확하게 읽기 위한 본격적인 두뇌 활성화 훈련인 '속도 뛰어넘기' 훈련을 설명한다. 속도 뛰어넘기 훈련은 매우 단순하지만 강력한 효과를 발휘한다. 속도 뛰어넘기의 목적은 크게 두 가지로 요약할 수 있다.

첫째, 두뇌 활성화를 통한 두뇌의 정보 처리 속도 상승
둘째, 속도의 가장 큰 걸림돌인 묵독 습관 제거

이는 곧 고정관념과 잘못된 습관을 깨부수는 과정이다.

두뇌의 정보 처리 원칙

'본다'는 말을 깊이 생각해보자. 인체 기관 중에서 외부의 정보를 보는 기관은 어디인가? 당연히 눈일까? 틀렸다. '본다'의 주체는 눈이 아니라 두뇌다. 두뇌는 눈이라는 카메라를 사용해 정보를 읽는다. 따라서 훈련의 초점을 눈이 아니라 두뇌에 맞추는 것이 매우 중요하다. 두뇌가 원하는 정보 습득 방식이 무엇인지 이해하고, 그것을 효율적으로 할 수 있게 만드는 것이 속도 뛰어넘기 훈련의 핵심 포인트다.

그래서 핵심을 빠르게 포착하는 것도 눈이 아니라 두뇌의 정보 습득 감각을 높이는 데 초점을 맞춰야 한다. 눈동자를 훈련하는 기존의 속독법은 잘못된 방식이다. 눈동자는 훈련할 필요가 없을 정도로 이미 매우 빠르게 움직이고 있기에 의식적으로 더 빠르게 움직이도록 강요하는 것 자체가 모순이다.

두뇌가 정보를 받아들이는 메커니즘을 이해하기 위해 다음의 딱 세 가지만 기억하자. 이것은 모든 학습의 대원칙이자 포커스 리딩 전체를 이끌어가는 기준이다.

첫째, 두뇌는 중요하다고 판단하는 것(결론, 핵심, 관심사 등)부터 받아들인다.

둘째, 두뇌는 거시적인 것 우선, 미시적인 것은 나중 순서로 저장한다.

셋째, 두뇌는 구조적으로 반복 입력해야만 입체적으로 저장한다.

이 기준에 따라 훈련한다면 두뇌의 정보 처리 효율성(속도, 이해, 저장, 기억, 활용, 재창조 등)은 단기간에 몇 배 높아질 수 있다. 우리의 두뇌는 중요한 것과 중요하지 않은 것을 구분해서 입력하기 때문이다. 따라서 글 읽기 훈련 역시 두뇌가 원하는 이 방식을 기준으로 하는 것이 맞다.

두뇌의 적응력을 높이는 속도의 비밀

글 읽는 속도를 얼마나 높이고 싶은가? 현재 속도에서 얼마나 빨라지면 만족하겠는가? 10배 혹은 20배? 포커스 리딩은 그런 수준을 목표로 훈련하지 않는다. 적정 수준을 벗어나면 정확도가 급격히 낮아지기 때문이다. 정확성이 떨어지는 속도는 아무 의미 없다. 그럼 경쟁력 있는 속도와 정확성을 동시에 잡기 위해서는 어느 수준이 적절할까?

2배 정도면 어떨까? '겨우'라고 생각하는가? 동일한 시간에 2배의 속도로 글을 읽을 수 있다면 모든 공부와 시험에서 최상위 1% 안에 들어갈 수 있다. 그럼 한 걸음 더 나아가 3배라면 어떤가? 시간을 3

분의 1로 단축하거나 3배의 양과 질을 축적하는 것이다. 1년 만에 3년의 학습 효과를 만들어낼 수 있다. 이런 속도로 3년 정도만 체계적으로 글을 읽는다면 현재와는 전혀 다른 차원의 지식과 역량이 축적될 것이다. 더구나 상대성원리 공식인 $E=mc^2$에 의하면 속도에는 제곱의 법칙이 작용하므로 효율성은 4배, 9배 높아진다. 포커스 리딩 학습자들은 평균적으로 2~3주 안에 3~5배 수준을 높이는 놀라운 학습 효과를 경험하게 된다. 말 그대로 압도적인 경쟁력을 확보하는 것이다.

속도의 비밀은 무엇일까? 보는 것은 눈이 아니라 두뇌라고 했다. 그러므로 두뇌의 작동원리를 이해하면 된다. 분명한 것은 안구운동으로는 본질적으로 정보 처리의 효율성을 높이는 것이 절대 불가능하다는 사실이다. 거듭 말하지만 눈이 아니라 두뇌를 훈련해야 한다. 훈련의 원리는 다음과 같다. 이해를 위해 몇 가지를 예로 들어보자.

30~50km로 겨우 운전하는 완전 초보 운전자가 있다. 그 운전자를 사고가 날 위험이 없는 경주용 자동차 전용 트랙에서 레이서가 운전하는 옆 좌석에 앉히고 2시간 정도 시속 200km 이상으로 달리는 경험을 하게 한다. 그런 다음 그 속도로 몇 시간 동안 자신이 직

접 운전을 하게 한다. 일반 도로와 달리 자동차 전용 트랙에서 경주용 자동차로 최고 속도를 경험시키는 것이다. 그 후에 일반 고속도로에서 자동차로 100km로 운전하라고 한다면 느낌이 어떨까? 그 사람은 불과 몇 시간 만에 고속도로를 익숙하게 달릴 수 있는 감각을 가질 수 있게 된다.

홈런타자로 명성을 날린 야구 선수 이승엽이 있다. 고교졸업 후 투수로 프로에 입단한 그는 첫해부터 어깨와 팔꿈치 부상에 시달렸다. 구단은 그에게 타자로 전향하길 권했다. 타자로 성공하려면 정확한 스윙을 할 수 있어야 한다. 그는 매우 빠른 속도로 날아오는 공의 구질을 정확하게 보고 배트의 스위트 스팟Sweet Spot에 맞추기 위한 특별한 훈련을 했다. 시속 150km 정도의 속도는 프로야구 선수들도 공략하기 쉽지 않은 강속구다. 그런데 투수와 포수의 거리인 18.44m의 절반 거리 9m 지점에 피칭머신을 가져다 놓고 시속 150km로 날아오는 각종 구질의 공을 치는 훈련을 했다. 거리가 절반이므로 체감 속도는 2배에 가깝다. 처음에는 상상할 수 없는 공의 속도에 몸이 따라가지 못하지만, 장시간 집중적으로 훈련하면서 공이 선명하게 보이게 되고 두뇌와 몸도 감각적으로 반응하게 되었다. 그런 훈련을 장기간하고 난 다음 원래 거리인 투수 마운드에서 날아오는 공을 치라고 하면 느낌이 어떨까? 두뇌의 속도 감각을 높이는 훈련으로 그는 대한민국을 대표하는 타자가 되었다.

이와 비슷한 사례가 있다. 미국 메이저리그에서 활약하고 있는 추신수 선수는 테니스공으로 연습을 했다. 야구공보다 훨씬 급격한 회전을 하는 테니스공을 피칭머신으로 고속으로 날아오게 하면서 선구안을 높이는 훈련을 했다. 두뇌가 순간적으로 공의 회전과 궤적을 파악하는 훈련을 한 것이다. 그는 메이저리그 최고 수준의 타자가 되었다.

영어 듣기 훈련을 할 때 원어민이 말하는 속도보다 2~3배 빠르게 들리게 하는 어학기가 있다. 원어민이 말하는 평소의 속도조차도 듣기 어려운데 그보다 몇 배 빠른 속도는 더욱 이해하기 어렵다. 그러나 정신을 집중해서 계속 듣다 보면 어느덧 점차 뭔가 들리게 된다. 그러다 원어민이 말하는 정상 속도의 말을 듣게 되면 놀라울 정도로 듣기가 수월함을 느끼는 것도 이런 원리다. 그것을 '속청'이라고 한다.

이와 유사한 사례는 우리 주변에 얼마든지 있다. 즉 극한의 자극을 지속해서 주면 두뇌는 그 환경에 적응하려고 노력하게 된다. 한 번 환경에 적응하게 되면 그보다 낮은 수준은 매우 쉽게 받아들이게 된다. 두뇌의 속도 감각을 높이는 것이 그 비결이다.

이러한 모든 현상은 속도에 대한 두뇌의 적응력 덕분에 가능한 것이다. 두뇌가 속도 변화에 적응하는 능력은 우리가 생각하는 것보다 훨씬 뛰어나다. 속도가 아무리 빨라도 사람은 그 속도에 신속하게 적응하는 능력이 있다. 글 읽기 역시 마찬가지다. 단기 훈련 목표로 하는 3~5배 글 읽기 속도 역시 처음 1~2일은 낯설게 느껴질 것이다. 그러나 약간의 훈련을 거치고 나면 결코 빠른 속도가 아님을 알게 된다.

두뇌는 어떤 환경에서든 매우 빠르게 적응하는 능력이 있다. 그런 두뇌의 적응력을 이용하면 글 읽기 속도를 단숨에 몇 배 높일 수 있는 것이다. 속도 뛰어넘기는 두뇌가 빠른 속도에 적응하기 위한 훈련이다. 단순한 훈련이지만 매우 강력한 효과를 발휘한다.

고정관념 파괴하기

우리는 지금까지 글 읽기에 대한 고정관념을 가지고 있었다. 어려서부터 들어왔던 대표적인 고정관념은 이런 것이다.

"글은 음식을 꼭꼭 씹어 먹듯이 천천히 읽어야 한다."
"한 번을 읽더라도 천천히 제대로 읽는 것이 여러 번 읽는 것보다 낫다."

과연 그럴까? 두뇌의 작동원리는 흔히 생각하는 것과 매우 다르다. 한 번 제대로 읽었다고 해서 우리가 그것을 고스란히 기억할 수 있는 것은 아니다. 아무리 집중해서 읽었다 하더라도 마찬가지다. 글 읽기에 대해 말할 때 흔히 언급되는 '위편삼절韋編三絶'이라는 말이 있다. 동양의 대표적인 사상가 공자가 글을 하도 많이 반복해서 읽어 그것을 엮어 놓은 끈이 세 번이나 끊어졌다는 데에서 유래된 말이다. 한 권의 글을 몇십 번이나 되풀이해서 읽음을 비유하는 말로 쓰인다.

"한 번을 읽더라도 천천히 제대로 읽는 것이 여러 번 읽는 것보다 낫다."라는 말은 두뇌의 속성을 제대로 이해하지 못한 것이다. 어떤 정보든 한 번 입력으로 제대로 저장되지 않는다. 두뇌는 여러 번 반복하지 않으면 중요한 정보라고 인식하지 않는다. 여러 번 반복하되 **짧은 시간 안에 핵심 중심으로 반복해야** 효과적으로 정확하게 저장된다.

왜 반복 읽기가 중요한가에 대한 답은 독일의 심리학자 에빙하우스의 '망각곡선'에서 잘 드러난다. 기계적 학습과 기억 측정의 실험 방법을 개척했던 독일의 심리학자 에빙하우스는 망각이 시간의 경과와 관계있음을 '망각곡선'으로 보여주고 있다.

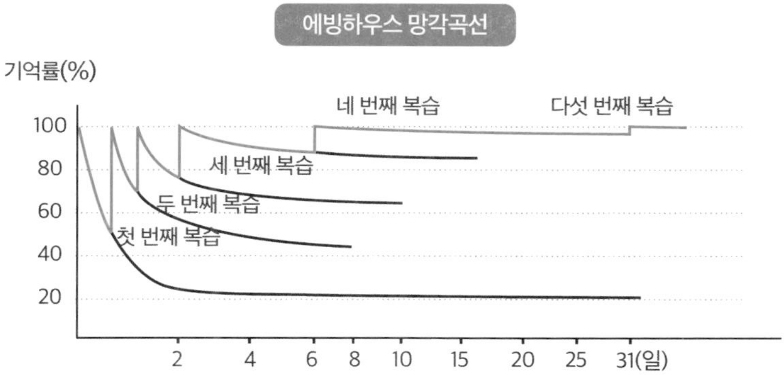

무려 16년에 걸쳐서 인간의 망각을 실험한 결과, 인간은 1시간만 지나면 기억의 절반을 잊어버리는 것으로 나타났다. 망각률은 하루가 지나면 70%, 한 달이 지나면 80%로 높아진다. 이에 대해 에빙하우스는 한 번에 몰아서 외우기보다, 시간을 나눠 반복해서 여러 번 입력하는 것이 훨씬 더 기억에 오래 남는다고 했다. 따라서 정보를 오래 기억하고 제대로 활용하려면 효과적으로 반복할 방법을 터득해야 하는 것이다. 앞의 도표에서 보듯 회상 효과를 오랫동안 유지하기 위해서는 빠르게 그리고 여러 번 반복해서 읽는 것이 좋다. 즉 천천히 읽는 것이 더 효과적이라는 생각은 오히려 비과학적이며 근거 없는 고정관념인 것이다.

지금부터 우리의 기억구조에 관한 고정관념을 확실히 깨부수도록 하자. 먼저, 진실부터 말하자면 이렇다.

- 여러 번 반복해서 읽어야 자기 지식이 된다.
- (핵심 중심으로) 빠르게 읽으면 두뇌가 활성화된다.
- (핵심 중심으로) 빠르게 읽을수록 집중력이 향상된다.
- (핵심 중심으로) 빠르게 읽을수록 두뇌 기억으로 남기기에 더 효과적이다.
- (핵심 중심으로) 빨리 읽을수록 글을 전체적으로 더 정확하게 이해할 수 있다.

평소 알던 바와 달라 생소한가? 하지만 실제 사람의 두뇌 구조는 앞서 말했듯 우리가 익히 알고 있는 바와 다르다. 앞서 말한 것을 뒤집어 말하면 다음과 같이 말할 수 있다.

- 반복해서 읽지 않으면 자기 지식으로 활용하기 어렵다.
- 천천히 읽을수록 두뇌 활동이 둔해진다.
- 천천히 읽을수록 집중력이 떨어진다.
- 천천히 읽을수록 두뇌 기억 능력이 떨어진다.
- 천천히 읽을수록 글을 전체적으로 이해하기 어렵다.

정리하면 **'핵심 중심으로' 빨리 읽으면 더 많이 반복할 수 있고, 더 많이 반복할수록 기억에 더 많이 남는다**는 말이다. 그런데 어느 정도로 빨리 읽어야 할까? 사람마다 편차가 매우 크지만, 성인의 경우에는 평균 1분당 약 150~250단어 정도를 인식할 수 있다. 이 정도라면 300페이지가량의 책을 다 읽는데 약 6~10시간 걸린다는 말이 된다. 그것도 연속으로 집중력을 유지한다는 가정하에서 그렇다. 하루에 30분 정도 읽는다면 책 한 권 읽는데 12일에서 20일가량 걸리게 된다.

그런데 문제는 앞서 예시한 망각곡선에서 보듯이 이런 식의 글 읽기는 읽은 내용의 20% 정도도 남지 않는다. 연속으로 읽은 것이 아니고 끊어서 읽기 때문에 내용의 연결성이 떨어지고 이해도 역시 현저히 낮아질 수밖에 없는 것이다. 이렇게 단편적인 내용을 부분적으로 기억하는 정도로 겨우 한 번 읽고 감히 글을 읽었다고 말할 수 있을까? 자기 착각에 불과한 것이고 시간 낭비만 한 것이라고 해도 지나친 말이 아니다.

미국의 심리학자 다니엘 골드만 박사의 연구 결과에 따르면 우리 두뇌는 1분당 약 1,500~2,000단어 정도까지 받아들일 수 있다고 한다. 즉 지금보다 글 읽기 속도를 10배 이상 높이는 것도 얼마든지 가능하다는 것이다. 이는 사람의 두뇌 구조를 조금만 들여다보면 금방 이해할 수 있다.

우리 뇌의 기억구조를 들여다보면 놀라지 않을 수 없다. 성인의 뇌 속에는 약 2,000억 개의 뉴런Neuron이 존재하며, 이것은 은하계에 있는 별만큼이나 많은 천문학적 숫자이다. 뇌의 기억 용량에 대한 한 연구 결과에 따르면 뇌 기억 용량을 컴퓨터 용량으로 표현하자면 뇌세포 하나가 약 20GB 정도라고 한다. 사람의 뇌세포 하나하나는 거의 독립된 초소형 컴퓨터와 같은 기능을 가지고 있다. 뇌세포 한 개에 저장능력을 20GB라고 한다면 우리는 200억 개 이상의 초소형 컴퓨터가 상호작용하며 작동하는 엄청난 능력을 보유한 것이다. 그리고 인간이 사고할 때의 뇌세포는 20만 개의 다른 뇌세포와 연결되며, 보통 평상시에는 약 6만 개의 다른 뇌세포와 연결되어 있다. 보통의 평범한 두뇌는 100조 개의 뇌세포 간에 상호 연결이 가능하다. 그러므로 경우의 수는 사실상 무한대에 가깝다.

다시 말해 엄청난 잠재력을 가진 두뇌는 현재보다 10배 이상 빠른 글 읽기를 충분히 감당할 수 있다는 의미다. 오히려 빠른 글 읽기보다는 지금과 같은 느린 글 읽기가 비정상이라고 생각해야 한다. 이러한 놀라운 성능을 가진 두뇌를 조금만 활성화해도 우리의 글 읽는 속도는 지금보다 획기적으로 높아질 수 있다. 포커스 리딩은 이런 두뇌의 잠재력을 지금보다 조금 더 활용하는 것이지 신기한 마술이나 기적을 행하려는 것이 아니다. 누구나 이미 가지고 태어난 두뇌의 능력 일부를 깨울 방법을 구체적으로 제시할 뿐이다.

묵독silent reading 습관을 버려라

우리가 버려야 할 오래된 습관 중 가장 대표적인 것이 묵독silent reading이다. **속도 뛰어넘기의 가장 큰 기술적 관건은 묵독 습관을 버리는 것이다.** 묵독이란 입으로 소리를 내지는 않고 속으로 글을 읽는 것을 말한다. 대개 어린 시절부터 묵독하게 된다. 하지만 처음 글자를 배울 때를 떠올려보면 분명 그때 소리 내서 글자를 읽었던(낭독) 기억이 있을 것이다. 대개는 10세 이전부터 속으로 글을 읽기 시작한다. 그 방식은 묵독이다. 묵독은 속으로 읊고 있다는 차원에서 보면 낭독과 전혀 다를 것이 없다. 물론 묵독이 잘못된 것은 아니다. 때에 따라서는 아주 느린 묵독을 해야만 하는 경우도 많다. 하지만 이는 경제, 경영, 자기계발 혹은 시험을 위해 빠르게 핵심 정보를 걸러내야 하는 실용 글 읽기에는 별로 효과적이지 못하다.

소리 내서 읽지 않고 마음속으로 읊으며 글을 읽는 묵독은 마치 사이드브레이크를 당기고서 가속 페달을 밟은 것과 같다. 사이드브레이크를 잡아놓은 상태에서는 아무리 가속 페달을 밟아 봐도 속도가 올라가지 않는다. 이와 마찬가지로 두뇌의 잠재력이 아무리 대단하다 하더라도 묵독이라는 사이드브레이크를 당긴 상태로는 일정

속도 이상으로 빠르게 글을 읽을 수 없다. 글을 빠르게 읽고 싶다면 묵독을 버리는 것이 좋다.

글을 읽는 것은 눈인가? 입인가? 둘 다 아니다. 다시 말하지만, 글은 두뇌가 읽는 것이다. 눈은 단지 비추는 렌즈일 뿐이다. 두뇌가 글을 읽는다는 것은 정보를 받아들이고 이해함을 의미한다. 눈은 정보를 빠르고 정확하게 인식해서 두뇌로 보내는 역할을 한다. 눈과 두뇌가 얼마나 빠르게 정보를 주고받느냐에 따라 글 읽는 속도가 좌우됨은 두말할 나위도 없는 것이다.

하지만 오랫동안 길들여진 '묵독' 습관을 한순간에 바꾸는 건 그리 쉬운 일이 아니다. 그 습관을 평생 지속한 성인의 경우에는 더욱 바꾸기 어렵다. 변화에는 점진적인 변화와 파괴적인 변화 두 가지가 있다. 전자는 거부반응이 적은 대신, 시간이 오래 걸리고 인내심이 필요하다. 후자는 생각의 전환과 효율적인 훈련을 하게 되면 단기간에 큰 변화를 만들어낼 수 있다. 그리고 글 읽기의 효율성이 순식간에 높아진다. 느려 빠진 두뇌를 초감각 두뇌로 만드는 속도 뛰어넘기 훈련은 후자의 방식이다.

초감각 두뇌 만들기 훈련 방법

속도 뛰어넘기 훈련은 상당한 집중력을 요구한다. 이 훈련을 처음 시작할 때는 낯설고 힘들 수 있다. 하지만 시간이 약간만 지나면 단숨에 자신의 글 읽기 속도가 빨라짐을 느낄 수 있다.

사람들 대부분은 공통으로 두 가지 문제를 가지고 있다.

첫째, 읽는 속도가 너무 느리다.
둘째, 읽고 난 후에 기억하거나 활용하지 못한다.

동일한 시간 동안 공부하고 책을 읽어도 그 분량이 너무 적거나, 많은 시간을 투자해서 공부하고 책을 읽었는데 기억이 안 나거나,

시험이나 자신의 일에 활용하지 못한다면 그것이 무슨 소용이 있을까? 그런데도 사람들은 그런 문제에 대해 심각하게 생각하지 않는다. 왜냐하면, 그걸 당연하다고 생각하기 때문이다.

당신은 어떠한가? 너무 느리게 읽는 것, 기억하거나 활용하지 못하는 것이 정말 당연한 걸까? 결론부터 말하자면, 그것은 결코 당연한 것이 아니다. 아주 간단하게 해결할 수 있는 문제이며, 이런 문제를 해결한다면 압도적인 학습 경쟁력을 갖추게 된다. 이런 문제를 우리는 단 2주 훈련으로 획기적인 개선을 할 수 있다.

그런데 이런 문제는 왜 생기는 걸까? 그리고 해결 방법은 무엇일까? 해결 방법은 아주 간단하다. **'두뇌의 훈련 방법'**과 **'두뇌 활용 방법'**을 알면 된다. 포커스 리딩은 이 두 가지를 아주 단순하고 쉬운 방법으로 해결한다. 해법은 바로 '핵심 중심'이라는 키워드에 모든 해법이 들어 있다. 포커스 리딩의 목표는 '핵심 중심으로 빠르게 읽기'를 할 수 있게 만드는 것이다.

속도 뛰어넘기 훈련은 3단계로 강도를 높여간다.

키워드 포착	→	정속 훈련	→	변속 훈련

지금부터 본격적인 훈련을 시작해보자

속도 뛰어넘기 1단계 : 키워드 포착 훈련

훈련 방법은 다음과 같다.

[준비물] : 메트로놈 앱, 파워포인트

1. 파워포인트에 한 페이지당 한 문장씩 100문장(100페이지)을 준비한다.
2. 각 페이지의 문장마다 키워드를 빨간색으로 한다.
3. 100페이지 전체를 복사하여 200페이지로 만든다.
4. 복사한 새 100페이지의 모든 문장을 검은색으로 한다.
5. 메트로놈 속도 120(페이지당 0.5초)에 맞춰서 처음부터 마지막 페이지까지 넘긴다. 처음 100페이지는 빨간색 키워드 중심으로 문장 전체를 순식간에 파악하는 훈련을 한다. 다음 100페이지는 검은색 문장에서 키워드를 순간적으로 포착해서 문장을 파악하는 훈련을 한다.
6. 이 과정을 10회 반복한다.
7. 점차 문장의 길이를 늘이고, 한 페이지당 키워드를 2~3개 빨간색/검은색으로 하여 훈련한다.

(1~100페이지)	(101~200페이지)
가장 창의성이 넘치는 사람들은 **훔치는 데** 전문가들이다.	가장 창의성이 넘치는 사람들은 훔치는 데 전문가들이다.
시나 소설, 수필, 시나리오처럼 문학적 글쓰기는 **타고난 재능**이 무엇보다 중요하다. 그리고 문학적 글을 제대로 쓰기 위해서는 **오랜 시간의 훈련**이 필요하다.	시나 소설, 수필, 시나리오처럼 문학적 글쓰기는 타고난 재능이 무엇보다 중요하다. 그리고 문학적 글을 제대로 쓰기 위해서는 오랜 시간의 훈련이 필요하다.

뭔가를 읽는 것은 모든 글자를 하나씩 읽기 위해서가 아니라 중요한 내용, 핵심 정보를 파악하기 위해서이다. 이것은 모든 글자를 하나씩 일일이 묵독을 할 필요가 없다는 말이다. 중요단어, 키워드만으로도 전체 내용을 모두 이해하면서 핵심 메시지를 파악할 수 있다.

이 과정에서 우리 두뇌는 족집게처럼 키워드나 중요문장에 **'포커싱'**을 하지만 자연스럽게 키워드 혹은 중요문장 주변을 함께 보게 되는 **'주변시 효과'**가 생긴다. 두뇌는 포커싱과 주변시를 동시에 한다. 그리고 우리 두뇌는 중요단어와 그 주변의 단어들을 조합해서 맥락을 이해하게 된다. 이것을 **'두뇌의 추론 능력'**이라고 말한다.

키워드 포착 훈련은 키워드 중심으로 텍스트 전체를 순식간에 한 눈에 인지하는 감각을 키우는 훈련이다. 모든 글자를 하나하나 읊으며 느리게 읽는 방식에서 중요한 문장, 키워드 중심으로 매우 빠르게 내용을 파악하는 능력을 키우기 위한 것이다. 우리 두뇌는 키워드에 포커싱을 하면서 동시에 자연스럽게 따라오는 주변시 효과를 통해 모든 글자를 읽지 않고도 글 전체의 핵심과 맥락을 이해할 수 있다.

- 한 문장 : 한두 개의 '키워드'만으로 내용을 파악한다.
- 한 단락 : 한두 개의 '중요문장'만으로 내용을 파악한다.
- 한 챕터 : 몇 개의 중요문장을 연결하여 핵심 내용과 연결되는 맥락을 이해한다.

이것이 바로 우리 두뇌의 추론 능력이다. 추론推論이란 어떤 단서를 가지고 핵심을 이해하는 것이다. 이것을 포커스 리딩에서는 "**글 읽기는 글자를 읽는 것이 아니라 중요한 내용을 찾아내는 것이다.**" 라고 설명한다.

포커스 리딩은 본질적으로 '핵심 중심의 글 읽기'다. **핵심 중심으로 읽는다는 것은 중요한 것을 걸러내는 가치판단을 한다**는 의미다.

핵심 중심으로 읽으면 속도는 저절로 높아진다.

모든 글은 '소수의 핵심 + 그것을 설명하는 대부분'으로 구성되어 있다. 우리는 소수의 핵심에 집중하는 습관과 능력을 길러야 한다. 왜냐하면 소수의 핵심을 잡으면 다수의 부수적 내용은 저절로 이해가 되기 때문이다. 전쟁에서 한 명의 대장(키워드)을 사로잡으면 부하들은 저절로 항복하는 것과 같다. 일일이 부하 한 명 한 명(글자 하나 하나)을 상대하면 오랜 시간 힘만 다 쓰고 전쟁에서 이길 수 없다.

속도 뛰어넘기 2단계 : 정속 훈련

키워드 중심으로 한 문장 혹은 짧은 단락을 이해하는 훈련이 익숙해지고 나면 조금 난도를 높여 한 페이지를 키워드 중심으로 중요내용을 포착하는 훈련을 한다.

훈련 방법은 다음과 같다.

[준비물] : 메트로놈 앱, 책 한 권(평소에 즐겨보는 분야의 책 / 200페이지 이상)

메트로놈을 '3박자/60타(1분에 60회 울림. 곧 1초에 1회)'로 맞춘다. 그리고 본문의 첫 페이지를 펴고 한 페이지당 1초씩 순식간에 훑어라. 1초 동안 한 페이지의 내용을 읽으라는 게 아니다. 그냥 시선을 '역

N자' 방식으로 이동하는 것이다. 글자를 읽는 것이 아니라 마치 그림을 보는 것과 비슷하다. 처음에는 내용을 이해하려 하지 말고 시선만 빠르게 움직여라.

역 N자 방식

여기에서 가장 중요한 것은 글을 첫 줄부터 마지막 줄까지 빠르게 훑어 내려가면서 **글자를 선명하게 눈으로 인식하는** 것이다. 마치 카메라 앵글이 피사체를 순간적으로 선명하게 잡아내는 것과 같다. 눈으로 글자를 선명하게 인식하면 두뇌는 자동으로 내용을 잠재의식 속에 담게 된다. 이것은 두뇌의 무의식적 잠재 능력을 활용하는 것이다. 눈이 글자를 선명하게 인식하면 두뇌는 무의식적으로 이해한다. 눈이 선명하게 찍어서 두뇌로 보내고, 두뇌는 순간적으로 내용을 이해하는 훈련이 속도 뛰어넘기다. 처음에는 당연히 낯설고 당황스러울 것이다. (이승엽도 9m 거리에서 시속 150km로 날아오는 공을 볼 때

그랬을 것이다.) 그러나 곧 익숙해진다.

한 페이지를 1초에 보고, 옆 페이지로 이동해서 또 한 페이지를 1초 동안 본 후에 1초 동안 페이지를 넘겨라. '왼쪽 페이지 1초, 오른쪽 페이지 1초, 넘기는데 1초, 총 3초마다 한 장'을 넘기는 것이다. 시선이 움직이는 방향은 위에서 아래로 하면 된다. 이때 **당신의 눈이 복사기라고 생각하라.** 한 번 쓱 지나가면 복사가 완료되는 것처럼, 첫 줄부터 마지막 줄까지 눈으로 복사를 하면 된다. 처음부터 내용을 이해하려고 애쓸 필요는 없다. 그러나 글자를 선명하게 인식하는 것이 익숙해지면 내용을 이해하기 위해 최대한 '노력'해야 한다. 이 훈련의 포인트는 바로 이 부분이다. **속도 뛰어넘기는 내용을 이해하는 것이 목적이 아니다. 그러나 내용을 이해하기 위해 '노력'해야 두뇌의 감각을 깨우는 훈련 효과가 높아진다.** 그 과정에서 두뇌가 순식간에 텍스트를 인식하고 이해하는 감각을 단숨에 높이는 효과를 기대할 수 있다. (이승엽도 9m에서 날아오는 강속구를 정확히 치기 위해 엄청난 노력하면서 속도 감각을 깨우는 훈련을 했다. 9m는 실전 거리가 아니라 두뇌의 속도 감각을 높이기 위한 훈련이었다.)

속도 뛰어넘기의 목적은 '두뇌가 정보를 인식하는 감각을 높이는 것'과 '묵독 습관을 버리는 것'이 다. 속도 뛰어넘기 훈련이 익숙지 않은 초보 단계부터 내용을 자세히 이해하려 들면 훈련은 실패한다. 처음에는 복사기처럼 글자를 선명하게 인식한다는 느낌으로 하라. 몇 번 연습하다 보면 그리 어렵지 않음을 알 수 있을 것이다.

다시 정리하자면 이렇다.

- 위에서 아래로 선명하게 눈으로 복사를 해라. 단 글자를 선명하게 인식해야 한다.
- 한 페이지당 1초, 좌우 페이지를 보고 한 장을 넘기는 데 총 3초를 쓴다.
- 처음에는 글의 내용을 정확하게 이해하려 들지 마라. 빠른 속도로 글자를 정확하게 인식하는 것에 집중하라. (내용을 이해하는 것은 사실 어렵다.)
- 눈으로 선명한 복사가 익숙해진 다음에는 내용을 이해하려고 '최대한 노력'해야 한다.
- 본문의 첫 페이지부터 마지막 페이지까지 최대한 정신을 집중하면서 '대략이라도 내용을 파악하려고 노력'하라. 그래야 훈련 효과가 높아진다.

이것을 소리로 표현하면 '똑! 딱! 넘기고 / 똑! 딱! 넘기고' 방식이다. 디지털 메트로놈을 '3박자-60타'에 맞춰놓고 소리에 따라 시선을 이동하고 페이지를 넘기면 된다. 이런 방법으로 본문의 첫 페이지부터 마지막 페이지까지 일정한 속도로 보는 것이 '정속 훈련'이다. 정속 훈련을 1회 하고 나서 1~2분을 쉰다. 이렇게 5회 반복하라. 훈련 3~4일 차가 되면 눈의 피로나 어지러움이 사라질 것이다. 우리의 눈과 두뇌는 훈련하기 나름이다. 훈련 시작 시에는 어지러움과 눈의 피로, 약간의 어지럼증 비슷한 것을 느낄 수 있다. 이것은 일종의 근육통이다. 평소에 하지 않던 훈련을 하게 되면 일시적으로 근육에 통증이 오는 것과 마찬가지다.

이 훈련에 어려움을 느끼고 더 나아가 거부반응을 일으키는 사람들이 간혹 있다. 그들은 "1초에 한 페이지를 읽는다는 게 말이 되냐?"라고 항변한다. 다시 강조한다. **속도 뛰어넘기 훈련의 목적은 1초에 한 페이지를 '이해하고 읽기' 위한 것이 아니다. 두뇌가 빠른 속도에 적응하는 감각을 익히는 것이 이 훈련의 목적이다.** 즉 두뇌의 능력을 단숨에 높이기 위한 훈련이다. 앞서 예를 들었듯, 초보 운전자를 빠른 속도에 적응시키기 위해 일시적으로 시속 200km 이상으로 연습을 시키는 것이지, 항상 그 속도로 운전하게 하기 위함이 아닌 것과 같다. 어떤 야구도 피처가 9m에서 공을 던지지 않는다. 이것은 실전을 위한 특별훈련이다. **실제 글 읽는 방식은 다음 단계인 '스키핑 & 스캐닝', 즉 핵심 중심의 글 읽기다.** 속도 뛰어넘기는 빠른 속도로 글의 정보를 눈이 인식하게 하고 두뇌가 그것을 받아들이게 하는 일종의 특수 예비 훈련인 셈이다.

이렇게 몇 번 훈련하다 보면 어느새 1초에 한 페이지를 넘기면서 글자(내용이 아니다)를 선명하게 인지하게 된다. 3일 정도 이 연습을 하라. 가장 큰 고비가 본격적인 연습 후 첫 주간이다. 이를 넘기면 다음 단계는 별로 어렵지 않다.

★ 아주 중요한 Tip! ★

초고속으로 넘기면서도 순간적으로 내용을 파악할 수 있으려면 두뇌에게 글의 내용에 대한 핵심 정보가 있어야 한다. 그 핵심 정보는 목차와 머리말을 자세히 살피는 '전체 파악하기'에서 정리된 글의 중요내용들이다. 즉 전체 파악하기(예비 글 읽기)와 속도 뛰어넘기가 연결되면 훨씬 효과적이다.

우리 두뇌는 정신을 집중해서 1초 만에 페이지를 훑는 속도 뛰어넘기를 하면서 동시에 핵심 정보를 생각해야 한다. 그것이 자연스럽게 되도록 하는 것이 이 훈련이다. 인간의 두뇌를 만든 그야말로 신묘막측한 신의 솜씨에 감탄할 뿐이다!

속도 뛰어넘기 3단계 : 변속 훈련

속도 뛰어넘기 1단계인 키워드 포착 훈련과 2단계 정속 훈련을 3일 동안 정확히 연습했다면 이제는 속도에 상당히 적응되었을 것이다. 지금부터는 속도에 변화를 주면서 다양한 읽기 훈련을 할 차례다. 이 훈련은 옆에서 도와줄 사람이 필요하다. 혼자 글을 넘기면서 메트로놈의 속도에 변화를 주기 어려우므로 도와줄 사람을 옆에 두고 훈련을 시작하라.

먼저 훈련할 책의 본문 첫 페이지를 펴고 메트로놈을 3박자/60타로 맞춘다. "시작!" 하면 메트로놈의 소리에 맞춰 책장을 넘긴다. 그리고 20초마다 '60-80-100-120타'로 점점 속도를 높인다. 최대 120까지 높였다가 20초 간격으로 속도를 낮춰 처음 시작 속도인 60타로 낮추고 다시 120까지 높인다. **고도의 집중력을 유지한 상태로 멈추지 말고 5분 동안 이 과정을 반복한다.** 메트로놈 속도가 점점 빨라지면 엄청난 집중 없이는 글자를 선명하게 인식하기 어려울 것이다. 그러나 페이지 전체를 순식간에 최대한 선명하게 눈으로 복사하려고 노력하라.

이 훈련은 고도의 집중력과 상당한 에너지가 필요하다. 훈련을 1회 하고 나서 집중력을 모으기 위해 5분 동안 쉬는 게 좋다. 이렇게 5회 반복하라. 이 훈련은 매일 수시로 하는 게 좋다. 이 단계를 비유하자면 초보 수준을 간신히 넘긴 운전자를 시속 200km 이상으로 주행하게 하는 강도 높은 훈련과 같다.

훈련하다 보면 메트로놈 속도가 조금만 낮아져도 글자 인식 감각이 굉장히 높아져 있다는 사실을 알게 된다. 정속 훈련에서 했던 '역N자 읽기' 방식으로 글을 빠르게 보라. 눈동자가 위, 아래로 매우 빠르게 움직이므로 처음에는 약간 힘들 수 있지만, 이것 역시 시간이 지나면 자연스럽게 익숙해진다. (다시 강조하지만, 이것은 안구운동이 아니라 두뇌의 속도 감각을 높이기 위한 훈련이다.)

'역 N자' 방식의 시선 이동에 익숙해졌다면 이제는 한 페이지 전체를 순간적으로 보는 훈련을 한다. 다음 그림과 같이 시선을 전체 페이지에 동시에 펼치는 것이다. 한눈에 한 페이지 전체를 사진 찍듯이 보자. 고성능 카메라로 사진을 찍듯이 순식간에 한 페이지 전체를 본다. 속도는 앞의 방법처럼 60타에서 120타까지 20씩 높였다가 낮추고 다시 높이는 것을 반복한다. **이 훈련의 핵심은 고도의 집중력을 유지하면서 선명한 글자 인식을 하는 것이다.** '역 N자'와 '사진 찍기'를 번갈아 해도 좋다.

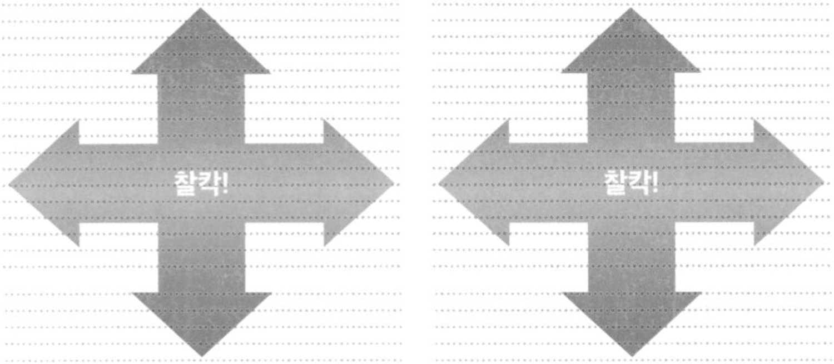

사진찍기

이번에는 앞의 방법과 같이 메트로놈의 속도를 120까지 높인 후에 2~3분 동안 유지하다 순간적으로 60타로 뚝 떨어뜨려 보라. 빠른 속도에서 고도의 집중력으로 글자를 인식하다 갑자기 매우 낮은 속도로 글을 보게 되면 어떤 현상이 일어날까? 글의 내용이 순식간에 눈에 빨려 들어오는 느낌이 든다. 이때 자기 자신이 글을 보는 감각이 많이 변했음을 알게 될 것이다. 이렇게 속도에 변화를 주는 훈련을 꾸준히 반복 훈련하라. 하루에 훈련하는 시간은 적어도 30분 이상이 좋다. 글의 분량에 상관없이 속도 뛰어넘기 훈련을 하루에 최소한 30분 이상, 매일 2주 동안 하라. 그것만으로도 자신도 모르는 사이에 두뇌가 텍스트를 받아들이는 속도나 이해하는 능력이 엄청나게 높아져 있음을 알게 된다.

★ Tip! 속도 뛰어넘기를 한 후에 꼭 해야 할 일! ★

속도 뛰어넘기를 한 후 즉시 책을 덮고 백지에 생각나는 단어들을 적어라. 뭐라도 적어야 한다. 많이 적을수록 좋다. 처음에는 생각나는 단어들이 별로 없을 것이다. 하지만 자꾸 하다 보면 익숙해지고 더 많이 떠올릴 수 있게 된다. 이건 아주 중요한 것이니 꼭 해야 한다.

이것은 두뇌의 집중도를 강력하게 높이기 위한 일종의 압력을 주는 방법이다. 속도 뛰어넘기를 한 직후 종이에 적는 행위를 함으로써 두뇌는 내용을 이해하기 위해 더욱 몰입하게 된다. 이것은 기존의 너무 느린 속도로만 텍스트를 보던 습관을 깨고 단숨에 두뇌의 정보 인식 능력을 높이는 효과가 있다.

메트로놈의 속도를 3단계와 같은 방식으로 저속에서 고속으로 점점 높여 일정 시간 동안 고속으로 지속하다 점차 속도를 낮춰라.

60 ⟶ 80 ⟶ 100 ⟶ 120 ⟶ 100 ⟶ 80 ⟶ 60

메트로놈 속도를 60타에서 120타까지 높이거나 낮추는 시간 간격을 꼭 정해 놓고 할 필요는 없다. 자신이 편한 시간 간격으로 높이거나 낮추면 된다. 책 한 권을 처음에서 끝까지 넘기는 과정에서 속도를 높이다가 낮추면 된다. 급격하게 혹은 완만하게 변화를 줄 수도 있다. 그러나 혼자 연습하면 메트로놈 속도에 변화를 주기 어려울 수 있으니 다른 사람과 함께 훈련하는 것이 좋다. 혼자 연습할 때는 메트로놈 템포를 90타나 100타 수준으로 일정하게 유지하는 정속 훈련을 해도 상관없다.

여기서 중요한 것은 메트로놈 속도와 상관없이 고도의 집중력을 유지하는 것이다. **집중력이 유지되지 않으면 속도 뛰어넘기 훈련의 효과를 기대할 수 없다.** 텍스트를 선명하게 인지하기 위한 집중력을 유지하는 게 이 훈련의 핵심이다.

그리고 속도 뛰어넘기 훈련에서 중요한 것은 앞서 말한 바와 같이 글의 내용을 **'이해하기 위해 노력해야 한다'**는 점이다. 그래야 두뇌의 잠재 능력을 깨울 수 있다. 물론 속도 뛰어넘기로는 글의 내용을 자세히 이해할 수 없다. 그러나 이 훈련을 반복하다 보면 대략적인 내용 파악에 필요한 수준의 속도 감각을 갖출 수 있게 된다.

속도 뛰어넘기 전 단계인 전체 파악하기를 충실히 했다면 전체 내용을 이해하는 수준은 점점 더 높아질 것이다. 전체 파악하기를 통해 글의 구조와 대강의 내용을 파악한 후 그것을 생각하면서 속도 뛰어넘기를 하면 더 효과적이다.

속도 뛰어넘기 3단계는 다음과 같이 연습하라.

- '전체 파악하기'인 목차, 머리말에서 습득한 핵심 정보를 생각하면서 훈련하라.
- 메트로놈 속도는 저속에서 고속으로 높여간다. (60-80-100-120)
- '역 N자'와 '사진 찍기' 방식을 번갈아 가면서 해도 좋다.
- 최고 속도(메트로놈 120타 정도)로 약 2분 정도 계속 유지하라.
- 5분 동안 급격하게 속도를 낮췄다가 높이는 것을 자유자재로 반복하라.
- 속도 뛰어넘기를 한 후 눈을 감고 30초 동안 전체의 내용을 떠올려보라.
- 어떤 내용이든 생각나는 것들을 종이에 적어라.
- 이것을 최소 5회 이상 반복한다. 이때 매 순간 글자를 선명하게 볼 수 있도록 집중력을 유지하라.

이 훈련은 집중력을 유지하는 힘과 순식간에 내용을 인식하는 감각을 높여준다. 이 정도를 쉽게 해낼 수준이 되면 당신도 모르는 사이에 엄청난 변화를 이미 이룬 것이다. 앞서 전체 파악하기와 연계하여 이 훈련 후에는 자신이 본 글 전체 내용의 윤곽을 잡을 수 있을 것이다. 그 효과가 어느 정도인지는 다음 단계인 '스키핑 & 스캐닝' 과정에서 확인할 수 있다.

기존 속독법의 안구운동과 속도 뛰어넘기 훈련의 차이점

기존 속독법의 눈동자 운동	포커스 리딩의 속도 뛰어넘기 훈련
눈동자를 빨리 움직여야 글을 빨리 볼 수 있다는 논리	두뇌의 정보 처리 능력을 키우는 데 초점
'눈동자' 중심	'두뇌' 중심

기존 속독법에서 연습하는 안구운동은 눈동자의 움직임이 빨라야 글을 빠르게 볼 수 있다는 논리다. 우리 눈동자가 느리게 움직이기 때문에 글을 느리게 본다는 말이다. 하지만 안구가 움직이는 속도와 글을 빨리 읽는 능력은 별 상관이 없다. 글을 정확하고 빨리 보는 능력은 근본적으로 정보를 처리하는 두뇌의 능력에 달려 있기 때문이다.

속도 뛰어넘기는 눈동자 운동이 아니다. 따라서 포커스 리딩은 안구운동과 같은 훈련과정이 없다. 속도 뛰어넘기 훈련의 목적은 '묵독 습관을 버리는 것'과 '빠른 정보 입력에 익숙해지는 것'이다. 속도 뛰어넘기로 우리 두뇌를 활성화하고 정보 인식 능력을 키울 수 있는 이유는 눈동자가 아니라 두뇌에 초점이 맞춰져 있기 때문이다. 눈동자 중심이냐, 두뇌 중심이냐 하는 것은 글 읽는 방법의 근본적인 차이점으로 이어진다. 눈동자는 두뇌가 정보를 처리하는 속도에 맞춰 자연히 따라오게 되어있으므로 굳이 빠르게 움직이도록 훈련할 필요가 없다. 눈동자를 위, 아래, 좌우로 열심히 움직이지 않아도 글의 핵심 키워드가 무엇인지 알면 그에 맞는 중요단어로 두뇌의 초점은 자연히 이동한다. 그 과정이 매우 빠르게 이뤄지도록 기초 훈련을 하는 것이 바로 속도 뛰어넘기다.

7장

3단계_
스키핑 & 스캐닝

현명해지는 기술은
무엇을 무시해도 되는지 아는 기술이다.
-윌리엄 제임스-

너무나 단순한 두뇌의 정보 인식 메커니즘

우리는 앞에서 속도 뛰어넘기 훈련을 하면서 단숨에 두뇌의 기능을 활성화하는 방법을 배웠다. **두뇌가 정보를 순식간에 받아들이게 하는 훈련이 속도 뛰어넘기였다면 '스키핑 & 스캐닝'은 그 능력을 실제 글 읽기에 적용하는 것이다.** 읽기 능력은 '이해력'과 '속도'가 동시에 높아져야 한다. 속도가 아무리 빨라도 내용을 이해하지 못한다면 글을 읽었다고 말할 수 없다. 그리고 뛰어난 이해력도 속도가 느리면 효율적이라고 할 수 없다. 포커스 리딩은 속도와 정확한 해석 능력 그리고 지식의 활용 모두를 높이기 위한 글 읽기 방법이다. 속도와 이해 능력을 동시에 높이기 위해서는 먼저 두뇌의 정보 인식 메커니즘을 알아야 한다. 글을 읽을 때 우리 뇌에서 정보가 처리되는 과정을 간단하게 살펴보자.

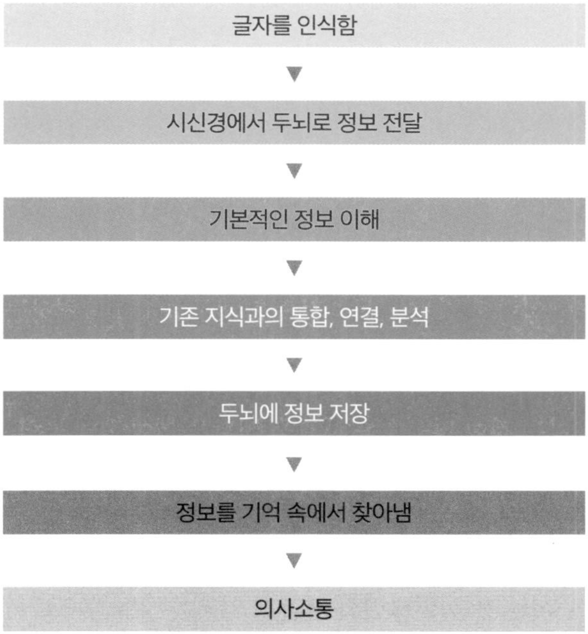

우리가 주목해야 할 것은 이 모든 과정이 순식간에 자동으로 이루어진다는 사실이다. 우리 두뇌는 글을 읽을 때 무엇이 중요한지부터 판단하길 원한다. 그리고 중요하다고 여겨지는 내용에 시선이 집중되도록 유도한다. 무엇을 중요하게 생각할 것인지에 대한 판단은 기존에 입력되어 있는 지식과 경험이 근거가 된다. 그래서 지식과 경험이 풍부한 사람은 새로운 정보를 빠르고 쉽게 받아들일 수 있는 것이다.

두뇌는 어디를 봐야 할지, 무엇을 주시할 것인지 스스로 판단한다. 빠른 속도로 글을 읽더라도 자신이 필요한 내용 중심으로 시선이 움직이는 것은 두뇌의 이런 속성 때문이다.

입력되는 정보가 많을수록 정보가 새롭게 변형될 여지도 늘어난다. 이는 정보 간에 결합될 수 있는 경우의 수가 그만큼 다양해지기 때문이다. 입력된 정보를 독창적으로 재구성해서 출력하는 능력을 우리는 '창의력'이라고 부른다. 글을 읽고 다양한 경험을 하면서 보고 듣고 읽은 것이 많을수록 새로운 생각을 뽑아내는 능력, 즉 창의력이 향상된다. 이는 앞서 설명한 두뇌의 메커니즘 때문이다.

우리 두뇌는 글을 읽으면서 생각의 영역을 자유자재로 확장해 나간다. 이때 글의 내용과 전혀 상관없는 새로운 아이디어가 떠오르기도 하고, 평소에 고민하던 문제의 답이 자연스럽게 드러나기도 한다. 이런 두뇌의 작용을 정리하면 다음과 같다.

- 중요하다고 판단되는 것을 중심으로 시선이 이동한다.
- 중요하다고 판단되는 정보 중심으로 두뇌에 입력된다.
- 입력된 정보들은 기존의 정보들과 섞여 새로운 모습으로 출력된다.
- 입력된 내용을 독창적으로 재구성해서 다양한 모습으로 출력하는 능력을 '창의력'이라고 한다.

- 정보가 많을수록 창의력을 발휘할 여지도 늘어난다.
- 두뇌의 작용들은 대부분 무의식적인 상태에서 자동으로 이루어진다.

핵심은 두뇌다. 따라서 두뇌가 원하는 방식으로 자연스럽게 지식과 정보를 입력해야 한다. 두뇌가 선호하는 정보 입력 방식을 간단히 말하면 다음과 같다.

- 핵심 먼저 - 비핵심 나중
- 거시적인 내용 먼저 - 미시적인 내용 나중
- 핵심 중심의 반복 읽기

책의 구조를 보면 제목과 목차 그리고 머리말이 본문보다 앞에 있다. 왜 그럴까? 그것이 두뇌가 원하는 순서이기 때문이다. 목차와 머리말을 통해 전체 파악하기를 하는 것은 그 뒤의 '속도 뛰어넘기'와 '스키핑 & 스캐닝'을 효과적으로 해낼 수 있는 아주 중요한 과정임을 이해해야 한다. 모든 일이 그렇듯이 올바른 순서를 지키는 것이 아주 중요하다. 책을 읽거나 공부할 때 언제나 다시 생각하라. 자신의 두뇌가 원하는 방식으로 하고 있는지.

‘읽는다’의 진정한 의미

당신은 언제부터 글을 읽었는가? ‘읽는다’의 의미는 ‘본다’와 매우 다르다. ‘본다’는 단지 시각적으로 인식하는 것을 뜻하지만 ‘읽는다’는 본질을 파악한다는 뜻이다. ‘읽는다’라는 말은 글 읽기뿐만 아니라 다양하게 쓰인다. 글을 읽지 않는 사람도 끊임없이 뭔가를 읽으면서 살고 있다. 심지어는 앞을 보지 못하는 시각장애인조차도 뭔가를 읽는다. 우리가 읽어야 하는 대상에는 세상의 모든 것이 다 포함된다. 읽는 대상에는 다음과 같은 것들이 있다.

- 세상을 읽는다.
- 문제의 본질을 읽는다.
- 다른 사람의 생각을 읽는다.

• 경험을 읽는다.

• 시장의 흐름을 읽는다.

• 기회와 위험을 읽는다.

• 인생을 읽는다.

• 맥락을 읽는다.

• 트렌드를 읽는다.

• 미래를 읽는다.

• 가능성을 읽는다.

• 원칙과 원리를 읽는다.

• 사례를 읽는다.

• 고객의 마음을 읽는다.

• 변화를 읽는다.

읽는 것들은 모두 다를지라도 그 의미는 한 가지 공통점을 가지고 있다. 바로 '핵심' 혹은 '본질'이라는 단어다. 즉, **내면에 감춰져 있는 본질, 핵심을 간파해야 한다**는 것이다. 핵심을 읽어내지 못하면 그것은 제대로 읽은 것이 아니다. 글자만 읽지 말고 핵심 메시지를 파악하는 것이 글 읽기다. 핵심 파악 능력은 곧 개인의 탁월함을 가늠하는 중요한 잣대다. 핵심을 얼마나 빨리 잘 뽑아내는가에 따라서 글 읽기의 효율성도 달라진다.

사람은 "나는 읽는다. 고로 존재한다."라고 할 만큼 태어나서 죽을 때까지 뭔가를 읽는다. 그러나 효과적인 글 읽기의 중요성을 모르는 사람이 없음에도 불구하고 실제로 글 읽기 교육을 제대로 받는 이는 거의 없다. **글자를 읽는 것과 글을 읽는 것은 다르다.** 글을 읽는 것은 문자 해독이 아니다.

이것을 조금 더 이해하기 쉽게 말하면 '견見과 관觀의 차이'라고 할 수 있다.

견見	관觀
시각적으로, 눈의 망막에 비친 그대로 인지하는 것	내면에 감춰진 속성을 이해

'견'은 시각에 보이는 대로 두뇌가 그 내용을 받아들이는 것이지만, '관'에는 사유와 자신의 뚜렷한 관점이 들어 있다. 이는 두뇌가 단순히 인지하는 차원을 넘어 이해하고 분석하는 것이다. 그러므로 글자를 보는 것은 '견'이고, 글을 읽는 것은 '관'이라 할 수 있다.

'견'과 '관'의 차이는 비단 글에만 적용되는 것이 아니다. 영화감상을 예로 들면 '견'은 스토리의 흐름과 재미만을 보는 것이고, '관'은 스토리에 담긴 감독의 의도와 목적, 대사들에 담긴 의미 등을 음미하는 것이다. 읽는 깊이가 다르다면 당연히 느끼는 차원이 다를 수밖에 없다. 국제 정세를 파악하는 것도 마찬가지다. 하나의 사건이나 현상만 보면서 단편적으로 내용을 흘려보내는 것은 '견'이지만, 일련의 흐름에 담긴 배경과 원인을 이해하고 미래에 벌어질 사건의 징표를 분석하는 것은 '관'이다. 그렇다면 글은 어떻게 봐야 할까? 당신의 읽기는 '견'인가, 아니면 '관'인가?

우리는 글 속에 담긴 저자의 깊은 생각을 이해하고 그것을 자신에게 적용하여 적절히 활용할 수 있어야 한다. 그러나 그것은 결코 쉬운 일이 아니다. 왜냐하면 글 읽기라는 게 단순한 취미로서 즐기기에는 절대 만만치 않은 고차원적인 두뇌 활동이기 때문이다. 글을 제대로 읽는다는 것은 어려운 만큼 가치 있는 일이다.

정독은 느리게 읽는 게 아니다

세상은 핵심적인 소수가 일반적인 다수를 이끌어간다. 평등주의 원칙에서 바라본다면 매우 거슬리는 말이지만 사실이다. 세상을 양적인 개념으로 바라본다면 핵심을 포착하거나 진실을 이해하기 어렵다. **양이 아니라 질의 개념으로 접근해야 본래의 속성을 이해할 수 있다.** 마케팅 전략을 수립할 때에도 무작정 물량 공세를 퍼붓는 기업은 망하기로 작정한 것이나 다름없다. 시장을 쪼개고 쪼개서 핵심 고객에게 레이저를 쏘듯이 마케팅을 해야만 먹힌다. 가치 없고 쓸모없는 대다수를 찾아내 버리거나 획기적으로 줄이고 핵심 고객에게 집중하지 않으면 장기적으로 생존하기 어렵다.

에너지 집중의 원리에서도 가치 없는 시간과 노력은 투자가 아니라 낭비일 뿐이다. 누구나 위대한 것을 성취하고자 하는 뜻을 품을 수는 있다. 하지만 그것을 실제로 이루어내기 위해서는 시작하기 전에 모든 에너지를 집중할 핵심 요소를 찾아내는 안목이 있어야만 한다.

글 읽기 역시 이러한 세상의 원리와 같다. 한 권의 책에서 핵심 메시지를 이해하는 데 필요한 최소 분량은 어느 정도나 될까? 책마다 다르겠지만 대개의 경우 한 페이지로 요약할 수 있다. 그것을 글쓴이의 입장에서 체계화하고 요약한 게 목차이며 머리말이다. 물론 목차 자체만으로 글의 메시지를 충분히 전달하기는 어렵다. 어쨌든 글을 읽고 난 뒤에 핵심 메시지를 정리해보면 한 페이지에 담지 못하는 경우는 별로 없다. (한 페이지로 정리하는 방법인 'One Page 요약 노트 작성법'을 이 책의 뒷부분에서 자세히 설명했다.)

바로 여기에서 글을 빠르고 효과적으로 읽는 방법을 찾을 수 있다. 글의 내용은 크게 2종류로 나누어 생각해볼 수 있다. 하나는 핵심 메시지고, 다른 하나는 핵심 메시지를 설명하는 보조 메시지다. 핵심 메시지와 그것을 설명하는 내용은 분명히 중요도에서 차이가 있다. 그러므로 **핵심 내용 중심으로 정신을 집중해 빠르게 읽고, 그 외의 내용은 가볍게 참고하는 정도로만 이해하면 된다.**

이런 핵심 중심의 글 읽기가 익숙해지면 글에 대한 부담감이 많이 줄어들게 된다. 어떤 글이든 빠르게 읽으면서도 핵심 메시지를 놓치지 않게 되기 때문이다. 지금까지 우리는 20% 정도의 중요도밖에 되지 않은 부분에 80%의 시간을 투자하며 글을 읽어 왔다. 이제 그 반대가 되어야 한다. 글 읽는 80%의 시간을 가장 중요한 20%의 내용에 투자하자. 그러면 글 읽는 속도와 정확도가 단숨에 최소한 3~4배 높아지게 된다. 그것이 바로 '핵심 중심의 글 읽기'이다.

글 읽기에는 오랫동안 굳어진 습관과 고정관념이 있다. 그것은 바로 정독精讀, perusal에 대한 개념이다. 느린 속도로 자세하게 읽는 걸 흔히 정독이라고 알고 있지만, 그것은 매우 잘못된 개념이다. **정독이란 말에는 '천천히'라는 뜻이 없다.** 정독의 사전적 의미는 다음과 같다.

- 정독精讀 : 뜻을 새겨 가며 자세히 읽음
- 정독正讀 : 글의 참뜻을 바르게 파악함

국어사전 어디에도 느리게 읽어야 한다는 말은 없다. 느린 것과 정독이 같은 의미로 사용되어 온 것은 잘못된 해석이며 통념에 불과하다. 오히려 빠르게 읽으면서 글의 참뜻을 정확하게 파악하는 것이 더 효율적인 정독이다. 물론 글의 성격에 따라 반드시 천천히 읽어야만 뜻을 제대로 이해할 수 있는 글도 있다. 종교 서적이나 시 혹은 수필 같은 문학, 철학, 복잡한 공식으로 구성된 이공계 서적 등이 그런 분야다. 그러나 대부분의 경제, 경영, 자기계발, 소설, 역사, 수험서 등을 느리게 읽는 것은 비효율적이다.

오히려 느리게 읽게 되면 두뇌의 활동도 느려지게 되어 핵심을 포착하는 데 방해가 된다. 특히 실용 분야의 두꺼운 책을 느리게 읽는 것은 매우 비효율적인 일이다. 전체를 보지 못하고 마치 모자이크처럼 부분적인 것만 보게 됨으로써 핵심 메시지를 정확히 간파하기 힘들 수 있기 때문이다. 읽는 속도가 느리면 전체에서 핵심 메시지를 찾아내는 능력, 이해와 기억, 활용 능력 등 많은 부분에서 손해를 보게 된다. 막대한 시간적 손실도 역시 간과할 수 없다. 지금 이 순간부터 고정관념을 깨기 바란다. **정독과 느리게 읽는 것은 개념적으로 다르다.**

여러 번 강조하건대, 글을 읽을 때 가장 중요한 것은 핵심 메시지를 포착하는 것이다. 그것도 **빠르고 정확하게** 해야 한다. 핵심을 잡고 나면 나머지는 거의 자동으로 이해될 수 있다. 그리고 글을 다 읽고 난 후에도 내용 대부분을 생생하게 기억할 수 있다. 그러나 핵심 메시지를 놓치면 글을 읽어도 머릿속에는 혼란만 남게 된다. **중요한 것과 중요하지 않은 것을 구분하는 것**은 글 읽기만이 아니라 모든 일의 효율성을 높이는 공통원칙이다.

글자를 읽는 것이 아니라 중요한 것을 찾아내는 것이다

개구리가 뱀을 피해 연못으로 뛰어들었다. 그것을 본 사람들이 각자의 시선에서 자신의 주장을 펼쳤다.

- 진화론자 : 개구리가 뱀으로부터 탈출할 수 있는 능력을 갖추게 된 것은 오랜 시간에 걸쳐 적응한 결과다.
- 심리학자 : 뱀이 개구리에게 공포심을 불러일으켜 개구리를 뛰도록 영향을 미쳤다.
- 육상선수 : 개구리는 더 멀리 더 빨리 뛸 수 있도록 강한 다리를 만들어야 한다.
- 무술가 : 개구리는 스스로 뱀을 이길 수 있는 자신만의 필살기를 훈련

해야 한다.

• 경영 컨설턴트 : 생존을 위해서는 개구리의 모든 기능을 리엔지니어링 해야 한다.

이처럼 사람은 자신이 보고자 하는 관점 외에는 보지 못한다. 자신의 관점만이 객관적이며 옳다고 주장하는 것이 인간의 속성이다. 이런 관점의 차이 때문에 모든 문제가 발생하고, 편향된 시각으로 바라보기 때문에 본질을 이해하지 못한다.

핵심 포착 3원칙

그렇다면 글을 읽을 때 어떻게 메시지를 왜곡하지 않고 정확하게 이해할 수 있을까? 어떻게 내게 필요한 정보를 골라낼 수 있을까? 포커스 리딩에서는 다음과 같이 세 가지 방법을 제안한다.

1. 단순화하기
2. 키워드 추출하기
3. 질문하기

단순화하기

복잡한 상황에서 핵심을 포착하기 위해서는 무엇보다 '단순화'라는 열쇠를 활용하지 않으면 안 된다. 아인슈타인은 이렇게 말했다.

"모든 것은 가능한 한 단순해야 한다. 그러나 그것보다 더 단순해지지 않으면 안 된다."

우리가 알고 있는 진정한 선각자들이 진리와 핵심을 찾기 위해서 공통으로 강조한 것이 바로 단순함이다. 단순화는 불필요한 것을 제거해 필요한 것만을 부각하는 능력이다. 문제가 아무리 복잡하더라도 단순한 해결책은 늘 있게 마련이다. 그러나 단순함을 유지하면서 질문을 하고, 집중력을 잃지 않으며 효과적인 방법을 찾아내는 것이 사실 그리 쉬운 일은 아니다. 단순함이란 순진함이나 무난함 혹은 평이함과는 다르다. 단순함은 진정한 고수들의 영역이다. 치열하게 단순화를 추구했던 고수들의 말을 들어보자.

"내가 반복해서 외는 주문 가운데 하나는 집중과 단순함입니다. 단순함은 복잡한 것보다 더 어렵습니다. 생각을 명확하게 하고 단순하게 만들려면 열심히 노력해야 합니다. 하지만 그럴 만한 가치는 충분합니다. 일단 생각을 명확하고 단순하게 만들 수 있는 단계에 도달하면 당신은 산도 움직일 수 있을 테니까요."

-스티브 잡스-

"단순함의 완벽함이란 더 이상 보탤 게 남아있지 않을 때가 아니라 더 이상 뺄 게 없을 때 완성된다."

-생텍쥐베리-

차별화란 버림의 미학이다. 그러므로 단순화와 차별화는 일맥상통한다. 반대로 복잡함은 차별화를 어렵게 만드는 요소다. 단순함은 최고의 전문성을 가져야만 이룰 수 있다.

키워드 추출하기

핵심을 잡아내기 위해 객관적이고 단순하게 주제를 정리하면 앞으로 나아갈 방향이 선명하게 보인다. 이제는 그 모든 해법과 방향을 상징하는 단어가 필요하다. 그것이 바로 키워드 혹은 핵심단어다. 핵심단어는 메시지의 정체성과 판단의 기준이 된다. **모든 생각은 핵심단어를 중심으로 세워진다.**

저자의 입장에서 생각해보면 이해하기 더 쉽다. 저자는 글을 쓸 때 하나의 개념에서 출발한다. 그리고 하나의 핵심개념을 뒷받침해줄 몇 개의 핵심단어를 선정하고, 거기에서 여러 가지 생각이 뻗어나가게 된다. 그런 생각을 논리적으로 구조화해서 여러 예시와 증거, 설명 등의 살을 붙이면 한 편의 글이 만들어진다.

그럼 독자는 어떻게 해야 할까? 저자와 같은 순서로 글을 읽으면 이해하기 쉽다. 핵심개념 먼저 파악한 후 예시와 증거, 설명 등을 이해하면 글 읽기가 쉬워진다. 키워드를 잡아내는 것이 핵심으로 바로 들어가는 열쇠다.

질문하기

질문은 자신이 어떤 방향으로 생각하고 행동할 것인지를 안내한다. 따라서 우리는 스스로 끊임없이 더 나은 질문을 던지는 훈련을 해야 한다. 더 나은 질문이 더 나은 결과와 대답을 만든다. **인간은 질문을 통해 답을 찾아낸다.** 그것이 동물과 다른 점이다. 질문이 없는 사람은 인간의 존엄성을 유지할 수 있는 수단을 포기하는 것이나 다름없다. 이것은 지나친 말이 아니다. 질문은 그만큼 중요하다.

현재 처한 고통 속에서 빠져나오고 싶다면, 난마처럼 얽힌 상황 속에서 해답을 찾고 싶다면 질문을 던져라. 어떤 질문을 던져야 하는지 안다면 비상구를 찾는 일은 어렵지 않다. 문제 속에서 헤어나지 못하거나 핵심을 포착하지 못하는 이유는 합당한 질문을 못 하기 때문이다.

질문과 해법의 관계는 다음과 같다.

- 현명한 질문을 하면 현명한 답을 얻는다.
- 아름다운 질문을 하면 아름다운 답을 얻는다.
- 핵심을 찌르는 질문을 하면 핵심적인 답을 얻는다.
- 어리석은 질문을 하면 어리석은 대답을 얻는다.
- 변죽만 도는 질문은 두루뭉술한 답을 얻는다.

신기하게도 우리의 두뇌는 무엇이든 묻기만 하면 답을 찾아낸다. 두뇌에는 우리가 상상할 수 없을 정도로 엄청나게 많은 정보가 들어있다. 질문은 일종의 버튼이나 마찬가지다. 버튼을 누르면 무엇이든 나오게 되어있다. 하지만 이때 유의해야 할 것은 그 답이 모두 정답은 아니라는 사실이다. 따라서 우리는 정말 깊이 생각해서 질문하고 답을 찾아야 한다. 질문에 대해 쏟아지는 여러 가지 대안 중에서 선택할 수 있는 것이 없을 수도 있다. 그러한 경우에는 더 깊이 있는 질문이 필요하다.

지금까지 설명한 '핵심을 포착하는 세 가지 방법'은 포커스 리딩의 3, 4, 5단계에 해당한다. 다음의 표를 보자.

단순화하기	3단계_스키핑 & 스캐닝 : 핵심 중심의 글 읽기
키워드 추출하기	4단계_핵심단어 뽑아내기 : One Page 요약하기
질문하기	5단계_질문하기

두뇌가 원하는 글 읽기 원칙

글을 읽을 때 아마도 사람들 대부분은 정확성을 포기하지 않으면서도 빠르게 읽는 노하우를 터득하고 싶을 것이다. 그 노하우가 바로 포커스 리딩에 담겨있다.

포커스 리딩 기술을 제대로 실천하기 위해서 가장 중요한 것 중의 하나는 '버리기'에 대한 개념을 정확히 이해하는 것이다. 그렇다. 버리기가 핵심이다. 이것은 아주 중요하고 깊은 의미가 있다. 비단 글을 읽을 때뿐만이 아니라 세상의 모든 일이 같은 원리다. 핵심, 진리, 가치 등 중요한 무엇인가를 얻고 싶다면 중요하지 않은 것을 버릴 수 있어야 한다. 오랫동안 누적된 습관, 패턴, 사고방식 등을 바꾸거나 버리지 않으면 새로운 것을 얻을 수 없다.

이제 핵심을 빠르게 읽는 글 읽기 방법에 대해 살펴보자.

첫째, 중요한 것만 추려내고 나머지는 버려라

버리기를 잘하는 것은 한 편의 글에 담겨있는 내용 가운데 핵심 혹은 자신에게 유용한 부분을 집중적으로 포착해내는 능력이다. 이는 약간의 집중력만으로 얼마든지 가능하다. 글의 모든 내용을 다음과 같은 기준으로 구분하라.

- 핵심 메시지 vs 그것을 위한 부수적 설명들
- 중요한 내용 vs 중요하지 않은 내용

이렇게 구분하는 것을 어색하게 생각하거나 부정적으로 생각할 필요는 전혀 없다. 그건 매우 당연하다. 이렇게 구분하지 않으면 글 읽는 시간이 오래 걸릴 뿐 아니라 정작 걸러내야 할 핵심 메시지를 놓치게 되는 잘못을 범하게 된다. 그런데 여기에서 다음과 같은 의문이 생길 것이다.

"부수적 설명들이나 자신에게 중요하지 않은 내용은 읽을 필요가 없단 말인가? 그렇다면 처음부터 아예 요약본만 읽으면 되는 것이 아닌가?"

이 질문에 수긍하는 사람들도 있을 것이다. 하지만 그것은 포커스 리딩의 본질적 의도와는 거리가 있다. **학습의 대전제는 반복해서 읽는 데 있다.** 여러 번 반복해서 읽어야 자신의 지식으로 소화된다. 스키핑 & 스캐닝 방법을 통해 **빠르게 읽는 목적은 '핵심 중심으로 반복해서 읽기 위한 것'**이다. 핵심 중심의 효율적인 반복이야말로 최고의 학습법이다.

처음부터 너무 자세하게 미시적인 관점으로 접근하지 말고, 거시적이고 핵심 중심으로 글의 골격을 이해한 다음 반복 읽기를 통해 깊이와 폭을 확장하는 것이 포커스 리딩의 의도다. 속도와 정확도를 동시에 높이는 비밀은 바로 핵심과 비핵심을 구분하는 데 있는 것이다.

문장 역시 마찬가지다. 모든 문장은 중요단어와 그 중요단어를 설명하는 부속어로 구성되어 있다. 이런 구성은 하나의 문장에서만이 아니라 한 단락, 크게는 한 권의 책으로 확대할 수 있다. 우리가 집중해야 할 것은 수식어들로 이루어진 문장 자체가 아니라 전체의 내용을 이끌어가는 핵심적인 중요단어들이다. 이러한 단어들 중심으로 내용을 이해하는 노력을 기울이면 빠르고 정확하게 저자의 메시지를 포착할 수 있다.

지금까지는 분명히 글을 읽었음에도 시간이 조금 지나면 기억이 나지 않거나 활용하지 못하는 경우가 대부분이었을 것이다. 지난 1

년, 아니 지난달에 읽었던 글들을 떠올려보자. 무엇을 기억하고 있는가? 거의 기억이 나지 않을 것이다. 왜 그럴까? **'핵심 중심+반복'**이라는 개념 없이 읽었기 때문이다.

모든 글은 가장 중요한 메시지와 그 메시지를 설명하는 사례, 통계, 설명 등으로 이루어져 있다. 가장 작은 단위인 하나의 문장에서도 내용의 중심이 되는 중요단어와 부속어가 섞여 있다. 우리가 잡아내야 할 것은 바로 저자의 생각이 농축된 핵심 메시지나 중요단어다.

둘째, 두뇌의 양면성을 활용하라

두뇌가 정보를 인식하는 방식은 두 가지 종류가 있다. 의식적인 정보 입력과 무의식적인 정보 입력이다. 두 가지 방식의 차이는 다음과 같다.

의식적인 정보 입력	• 자신에게 중요하거나 필요하다고 인식하면서 입력되는 정보 • 주의력을 집중해서 정보를 받아들임 • 주로 단기 기억으로 저장됨
무의식적인 정보 입력	• 중요하지 않은 듯 인식되는 주변 정보 • 특별히 주의를 기울이지 않아도 두뇌에서 이해할 수 있는 정보 • 주로 장기 기억으로 저장되며, 특별한 동기나 비슷한 정보가 주어질 때 출력됨

우리가 지금까지 글을 읽을 때 해온 방식인 소위 '정독'이라는 것은 의식적인 정보 입력이다. 이 방식의 장점은 세세한 내용을 깊이 생각하며 글을 읽는다는 것이다. 그러나 시간이 오래 걸리기 때문에 전체적인 시각을 놓치고 미시적인 부분에 연연하기 쉽다. 즉 숲은 보지 못하고 자잘한 나무들만 보게 되는 잘못을 범할 수 있다. 그렇다고 해서 한 권의 책을 무의식적인 정보 입력 방식으로만 읽는 것도 문제다. 이것은 대강 건성으로 훑어보는 것이나 다름없다. 글의 깊은 내용이나 핵심 메시지를 놓치기 쉽다.

그렇다면 어떻게 해야 할까? **두 가지 방법을 혼용해야 한다.** 핵심적인 중요한 정보는 천천히 의식적인 정보 입력으로, 사례나 설명, 예시, 통계 등은 빠르게 골라 읽기 방식으로 정보 입력을 하는 것이다. 그렇게 하면 핵심 메시지를 놓치지 않으면서도 속도를 높일 수 있다.

글 읽기에서 "중요한 것만 추려내고 나머지는 버린다."라고 할 때 '버린다'는 말은, 아예 무시하고 읽지 않는 것이 아니다. 눈으로 훑어보듯 스쳐 지나가면서 내용을 대략 파악하고 넘어가는 것을 말한다. 그렇게만 해도 두뇌는 정보를 입력하고 저장한다. 그것이 가능한 이유는 **핵심 메시지를 의식적인 정보 입력, 즉 주의력을 순간적으로**

기울여 내용을 파악하기 때문에 주변 정보들에 대해서도 어렵지 않게 이해가 되는 것이다.

우리 두뇌에게 글의 배열순서나 문법은 크게 중요하지 않다. 글의 순서대로 정보가 입력되는 것이 아니고, '중요한 것부터' 입력하기 때문이다. 따라서 **중요한 것과 중요하지 않은 것을 순간적으로 정확하게 구분하는 것이 속도와 정확성을 동시에 높이는 비결이다.** 덧붙여 말하면 미괄식보다 결론부터 내세우는 두괄식이 훨씬 효과적인 커뮤니케이션 방법이라 할 수 있다.

셋째, 읽는 것이 아니라 찾아내는 것이다

"글 읽기는 글자를 읽는 것이 아니라 중요한 것을 찾아내는 것이다."

그렇다. 글 읽기는 글자를 읽는 것이 아니다. 즉 문자해독이 아니라는 말이다. 글자를 읽는 것과 중요한 내용을 찾아내는 것은 전혀 다른 개념이다.

글자를 읽는 것에 집중하다 보면 읽으면서도 내용을 이해하지 못하거나 매우 느린 속도로 읽게 되는 비효율적인 상황에 빠진다. 글을 다 읽고 나서도 핵심 메시지가 무엇인지 잘 모르거나 시간이 조금만 지나도 거의 기억을 못 하는 이유가 바로 여기에 있다.

정독을 천천히 읽는 것으로 생각하는 건 잘못된 고정관념이다. 빠르게 중요한 것과 중요하지 않은 것을 변별해서 주요 내용과 필요한 것을 정확히 포착하는 것이 효과적인 정독이다.

1%의 핵심을 이해하면 99%는 자동으로 따라온다

먼저, 스키핑 & 스캐닝의 본래 의미를 생각해보자. 스킵skip은 가볍게 건너뛰는 것을 말한다. 그리고 스캔scan은 화면을 훑으면서 내용을 살펴보는 것을 말한다. 즉 **스키핑 & 스캐닝은 글의 내용을 핵심 중심으로 가볍게 뛰어가듯 보면서 전체를 훑으며 이해하는 것을 말한다.** 이것은 글을 한 글자씩 소리 내듯이 읽어나가는 묵독과는 전혀 다른 개념이다. 묵독이 소걸음이라 한다면 스키핑 & 스캐닝은 날렵한 치타의 질주와 같다.

하지만 스키핑 & 스캐닝이 글을 대충 보고 넘어가는 것이라고 오해하지 말기 바란다. 매우 빠른 속도로 훑어보는 느낌으로 흘러가는 것은 사실이다. 그러나 핵심이 무엇인지를 정확히 포착하면서 진행하는 것이다. 시속 110km 이상 달리는 치타는 육상동물 중에서 가장 빠른 동물이면서 표적을 놓치지 않는 눈과 집중력을 가지고 있다. 그리고 주변의 상황을 매우 빠르게 파악하면서 먹이를 쫓는다. 스키핑 & 스캐닝 역시 치타와 같은 집중력과 정확함이 갖추어진 빠른 글 읽기인 셈이다.

스키핑 & 스캐닝은 핵심 내용에 집중하는 것이다. 앞에서도 설명했지만, 두뇌는 핵심을 포착하고 나면 그것에 필요한 내용을 찾기 위해 노력한다. 핵심 내용 중심으로 내용을 훑어가면 부수적인 내용은 저절로 이해되거나 정리되는 효과가 생긴다. 중요하지 않은 내용에 집착하지 않아도 자연스럽게 핵심 내용과 연결되면서 뇌에 입력되는 것이다. 핵심 중심으로 여러 번 반복해서 읽고 나면 대부분의 정보들은 체계적이고 입체적으로 정리가 되어 두뇌에 저장된다.

우리가 핵심 내용에 집중하는 것과 같이 치타도 초원에서 영양 무리를 쫓을 때 오직 하나의 목표에 집중한다. 다른 것은 거의 염두에 두지 않는다. 그렇지만 치타는 영양들의 전체 움직임을 본능적으로 치밀하게 파악하는 능력을 갖추고 있다. 우리의 두뇌도 마찬가지다. 그러므로 핵심 내용에 집중하라. 나머지는 두뇌의 잠재능력에 맡기면 된다.

잠시, 지금까지의 과정을 되돌아보자.

포커스 리딩 2단계 '속도 뛰어넘기'의 시작에서 우리는 목차와 머리말을 통해 전체의 구조와 핵심 메시지를 파악하는 법에 대해 알아보았다. 이 과정에서 우리는 무엇이 중요한지 아닌지 개괄적으로 분석했다. 이것은 치타가 영양들의 움직임과 목표물을 대략 파악하는 과정과 같다.

그다음으로는 속도 뛰어넘기 훈련을 했다. 매우 빠르게 읽으면서도 정보를 명확하게 인식할 수 있는 두뇌 훈련을 한 것이다. 이는 시속 110km로 달리면서도 먹잇감의 작은 움직임까지 포착해내는 치타의 감각을 가지기 위한 훈련이다.

이제 본격적으로 시작할 스키핑 & 스캐닝은 목표물을 향해 끝까지 달려가는 과정이다. 먹이를 끝까지 쫓는 치타처럼, 핵심을 마지막까지 놓치지 않는 것이 중요함을 거듭 강조한다. 그럼 핵심 중심으로 빠르게 읽는 스키핑 & 스캐닝 훈련을 실제로 해보자.

시간 한정 기법 1

먼저 타이머를 준비하라.

이제 10분 동안 읽을 분량을 정하라. 평소에 글을 읽을 때보다 2배 이상의 목표 분량을 정하라. 다음의 세 가지 조언에 따라서 글을 보자.

스키핑 & 스캐닝을 하기 전에 두뇌 활성화를 위해 반드시 속도 뛰어넘기를 최소한 10분 정도 해야 한다. 속도 뛰어넘기를 한 직후에 그 속도 감각을 그대로 유지한 상태에서 아래의 훈련을 하기 위해서다.

1. 읽지 말고 보라. → 글자를 하나하나에 연연하지 말고 전체에서 중요한 내용을 파악하라.

2. 묵독하지 않으려고 최대한 노력하라. → 속으로 음독하지 말고 빠르게 눈으로 중요한 것을 포착하며 지나가는 느낌으로 하라.

3. 제한 시간 안에 목표 분량을 다 봐야 한다. → 그래야 두뇌가 최대한 속도를 높이면서 집중하게 되는 '제한 시간 효과'를 볼 수 있다.

읽을 글의 범위를 정해 놓고 전체 내용 중 일단 50% 정도를 10분 안에 읽으면서 핵심만 이해하겠다고 생각하면서 읽어라. 나머지 50%는 과감히 버린다고 생각하는 것이다. 그래야 핵심 찾기에 더 집중할 수 있다.

2단계에서 훈련한 속도 뛰어넘기를 생각하라. 속도 뛰어넘기의 목적은 두 가지였다. '빠른 속도에 적응하기'와 '묵독 없애기'가 기억나는가? **속도 뛰어넘기 훈련은 스키핑 & 스캐닝을 하기 위한 준비운동으로서 두뇌 활성화 작업이었다. 그리고 스키핑 & 스캐닝은 내용을 이해하는 실전 글 읽기다.** 스키핑 & 스캐닝을 할 때는 묵독을 최대한 하지 않으려고 노력하면서 눈으로 **'느린 속도 뛰어넘기'**를 한**다는 느낌으로** 진행하라.

속도 뛰어넘기를 할 때 우리는 이미 한 페이지를 0.5초 이내에 보는 연습을 했다. 그때 높은 속도에서 낮은 속도로 변화를 주자, 글의 내용이 갑자기 눈에 확 들어왔던 경험을 했을 것이다. 그러므로 한 페이지를 10~15초 동안 보면서 핵심 내용을 파악하는 것은 어렵지 않다. 느린 속도 뛰어넘기를 하듯이 신속하게 시선을 위에서 아래로 지그재그 이동하면서 전체 내용에 묻혀 있는 핵심을 신속하게 찾아내 파악하는 것이다. 시선의 이동 방법은 속도 뛰어넘기에서 보았던 다음의 그림처럼 하면 된다.

도표의 왼쪽은 '지그재그 읽기'이고 오른쪽은 '묶음 읽기'이다. 묶음 읽기는 여러 줄을 동시에 보면서 주요 내용을 이해하는 것이다. 스키핑 & 스캐닝을 하다 보면 자연스럽게 두 가지 방식을 병행하고 있음을 느끼게 될 것이다.

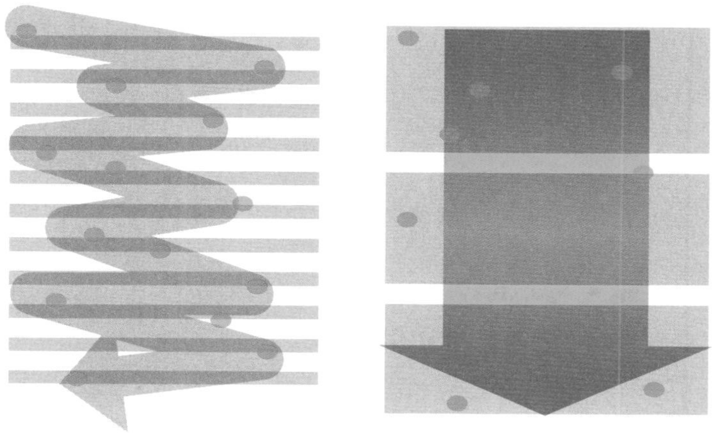

★ Tip. 묵독을 최소화하려면

"글 읽기는 글자를 읽는 것이 아니라 중요한 것을 찾아내는 것이다."라고 강조한 것을 기억하라. 문장을 한 글자씩 읽지 말고 키워드 중심으로 주요 내용만 파악한다고 생각하면서 빠르게 훑어보듯이 시선을 이동시켜야 한다. **자신의 두뇌를 믿는 것이 중요한 포인트다.** 속도 뛰어넘기 훈련을 한 상태의 두뇌는 이미 한 글자씩 찍으면서 읽지 않아도 키워드 중심으로 주요 내용을 얼마든지 파악할 수 있는 상태가 되어있다. 그러므로 **묵독을 최소화하는 것이 충분히 익숙하지 않은 사람은 스키핑 & 스캐닝을 하기 전에 항상 속도 뛰어넘기를 5분 정도 하는 것이 좋다.**

묵독을 전혀 하지 않고 글을 읽을 수는 없다. 단지 묵독을 '최소화'하는 것이다. 이 말의 의미는 모든 글자를 초등학생처럼 또박또박 음독하는 것을 하지 말라는 것이다. 중요문장이나 키워드가 눈에 들어올 때는 자연스럽게 속도를 늦춰 내용을 이해하면서 진행해야 한다. 즉 무조건 빠르게만 달려가는 것이 아니라 **중요한 부분은 Slow, 중요하지 않은 부분은 Quick의 속도 조절을 하는 것이다.**

지그재그 읽기를 할 때의 시선은 중요단어나 중요문장을 따라서 불규칙적으로 움직인다. 시선의 이동 방향이나 핵심단어 및 문장을 찾아내는 것은 눈이 아니라 두뇌가 스스로 결정한다. 무엇보다 중요한 것은 자신의 두뇌를 신뢰하는 것이다. 처음에는 이런 방식이 다소 낯설겠지만 금방 익숙해질 것이다.

"나의 두뇌는 충분히 잘할 수 있어!"

속도 뛰어넘기를 몇 분 정도 하고 나면 눈이 매우 빨라진다. 그 느낌을 그대로 살려 즉시 스키핑 & 스캐닝을 하는 것이다. 훈련 초기에는 눈의 이동 속도와 두뇌의 이해 속도 불일치가 나타나기도 한다. 눈은 매우 빨리 나아가는데 두뇌가 이해하는 속도가 뒤처지기 때문이다. 이런 현상은 훈련이 충분치 못한 훈련 초기 단계에 발생한다. 스키핑 & 스캐닝을 처음 시작할 때는 너무 빠르게 진행하지 않는 것이 좋다. 적당한 속도(**묵독을 하지 않고 눈으로만 훑으면서 대강의 내용을 파악할 수 있는 정도의 속도**)로 하라. 속도는 점차 높이면 된다. 중요한 것은 적절한 속도를 유지하는 것이다. 처음부터 속도를 너무 높이면 이해력이 급격히 떨어지고, 너무 느리면 한 글자씩 묵독하게 된다.

우리의 두뇌는 중요한 단어나 문장 중심으로 시선을 옮기면서 정보를 인식하고 그걸 모아 전체 내용을 파악한다. 책에서 우리가 접하는 내용들은 중요한 내용과 그것들을 설명하는 것으로 구성되어 있다. **마치 징검다리 건너듯 중요 중심으로 성큼성큼 짚으면서 전체의 흐름 속에서 내용을 이해하라.** 그리고 반복 읽기를 통해 정확성과 이해도를 높여가자. 스키핑 & 스캐닝은 바로 그런 방식으로 글의 내용을 핵심 중심으로 정리하며 이해하는 것이다. 중요한 메시지들을 징검다리 삼아 스키핑 하면서 전체의 내용을 빠르게 훑으며 파악하는 것, 즉 스캐닝하는 것이다.

이런 방식의 글 읽기가 익숙하게 되기까지 일정 기간 집중적으로 연습해야 한다. 정확한 방법으로 훈련한다면 단 며칠 만에 자신의 글 읽기 속도가 매우 빨라지고 있음을 발견하게 될 것이다. 그것이 지금 당신이 이 글에서 배우고자 하는 글 읽기의 기술이다.

속도 뛰어넘기를 한 직후 바로 이어서 스키핑 & 스캐닝을 하면 몇 줄이 한꺼번에 눈에 들어옴을 느낄 수 있다. 이는 마치 큰 롤러를 위에서 아래로 부드럽게 쓸어내리는 것과 같은 느낌이다. 이것이 바로 묶음 읽기다. 의식적으로 여러 줄을 보려고 하지 않아도 시야가 자연히 넓어짐으로써 자연스럽게 묶음 읽기 현상이 나타난다. **묶음 읽기를 할 때는 한 번에 여러 줄씩 보면서 중요단어를 걸러내게 된다.** 글을 읽다 보면 누구나 지그재그 방식과 묶음 방식을 자연히 혼용하게 된다. (다산 정약용 선생은 10줄을 동시에 보면서 글을 읽었다고 한다. 퇴계 선생 역시 제자들에게 비슷한 이야기를 한 것을 보면 글 읽기의 고수들은 대부분 이런 방식을 스스로 터득했다. 그들이 포커스 리딩의 오리지널 스승들이다.)

스키핑 & 스캐닝 방식으로 글을 읽으면서 중요단어를 걸러내는 것은 다음의 예를 생각하면 이해하기 쉽다. 시골에서 살아본 사람이라면 어렸을 때 개울에서 고기를 잡아본 적이 있을 것이다. 개울의 이쪽과 저쪽 끝에서 두 사람이 그물을 잡고 개울 전체를 훑으며 고기를 몰고 간다. 그리고 개울의 끝에서 그물을 모으면 그물망보다 작은 고기는 그물 틈새로 빠져나가지만 큰 고기는 걸려들게 된다.

이처럼 **페이지의 위에서부터 그물로 훑듯이 주욱 내려오면서 큰 고기(중요단어)를 걸러내면 되는 것이다.** 중요단어 외의 빠져나간 단어들, 즉 부속어들이나 중요성이 떨어지는 단어, 문장들은 어떻게 되는가? 그건 걱정할 것 없다. 중요단어를 건지고 나면 나머지 단어들은 눈에 비춰진 것만으로도 충분하다. 그런 단어나 문장들은 중요단어를 중심으로 섞이게 되고 두뇌에서 전체 내용을 이해하게 된다. 그것이 두뇌의 자동 메커니즘이다.

모든 단어나 문장들은 서로 다른 가치를 가지고 있다. 그 중에서 소수의 중요단어가 전체 내용의 주요 흐름을 이끌어가는 것이다. 그러므로 전체를 훑어보면서 중요단어를 순식간에 찾아내는 것이 글을 잘 읽는 비결이다.

시간 한정 기법 2

이번에는 10분 동안 집중해서 읽은 분량을 7분 동안 동일한 방법으로 읽는다. 동일한 분량을 3분 더 빨리 읽기 위해서는 묵독을 하지 않고 핵심단어 중심으로 보겠다는 굳은 의지가 필요하다.

7분 안에 읽기를 성공했다면 이번에는 5분에 도전해보라. 요령과 정신자세는 앞과 동일하다. 어떤가? 아마 성공할 수 있을 것이다. 시간을 한정하고 글을 읽게 되면 고도의 집중력을 발휘하게 된다. 여기에서 터득해야 할 가장 중요한 것은 **'핵심 중심으로 두뇌를 가동하는 것'**과 **'보는 즉시 이해하는 감각'**이다. 이것만 터득하면 글 읽기 속도가 순식간에 몇 배 빨라짐을 알 수 있을 것이다.

이 부분에서 중간 점검을 해보자. 포커스 리딩을 훈련하기 전에 10분 동안 읽고 기록했던 것을 기억하는가? 그 글을 다시 펴고 스키핑 & 스캐닝 방식으로 빠르게 다시 읽어보라. 시간이 얼마나 단축되는가? 훈련 전과 후, 어느 정도 차이가 있는가? 2단계인 속도 뛰어넘기와 지금 배우고 있는 스키핑 & 스캐닝 방식을 정확하게 이해하고 훈련했다면 아마도 깜짝 놀랄 정도의 차이를 확인하게 될 것이다.

이런 긴장감을 유지하면서 글 읽기 훈련을 하면 된다. 글 보는 시간을 한정하면 좀 더 긴장감을 느낄 수 있기에 더 효율적으로 읽어 나갈 수 있다. 시간을 한정하면서 읽는 것은 묵독에 길들여진 습관을 대폭 줄이는 데 매우 효과적이다.

포커스 리딩을 통해 배울 수 있는 글 읽기 기술의 목표는 무엇인가? 그것은 '**눈으로 보는 즉시 머리에서 이해하는 것**(직독직해直讀直解)'이다. 글을 읽을 때 묵독을 하게 되면 의식하지 못하지만, 문장에 대해 해석과정을 거치게 된다. 눈으로 보고 입으로 소리를 낸 다음(묵독은 입으로 소리를 내지 않지만, 낭독과 결국 동일한 것이다) 머리로 이해하는 순서를 거친다. 글 읽기를 처음 시작할 때야 그럴 수밖에 없겠지만 **높은 수준의 빠른 글 읽기를 하고 싶다면 중간단계 즉, 묵독을 생략해야 한다.** 하지만 묵독은 글자를 처음 배웠을 때부터 자연스럽게 몸에 밴 습관으로 그 습관을 오랫동안 유지해왔기 때문에 쉽게 떼어내기는 어렵다.

그런 묵독의 습관을 최소화하기 위한 방법이 바로 앞에서 훈련한 '속도 뛰어넘기'다. 당신이 높은 수준의 글 읽기 능력을 터득하고자 한다면 너무나 단순하고 기계적으로 보일지라도 '속도 뛰어넘기' 훈련을 게을리하지 말아야 한다. 속도 뛰어넘기 훈련은 앞에서도 말했듯이 간단하고 단순하지만 모든 글 읽기 훈련의 요체를 담고 있다. 그래서 잘못된 습관을 잘라내는 데 매우 강력한 효과를 발휘한다.

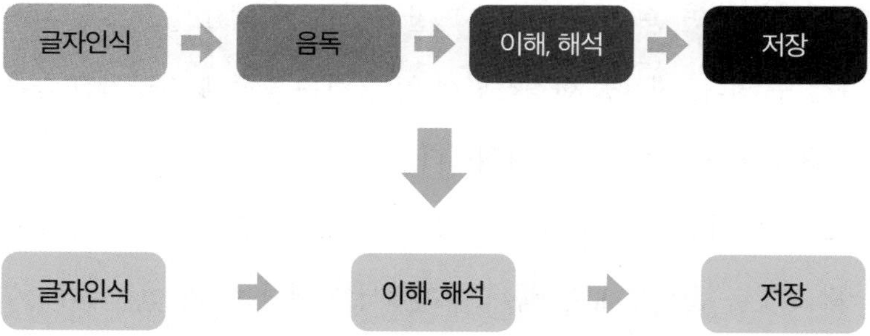

그리고 지금 배우고 있는 **스키핑 & 스캐닝 훈련은 반드시 속도 뛰어넘기와 연결해서 동시에 진행해야 한다.** 스키핑 & 스캐닝 방식의 글 읽기란 '눈으로 보고 입(속)으로 읊고 난 후 머리로 이해'하는 '묵독 방식'을 버리고, 눈으로 보는 즉시 머리에서 이해하는 '직독직해' 방식을 말한다. 글 읽기는 '글자를 읽는 것이 아니라 보는 것'이다.

읽는 것이 아니라 보는 것

'읽는 것'이 아니라 '보는 것'의 의미는 **단지 글자를 읽는 것이 아니라 머리로 내용을 파악하는 데 집중하라는 뜻이다.** 이 말의 의미를 이해하고 훈련하면서 느낄 수 있다면, 당신은 포커스 리딩에서 7부 능선에 올라온 것이다. 일정 기간 훈련을 하면 **'보는 즉시 머리로 이해하는 것'**의 의미를 느끼게 된다. 스키핑&스캐닝의 핵심은 바로 이 부분이다. 훈련을 통해 **'읽는 것이 아니라 보는 것'**의 감각을 익히게 되면 포커스 리딩의 핵심 기술을 터득하는 것이다.

'보는 즉시 이해하는 것'에 대해서 조금 더 생각해보자. 글을 빠르고 정확하게 파악하기 위해서는 속으로 한 글자 한 글자 읽는 묵독 습관을 버려야 한다. 스키핑 & 스캐닝을 할 때 묵독을 하게 되면 치타와 같은 속도감과 정확함을 살릴 수 없다. 글을 읽는다는 것은 입으로 읽는 것도 아니고 눈으로 읽는 것도 아니다. 두뇌로 읽는 것이다. 눈이 인지한 것을 두뇌가 즉시 해석하는 것이다.

눈의 인지 속도와 두뇌의 해석 속도 사이를 가로막고 있는 것이 바로 묵독이다. (대개의 경우 눈의 인지 속도는 빠르고 두뇌의 해석 속도는 느리다.) 소리를 내지 않는다고 하더라도 묵독은 한 글자씩 또박또박 발음하는 낭독과 같은 것이다. 우리는 어린 시절부터 아주 오랫동안 사용해왔다. 습관이 이렇게 굳어버리도록 그 외의 방식은 배운 적이 없었기 때문에 이런 묵독 습관을 버리는 게 낯설고 어려운 것은 당연한 일이다.

두뇌가 글을 읽는다는 것은 눈으로 인지함과 동시에 머리에서 이해하는 것이다. 거기에 묵독이 끼어들면 과정이 더 느려지기만 할 뿐이다. 조금 어렵더라도 묵독을 하지 않고 문장을 눈으로 보는 즉시 이해하려고 노력해야 한다. 처음에는 힘들겠지만 조금 지나면 그 방법이 더 편하게 된다. 나중에는 묵독 방식으로 글을 읽는 게 오히려 답답함을 알게 된다.

이쯤에서 강조하고 싶은 것이 있다. '속도 뛰어넘기'와 '스키핑 & 스캐닝'은 머리로 이해하는 것이 아닌 훈련과 경험을 통해 자신의 감각으로 소화해야 한다는 점이다. 이것은 이론이 아니다. 실제로 자신이 그러한 것을 경험하는 것이 중요하다. 묵독을 하지 않는 상태에서(혹은 묵독을 최소화한 상태에서) 눈으로 전체를 훑으면서 중요단어 중심으로 주요 내용을 파악해 내는 것, 바로 그것이 스키핑 & 스캐닝이다. 그것을 자신의 감각으로 확실하게 만들어보라.

반복 읽기를 통해 이해의 수준을 높여라

스키핑 & 스캐닝을 할 때 처음부터 글의 내용을 100% 이해하려 들면 안 된다. 그러면 묵독의 늪에서 벗어날 수 없다. 이해도는 50%→70%→90% 점차 높여간다는 마음으로 해야 한다. 묵독을 하지 않고 가볍게 스키핑 & 스캐닝을 하는 것이 우리에게 어려운 이유는 처음부터 100% 이해하려 들기 때문이다. 그것은 오래된 습관 때문이다. 그 습관을 버리지 않으면 포커스 리딩을 습득하기 매우 어려워진다. 포커스 리딩은 과거와 다른 글 읽기 방식이다. 과거의 습관과 단호한 단절을 할 수 있다면 아주 쉽게 터득할 수 있다. 우리가 스키핑 & 스캐닝을 하는 이유가 무엇인가? **첫째는 핵심을 먼저 파**

악하기 위함이고, 둘째는 핵심 중심으로 여러 번 반복해서 읽기 위해서다.

핵심을 잡아내면 부수적인 내용은 저절로 따라온다. 핵심만 파악한다는 생각으로 처음에는 50% 정도의 이해 수준을 목표로 잡아라. "그럼 나머지는 버린단 말입니까?"라고 질문하는 사람을 위해서 이미 여러 번 설명한 것이지만 다시 한번 설명하겠다.

모든 내용을 천천히 읽는다면 반복해서 글을 읽기는 거의 불가능하며, 반복하지 않는 글 읽기는 남는 것이 별로 없다. 글 읽기의 근본적인 목적을 달성하지 못하는 결과만을 남기게 된다. 모든 공부와 글 읽기는 반드시 반복 읽기를 해야 한다는 사실을 잊어선 안 된다.

이처럼 **포커스 리딩은 '핵심 중심의 반복 읽기'를 전제로 하고 있다.** 대개 한 번 읽고 모든 내용을 이해하려다 보니 글의 내용을 천천히 씹어 먹듯 읽는 비효율적인 습관이 생기는 것이다. 앞에서도 언급했던 독일의 심리학자 에빙하우스Ebbinghaus의 망각곡선forgetting curve를 다시 살펴보자. 왜 반복이 중요한지 이해할 수 있을 것이다. 다음 그림의 연구 결과를 보면 알 수 있듯이 정보를 기억하고 활용하고자 할 때 가장 중요한 것은 반복하는 것임을 알 수 있다.

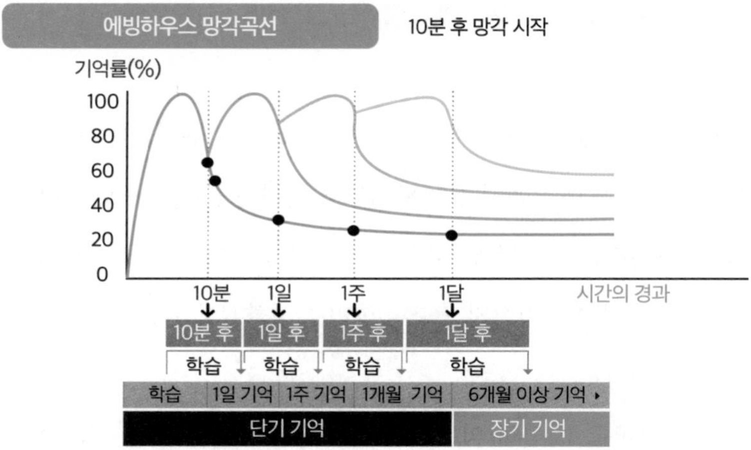

글의 내용을 단 한 번 읽고 모두 저장한다는 것은 거의 불가능한 일이다. 그러므로 우리는 반복 읽기를 통해 이해와 저장의 수준을 높여야 한다. 스키핑 & 스캐닝은 한 번만 하고 끝나는 것이 아니다. 몇 번의 반복을 통해 단계적으로 이해의 수준을 높이는 것이 중요하다. 그래서 처음 스키핑 & 스캐닝을 할 때는 약 50% 정도만 파악한다는 느낌으로 핵심만 보라는 것이다. 나머지 50%는 반복해서 읽는 과정에서 얼마든지 이삭줍기할 수 있다.

조금 다른 관점에서 생각해보자. 다음의 두 가지 방식 중에서 어떤 것이 더 유익할까?

'10권의 책을 한 번씩 읽기' vs '1권의 책을 열 번 반복 읽기'

이 책의 1부 거의 전체에서 우리는 글 읽기의 의미와 원칙을 자세하게 공부했다. "글은 생각이다."라는 대원칙을 바탕으로 내 인생의 롤모델이자 위대한 스승을 찾아서 완벽하게 도용하는 것이 나의 인생을 가장 가치 있게 만드는 대원칙임을 설명했다. 어설픈 모방이 아닌 완벽한 도용을 하자면 롤모델(글)을 반복 학습하면서 내면에 담긴 속성을 넘어 심지어 영혼까지 베끼는 수준이 되어야 한다. 세상의 모든 선구자의 학습 방법은 이 원칙에서 예외가 없었다.

그런 차원에서 반복 학습은 굉장히 중요하다. 그런데 반복이라는 것을 어떻게 해석하느냐에 따라 우리 두뇌가 받아들이는 의미와 태도가 달라진다. 포커스 리딩에서 강조하는 반복 읽기가 '단순 반복'인지, 아니면 '의미가 부여된 반복'인지에 따라서 두뇌가 받아들이는 입장이 달라진다.

단순 반복	의미 있는 반복
매번 동일한 행위만을 반복하는 것 변화나 새로운 의미 부여 없음	반복할 때마다 더 깊은 해석과 발견 반복 자체에 중요한 의미 부여
두뇌가 지루해하고 싫어함	**두뇌에게 새로운 호기심과 흥미 유발**

포커스 리딩의 반복 읽기는 단순 반복이 아니라 의미 있는 반복이다. 여러 단계를 거쳐 이해의 수준을 높여가는 것이다. 이렇게 하는 이유는 두뇌의 정보 처리 방식이 그렇게 되어있기 때문이다. 우리 두뇌는 한 번에 모조리 완벽하게 이해하려는 시도를 아주 싫어한다. 단계적으로 이해의 수준을 높여가는 것이 두뇌가 원하는 방식임을 이해하고 그 방식대로 익숙해지도록 노력하는 것이 중요하다.

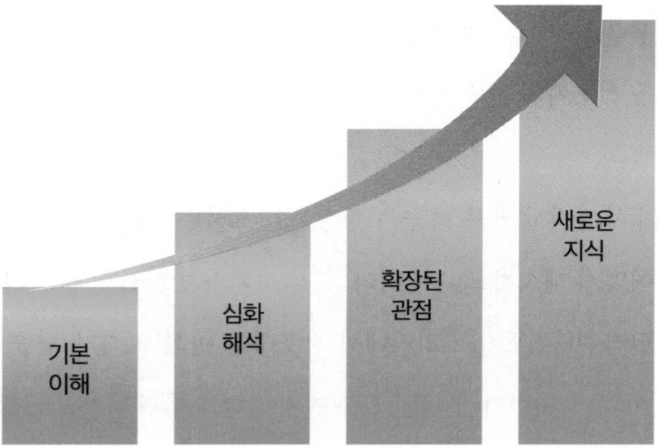

스키핑 & 스캐닝의 개념을 정확하게 이해하고 정상적으로 훈련했다면 이제 250페이지 정도의 책 한 권을 대략 1시간 만에 보는 게 어렵지 않다는 것을 경험할 수 있다. 몇 주 정도의 훈련을 하고 나면 이것은 매우 일상적인 글 읽기 속도가 될 것이다. **이 훈련의 성패는 묵독하지 않고 핵심 위주의 글 읽기를 제대로 하느냐에 달려 있다고**

해도 과언이 아니다. 이것은 의지의 문제다. 자기 스스로 새로운 방식으로 글을 읽겠다고 결단을 하지 않으면 결코 느린 글 읽기는 달라질 수 없다.

한 번 스키핑 & 스캐닝을 했다면 동일한 글을 가지고 다시 해보자. 연속으로 훈련할 수 있다면 가장 좋고 그렇지 않다면 가급적 짧은 시간 안에 하는 게 좋다. 그것이 감각을 찾기 위한 훈련 방법이다. **최소한 책 한 권을 3번 정도 스키핑 & 스캐닝해보라.** 처음보다 시간이 많이 단축될 것이다. 반복은 모든 학습의 핵심이다. 길고 자세하게 설명했지만 '속도 뛰어넘기+스키핑&스캐닝'은 매우 단순한 훈련이다. 그러나 아무리 단순하고 쉬운 기술이라 할지라도 수 없는 반복을 한 후에야 진정한 체득을 할 수 있다. 반복 횟수가 결과적으로 성공의 질을 결정한다.

스키핑 & 스캐닝의 문제 해결 방법

스키핑 & 스캐닝을 하면서 왜 나는 잘 안 될까 하는 사람들은 공통으로 이런 혼돈에 빠져있는 경우가 많다.

첫째, 묵독하지 말라고 했는데 왜 나는 자꾸 묵독하게 되는가?

둘째, 묵독하지 않으면 내용이 이해가 되지 않고 시선만 내려가는 것 같은 느낌이 든다.

즉, 속도 뛰어넘기를 하고 나면 눈은 빨라지는데 그 감각을 가지고 스키핑 & 스캐닝을 하게 되면 또다시 묵독하게 되거나 아니면 내용을 이해하지 못하는 상황에 빠지는 것이다. 다음의 두 가지 해법을 마음에 담기 바란다.

[해법 1] 땅에서 걷지 말고 공중을 날아라

우선 묵독을 하지 않으면서 스키핑&스캐닝 하는 것이 잘 안된다는 문제에 대한 해결 방법이다. 이 경우는 **속도 뛰어넘기를 게을리한 경우가 대부분**이다. 두뇌의 순간 정보 처리 감각이 아직 덜 훈련되었기 때문이다. 그러므로 우선 속도 뛰어넘기 훈련을 충실히 할 것을 말하고 싶다.

그런데 속도 뛰어넘기 훈련을 충분히 했음에도 불구하고 정작 스키핑 & 스캐닝 단계에 들어와 과거의 글 읽기 습관처럼 묵독한다면 이는 근본적으로 '**자기 두뇌를 신뢰하지 못하기 때문**'이다. 빠른 속도로 훑어 내려가게 되면 글의 내용을 잡아내지 못할 것이라는 두려움에 빠져 속도를 내지 못하는 것이다. 이것은 처음부터 한 번에 모두 이해하고 넘어가야 한다는 오래된 고정관념과 습관이 자신의 마음 깊은 곳에 그대로 머물러 있기 때문이다.

예를 들어보자. 당신은 비행기를 조종해야 한다. 걱정 말고 하늘을 날아도 된다. 처음부터 너무 높이, 너무 빠르게 날아갈 필요는 없다. 적당한 높이와 속도로 하늘을 날면서 땅의 전체 모습을 훑어본다는 느낌처럼 글을 보면 된다. 속도 뛰어넘기는 엄청난 속도로 하늘을 날아가는 훈련을 하는 것이다. 이 과정에서 속도에 대한 공포심을 버리고 어지간한 속도는 아무런 두려움 없이 비행할 수 있는 감각을 터득한다. 최신형 전투기를 타고 음속의 몇 배 속도로 비행 훈련을 했다고 생각하면 된다. 전투기는 음속을 날아가면서(속도 뛰어넘기를 하면서) 땅의 세세한 지형(글의 내용)을 자세히 살피지는 않는다. 대략의 지형만 이해할 수 있다.

그러나 실제로 글을 이해하며 읽어야 하는 스키핑 & 스캐닝은 초음속 전투기에서 경비행기로 갈아타고 낮은 고도로 그리 빠르지 않은 속도로 땅을 관찰하는 것과 마찬가지다. 주요 건물이나 중요한 지형지물을 눈여겨보면서 전체의 내용을 정확하게 파악하는 것이다.

이 비유가 이해되는가? 당신의 문제는 초음속 전투기 비행 연습 후 경비행기를 타지 않고 과거처럼 또다시 땅을 걸으면서 넓은 땅을 깨알 찾듯 파악하려는 것과 다르지 않다.

거듭 강조하지만, 그것은 오래된 습관, 고정관념 그리고 **자기 자**

신에 대한 신뢰 부족 때문이다. 걱정하지 마라. 경비행기 속도라면 땅에서 걷거나 뛰는 것보다 훨씬 빠르고 지형지물을 파악하는 데 아무런 문제가 없다. 당신의 자신감 부족이 문제일 뿐이다. 경비행기 속도로 즐기듯이 글의 주요 지형지물을 파악하면 된다. 세세한 부분까지 한 번에 다 파악해야 한다는 강박관념을 버려라. 왜냐하면 한 번 돌아본 곳을 또다시 여러 번에 걸쳐 반복해서 비행할 것이기 때문이다. 반복해서 비행하다 보면 처음에는 보지 못했던 세세한 부분까지 눈에 들어오게 된다. 반복 읽기를 통해 이해의 폭과 깊이를 확장하는 것이다. 그것이 포커스 리딩에서 제시하는 효과적인 글 읽기다.

[해법 2] 지도를 생각하며 본문을 읽어라

두 번째로 가장 많이 하는 질문은 "묵독하지 않거나 최소화해서 빠르게 보기는 하는데 내용 파악은 힘들다."라는 문제다. 이것 역시 훈련이 아직 충분치 못한 초기 단계에 많이 하는 질문이다. 이 문제는 순서를 무시하기 때문에 생기는 것이다. 순서가 무엇인가? 다음의 그림을 보자.

앞의 2단계에서 속도 뛰어넘기를 하기 전에 전체 파악하기가 무엇인지 그리고 왜 하는지에 대해 설명했다. 제목, 목차, 머리말 등을

통해 글 전체의 주제와 구조를 파악하는 것이 글 읽기의 출발이라고 설명했다. '전체 파악하기'는 여행을 떠나기 전에 지도를 보는 것과 같다. 목적지와 경로를 한눈에 볼 수 있는 것이 전체 파악하기다. 목차와 머리말에 글의 핵심 주제와 구조, 흐름, 주요 메시지가 체계적으로 정리되어 있다. 여행하는 도중에 지도를 수시로 꺼내 보듯이 본문을 읽으면서 목차와 머리말을 다시 보며 주제와 흐름을 놓치지 말아야 한다.

운전할 때 이정표milepost를 보며 운전을 하듯이, 글을 읽을 때도 글 속에 있는 작은 제목들을 생각해야 한다. 글의 본문 안에 있는 크고 작은 제목들은 이정표와 같은 것이다. 제목의 중요성은 아무리 강조해도 지나치지 않다. 모든 글은 대제목과 중제목이 있고 그 아래 더 작은 소제목이 있다. 이것들이 바로 내용을 빠르게 이해할 수 있는 열쇠이다. 그래서 본문을 읽되 머릿속에서는 소제목을 기억하는 것이 중요한 것이다. 그렇지 않으면 본문의 잡다한 사례와 설명 속에서 길을 잃고 만다. 대·중·소 제목들을 통해 지금 읽고 있는 내용이 무엇인지 어렵지 않게 알 수 있다. 그것을 기억하면서 본문을 스키핑 & 스캐닝하라는 것이다. 쉽게 말하면 목차와 머리말에서 파악한 주제, 중요내용을 생각하면서 글을 읽어야 한다는 것이다. 생각하면서 읽는 노력이 필요하다. 이것은 누구나 알고는 있지만 정작 본문을 읽을 때는 그런 것에 대한 개념을 잊는 경우가 많다는 게 문제다.

모든 글 읽기에 '속도 뛰어넘기'와 '스키핑 & 스캐닝'을 적용할 수 있을까?

거의 대부분의 사람이 궁금하게 생각하는 질문이다. 예컨대 경제, 경영, 자기계발 등의 분야 외에 시, 소설, 수필 등의 문학 그리고 철학, 종교 서적 등까지 모두 적용할 수 있느냐 하는 질문이다. 결론부터 말하자면 "아니오."이다.

- 포커스 리딩의 속도 뛰어넘기와 스키핑 & 스캐닝은 상황에 맞춰 적용해야 한다.

속도 뛰어넘기와 스키핑 & 스캐닝을 하기에 알맞은 글을 분류하면 다음과 같다.

- 적용하기 좋은 분야 : 경제, 경영, 자기계발 분야 등 실용 장르
- 적용하기 곤란한 분야 : 시, 수필, 철학, 종교 등

(글 읽기 교육의 선구자인 M. J. 애들러 역시 《글 읽기의 기술》에서 문학 분야와 실용 서적의 글 읽기 방식이 어떻게 다른지 설명하고 있다. 자세한 내용은 그 글을 참고하기 바란다.)

조금만 생각해보면 쉽게 이유를 알 수 있다. 시나 수필, 철학, 종교 서적을 빠른 속도로 읽을 필요가 있을까? 그리고 그것이 가능할까? 물론 철학이나 종교 서적 등도 어떤 형식으로 되어있느냐에 따라 다르기는 하다. 그러나 시, 수필, 성경을 스키핑 & 스캐닝 방법으로 읽는다는 것은 완전한 난센스라고 할 수 있다. 이런 종류의 글은 단어나 문장 하나에도 매우 깊은 의미를 담고 있다. 그리고 이해하기 힘든 은유적인metaphorical 표현 또한 많다. 한 문장 한 구절을 천천히 깊이 생각하며 읽어야 제대로 이해할 수 있다. 마치 소가 되새김질rumination하듯이 음미할 때 그 맛을 느끼고 의미를 이해할 수 있다. 그리고 이런 글들을 매우 빠른 속도로 읽어내는 것은 아무런 의미도 없다. 그런 이유로 위에서 언급한 분야의 글들은 포커스 리딩의 일부분인 스키핑 & 스캐닝을 적용할 수 없는 것이다. 물론 종교, 철학, 문학 분야라 할지라도 해설서 등은 글의 성격에 따라 충분히 가능할 수도 있다. 스스로 판단할 수 있을 것이다.

사실 포커스 리딩 5단계에서 가장 중요한 단계는 2, 3단계가 아니라 5단계 '질문하기'다. 그것은 뒤에서 설명하겠지만, 결국은 2, 3, 4단계는 최종적으로 5단계 '질문하기'를 위한 과정임을 알아야 한다. 핵심과 본질에 대한 깊은 사유와 질문을 함으로써 근본적인 글 읽기의 목적으로 나아가는 것이 중요하기 때문이다. 그런 측면에서 생각한다면 포커스 리딩에서 말하는 본질적인 글 읽기 철학과 원칙은 모든 글에 적용되어야 마땅하다.

이 글 1부에서는 글과 삶에 대한 근본적인 관점과 올바른 접근 태도에 대해 말하고자 노력했다. 이것은 모든 글 읽기의 공통 원칙이기 때문이다. 특히 인문학 분야의 글 읽기는 이런 측면에서 접근해야 한다. 매우 중요하고 어려운 문제이기에 그러한 원칙 중심의 설명이 꼭 필요하다고 판단했다.

포커스 리딩 5단계는 다음과 같이 구성되어 있다.

- 1단계_마인드셋Mindset
- 2단계_속도 뛰어넘기Speeding up
- 3단계_스키핑 & 스캐닝Skipping & Scanning
- 4단계_핵심단어 뽑아내기Selecting Core Words
- 5단계_질문하기Communication

이 글 2부의 내용 중에서 지금 설명하고 있는 2, 3단계는 특히 실용 분야의 글 읽기 방법론에 초점을 맞춰서 설명하였다. 이것은 자신이 어떻게 응용하느냐에 따라 굉장히 유용한 기술이다. 두뇌의 메커니즘을 이해하고, 단순하면서 빠르고 정확한 글 읽기 기술을 상세하게 안내하고자 노력했다.
그리고 4, 5단계는 1부에서 설명하는 모든 글 읽기의 공통 원칙과 관점에 맞춰 설명한다. 포커스 리딩을 자신의 글 읽기 목적에 따라 지혜롭게 활용하기 바란다.

8장

4단계_
핵심단어 뽑아내기

전쟁에서 성공은 전쟁의 황금률을 얼마나 잘 실천했느냐에 달려 있다.
황금률이란 '속도-단순함-과감함'이다.
-조지 패튼-

Selecting Corewords

질은 언제나 양을 이긴다

어떤 사람은 하루에 잠자고 먹는 시간 외의 대부분을 노동에 바치는 데도 가난을 면치 못하고, 어떤 사람은 매우 적은 시간만 일하는데도 많은 것을 누리며 산다. 그 차이는 어디에서 오는 걸까? 차이는 바로 '**가치 창출 능력**'에서 비롯된다. 얼마나 많은 시간을 일했는가, 혹은 얼마나 열심히 노력했는가는 가치 평가의 기준이 아니다. 성공하는 사람들의 공통점은 시간과 노력의 기준을 양이 아닌 "가치 창출에 얼마나 기여했는가?"에 집중한다는 점이다.

'**핵심 중심적 사고**' 혹은 '**가치 중심적 사고**'는 글을 읽을 때 글 속에서 가장 가치가 높은 것이 무엇인지에 집중한다. 무엇이 중요한 것인지, 글의 핵심이 무엇인지, 그 노하우를 내가 어떻게 활용할 수 있는지 생각하며 글을 읽는다는 것이다. 만일 이런 생각을 하지 않고 글을 읽는다면 그것은 단지 시간 낭비일 뿐이다.

글 속에 있는 내용이 모두 중요한 것은 아니다. 어떤 것들은 없어도 전혀 상관없는 반면, 소수의 어떤 내용은 글에서 아주 중요한 의미를 담고 있기도 하다. 글의 모든 내용을 공평하게 취급하는 것은 아주 어리석은 글 읽기다. 글 읽기를 하면서 핵심을 뽑아내지 못하면 실패한 글 읽기가 된다. 글을 읽고 나서 무엇을 읽었는지, 자신에게 무엇을 어떻게 활용할 것인지를 판단할 수 있는 잣대가 바로 '핵심단어'다. 핵심 중심적 사고는 이런 중요단어들을 중심으로 전체 내용을 이해하는 것이다. 다른 모든 단어는 그 핵심적인 단어들을 도와줄 뿐이다. 프랑스의 철학자이자 수학자인 데카르트는 이렇게 말했다.

"훌륭한 지식만으로는 충분하지 않다. 중요한 것은 그것을 잘 활용하는 것이다."

이것이 바로 글 읽기의 목적이다. 글 읽기는 과정이고 수단이며 방법일 뿐이다. 궁극적인 목적은 글에서 얻은 지식과 노하우를 잘 활용하는 것이다. 결과가 없는 글 읽기는 그야말로 공허하다. 제대로 활용하지도 못하는 지식 습득은 아무 의미 없다. 체계적이고 입체적이지 못한 단편적인 지식만 산발적으로 기억하는 것은 학습효과가 거의 없다고 봐야 한다.

우리 두뇌는 복잡하고 모호한 것을 싫어한다. 두뇌는 성능이 매우 뛰어난 내비게이션이다. 정확한 지점을 정하기만 하면 그 목적지까지 우리를 데려다준다. 목표를 정확히 설정하고 나면 그에 대한 다양한 정보를 제공하는 자동 기능을 가지고 있다. 핵심은 마치 레이저와 같아서 모든 힘을 한 방향으로 모아주고, 그 방향으로 나아가게 한다. **우리 두뇌는 단순 명확하게 정리되어 있을 때 기능을 제대로 발휘한다.**

글 읽기 역시 핵심을 놓치고 필요 없는 정보에 집착하게 되면 실패한다. 단순하고 명료한 것을 좋아하는 우리 두뇌는 쓸모없다고 판단되는 산발적인 정보는 좋아하지 않는다. 그리고 이런 정보는 설사 기억하고 있다 해도 가치 있는 재료가 되기 어렵다.

성공을 좌우하는 핵심 요소를 '핫버튼hot-button'이라고 한다. 글의 내용이 아무리 많아도 핫버튼 위주로 정리할 줄 알아야 진짜 글을 잘 읽는 것이다. 한 권의 책에서, 단 한 줄의 글 속에서 핵심을 뽑아내려 노력하고, 그것을 어떻게 극대화된 가치로 가공할 수 있을지를 생각하는 것이 핫버튼을 잡아내는 수준 높은 글 읽기다.

단순함의 힘

축구는 가장 보편적인 스포츠다. 문화의 차이를 넘어 지구의 모든 사람에게 축구만큼 높은 공통 관심사는 거의 없다고 해도 과언이 아니다. 국제축구연맹FIFA이 유엔보다 더 많은 가입국을 가진 세계 최대의 국제조직이 된 것, 그리고 거기에서 주최하는 각종 축구대회가 지구촌 최대의 이벤트가 된 것은 바로 이것을 뒷받침한다. 올림픽만 해도 동계 8개, 하계 32개 총 40개의 정식 종목 경기에 총 432개의 금메달이 걸려 있다. 이렇게 다양한 종목으로 색다른 장면을 보여주는 올림픽은 축구라는 단일 종목에 불과한 월드컵의 인기에는 미치지 못한다.

수많은 스포츠 가운데서 축구가 가장 인기 있고 많은 사람이 좋아하는 스포츠가 된 이유는 무엇일까? 월드컵이나 유럽의 챔피언스리그를 보기 위해 수많은 사람이 밤잠을 설치는 매력은 어디에 있는가? 그것은 바로 '단순함'이다. 축구는 단순한 룰과 아슬아슬한 폭력성이 더해져 있다. 또한 구기 종목 가운데 장비와 기본규칙이 가장 적다. 어려운 룰이라고는 오프사이드 정도다. 따라서 누구든지 쉽게 경기를 볼 수 있고, 어디서나 공 하나만 있으면 판을 벌일 수 있다. 아프리카 초원에서도, 남미의 어느 바닷가 모래밭에서도, 빈민가의 뒷골목에서도, 추운 지방 눈 위에서도 공 하나만 있으면 축구는 가능하다. 세계에서 가장 폐쇄된 집단인 북한이나 아프리카의 독재국가에서도 축구를 한다. 축구가 전 세계적으로 가장 많이 보급될 수 있었던 것은 전적으로 단순함 때문이다.

단순할수록 힘이 세진다. 실천하기도 성공하기도 쉽다. 마케팅을 예로 들어보자. 마케팅 역시 단순한 콘셉트로 전략을 짜야 제대로 된 전술을 구사할 수 있다. 고객은 복잡한 것을 싫어한다. 최대한 단순한 메시지가 설득력이 있다. 그래서 초일류기업들의 마케팅 메시지는 언제나 단순하고 짧고 핵심을 찌른다.

1960년대 초 미국의 신문에 다음 그림과 같은 전면 광고가 실렸다. 큰 여백 가운데 아주 작은 자동차 사진과 한구석에 "Thing

Small!"이라는 카피가 실린 희한한 광고였다. 이는 폭스바겐이 '비틀'이라는 자동차로 미국 시장을 공략할 때 내세운 마케팅 전략이었다. 그 당시 대형차 위주로 형성되어 있던 미국에서 이것은 매우 신선하게 고객들에게 어필했고 대성공을 거두었다. 전 세계 스포츠 용품 시장의 절대 강자인 나이키의 메시지 역시 간단하다. "Just Do It!"이라는 이 메시지 외에는 다른 말이 없다. 가격이 어떻고, 기능이 어떻고, 소재는 무엇으로 만들어졌으며, 엔진은…. 이런 말들은 다 필요 없다. 짧고 단순한 단 한 마디의 핵심 메시지면 고객과 소통하는 데 전혀 부족함이 없다. **단순할수록 오류가 적어지고 영향력은 커진다.**

엘리베이터 피치Elevator Pitch라는 말이 있다. 당신이 설득해야 할 사람과 1층에서 엘리베이터를 함께 탔다고 가정하고 문이 열리기 전까지 대략 30~45초 동안 말하는 것이다. 이 짧은 시간 동안 자신에 대해서, 사업 계획에 대해서 듣는 이가 관심을 두게 하고, 나아가 더 세부적인 사항들에 궁금증을 유발하도록 말하는 건 분명 쉽지 않다. 이때 상대를 설득하기 위해서 듣는 사람의 호기심과 탄성을 자아낼 수 있도록 명쾌하게 설명해야 한다. 설명이 명쾌해지려면 불필요한 걸 모두 쳐내고 최대한 짧게 말하는 것이 좋다. 잡다한 것들을 버려야만 즉각적인 효력을 낼 수 있기 때문이다. 바로 단순함이 그 비결인 셈이다.

- BMW - 드라이빙
- 볼보 - 안전
- 폭스바겐 - 실용성
- 월마트 - Everyday low price
- 구글 - 검색
- 애플 - Think Different
- GE - 1등
- IBM - Solution
- 칭기즈칸 - 속도, 이동
- 간디 - 비폭력 저항
- 오바마 - Change
- 처칠 - Never give up
- 베네통 - Color
- 3M - 상상력, 도전

짧고 단순한 메시지는 강력한 힘을 가지고 있다. 핵심 키워드 중심으로 요약을 해놓으면 언제든 관련 정보들을 활용할 수 있다. 책을 읽을 때 역시 서문과 목차를 읽고 머릿속으로 저자의 메시지를 핵심단어 중심으로 요약하면 아무리 빠른 속도로 글을 읽는다고 하더라도 전체적으로 내용을 이해하는 데 큰 어려움이 없다. **복잡한**

내용이나 상황을 단순화하는 힘, 그것이 높은 수준의 글 읽기에서 요구하는 능력이다.

자기만의 필터를 가져라

토론하거나 연설을 듣는다고 하자. 나중에 함께 참석한 사람들에게 이야기를 들어보면 해석이 제각각인 경우가 많다. 두 사람이 대화를 나눈 뒤에 각자 나중에 다른 곳에서 말하는 것을 봐도 그런 상황이 종종 있다. 이것은 글을 읽고 난 후에도 마찬가지다. 받아들이는 것이 서로 다른 이유는 무엇 때문일까? 개인마다 판단기준, 가치관, 경험 등이 다르기 때문이다.

사람들은 집단적 사고의 함정에 쉽게 빠지는 경우가 많다. 우리는 유행이나 트렌드가 대중의 사고를 한쪽으로 유도하는 경우를 종종 볼 수 있다. 이런 집단적 사고에 휩쓸리다 보면 자신만의 관점을 잃기도 한다. 자신만의 관점, 즉 주관을 잃으면 저자의 주장을 무조건 추종하게 되고, 상황에 따라 집단으로 왜곡된 사고를 할 수도 있다.

글을 읽을 때 메시지에 반드시 동의할 필요는 없다. 저자는 한 개인으로서 자기의 생각을 바탕으로 글을 쓰는 것이다. 그것을 자기 자신에게 맞게 해석하고 활용하는 것은 독자의 몫이다. 글은 다양하게 읽으면서도 자신만의 관점을 유지하는 것이 중요하다. 그리고 핵심단어 역시 철저히 자신의 관점에서 걸러내야 한다. 바로 이것이 주관적이고 독립적인 글 읽기다.

포커스 리딩 4단계 '핵심단어 뽑아내기'에서는 자기 자신의 관점을 어떻게 뽑아내고 정리할 것인가를 설명한다. 남들의 주장이나 생각에 반드시 동의할 필요는 없다. 자기 주도적 사고가 없는 글 읽기는 남들이 읽고 요약 정리해놓은 것을 보는 것과 다를 바 없다.

먼저 생각해보자. 단어를 기억하는 것과 문장을 기억하는 것 중 어느 것이 더 오래 기억되고 활용하기 편한가? 당연히 단어다. 하나의 문장은 핵심단어와 그 외 부속어들로 구성되어 있다. 우리가 기억해야 할 것은 핵심단어다. 부속어들은 핵심단어를 위한 도우미에 불과하다. 그러므로 글을 빨리 읽으면서 정확하게 내용을 파악하기 위해서는 핵심단어를 뽑아내야 한다. 결국, 핵심 중심적 사고는 글을 읽을 때도 필요하지만 읽고 나서 정리할 때도 아주 중요한 개념이다.

3의 법칙 활용하기

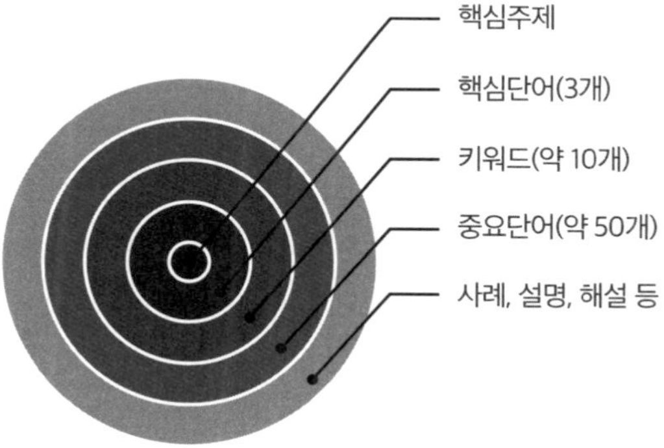

글을 쓰는 저자들은 비슷한 과정을 거치게 된다. 위의 그림을 참고로 글을 쓰는 과정을 설명하면 다음과 같다. 처음에는 주제를 정하게 된다. 주제를 정하고 나면 그 주제와 연관된 핵심단어들이 있다. 핵심단어는 핵심 주제를 가장 명확하게 받쳐주는 단어다. 글에서 저자가 가장 많이 사용하는 단어가 바로 핵심단어인 것이다. 핵심단어는 많을 수도 없고 많아서도 안 된다. 한 편의 글에서 3개의 핵심단어를 뽑아내는 것이 기억하기도 좋고 체계적으로 정리하기도 좋다. 3의 법칙은 두뇌가 가장 좋아하는 숫자다. 가장 단순하기 때문이다. 핵심단어를 조합하면 하나의 문장이 되는데 그것이 바로 핵심 주제다. 포커스 리딩을 정의하면 다음과 같다.

"빠른 속도로 읽고, 핵심을 정확하게 뽑아내서, 목적에 활용하는 글 읽기!"

이것이 주제이고 핵심단어는 '속도, 핵심, 활용' 3개다. 이 3개의 단어와 한 문장의 주제를 설명하기 위해 쓴 것이 바로 이 책이다. 어떤 책이든, 보고서든, 신문기사든 거기서 핵심단어를 정확하게 뽑아내는 것은 글 전체 내용을 정확하게 이해하기 위한 필수조건이다.

세계적인 미래학자 앨빈 토플러의 《부의 미래》를 읽어보았는가? 이 책은 아주 두껍고, 내용이 굉장히 방대하다. 무려 600페이지가 넘는다. 읽다가 도대체 무슨 내용을 말하려는 건지 주제 파악 자체가 어려워 포기하기 쉽다. 그런데 이 글을 아주 쉽게 이해하는 방법이 있다. 그것은 목차와 머리말을 자세히 보는 것이다. 《부의 미래》는 다음과 같은 관점으로 접근하면 별로 어렵지 않다는 것을 깨닫게 된다.

첫째, '부'의 정의

둘째, '부'를 만드는 세 가지 요소

《부의 미래》를 이해하려면 당연히 저자가 생각하는 '부'의 정의부터 정확하게 이해해야 한다. 이 책은 미래에 무엇이 '부'를 만드는가를 설명하고 있다. 앨빈 토플러는 이 책에서 부에 대해 '인간의 욕망을 채우는 것'이라고 정의했다. 그리고 부를 만드는 세 가지 요소를 '시간', '공간', '지식'이라고 말하면서 각각의 개념에 대해 개인, 학교, 정부, 기업, NGO 등 아주 다양한 관점에서 설명하고 있다. 부의 정의와 세 가지 요소를 아주 다양한 대상들에게 수많은 예시와 증거들을 설명한 것이다. 이렇게 정리하고 책을 보면 아주 쉽게 이해하면서 빠르게 '골라 읽기'를 할 수 있게 된다. 어떻게 글을 봐야 하고 정리해야 하는지 이해할 수 있을 것이다.

핵심단어는 다수의 키워드를 거느리게 된다. 키워드란 핵심단어와 비슷하거나 연관된 의미를 가지는 경우가 많은데, 때로는 핵심단어와 연관된 설명에서 빠질 수 없는 단어가 키워드가 된다. 필자의 경우는 글을 쓰기 전에 키워드를 먼저 수집한다. 핵심단어와 직간접적으로 연상할 수 있는 단어들을 모으고, 그중에서 키워드들을 다수 추려내는 것이다. **키워드는 글의 흐름을 유지하고 내용의 일관성을 잃지 않도록 해준다.**

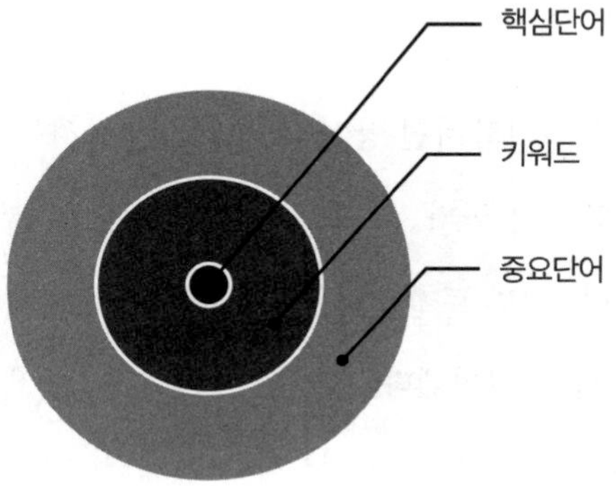

앞의 과정에서 수집한 단어 중 키워드를 추려내고 난 나머지 단어들은 글을 쓰는 데 양념이 된다. 설명하거나 사례를 들거나 비유를 하는 데 다양하게 활용되는 것이다. 그 단어들을 사용하여 일관성 있는 글을 쓰게 되면 핵심을 벗어나지 않게 된다. 이것이 바로 글쓰기 혹은 요약의 비결이다.

글 읽기는 글쓰기다

글을 읽는 과정은 글쓰기의 순서와 같다. 글을 읽는 것은 자신의 두뇌에 글을 쓰는 것이다.

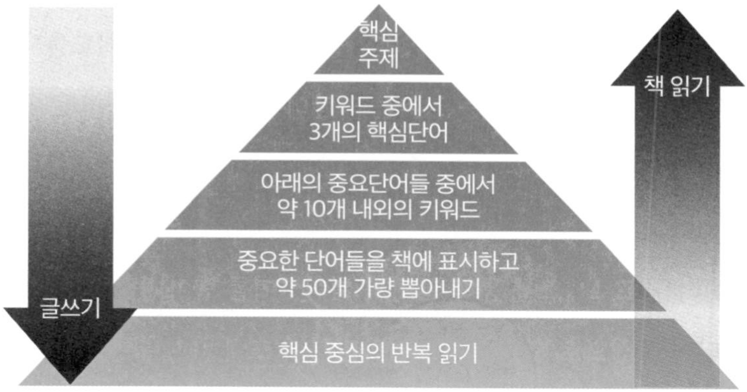

먼저, 글 전체를 빠르게 읽으면서 핵심 주제를 이해한다. 여기에서 '빠르게 읽는 것'이 바로 3단계의 '스키핑 & 스캐닝'이다. 앞에서 설명한 것이지만, 스키핑 & 스캐닝은 중요단어나 문장 중심으로 빠르게 핵심을 이해하는 것이다.

그리고 핵심주제를 이끌어가는 중요한 단어들을 추려내라. 스키핑 & 스캐닝 방식으로 한 번 읽고 이해한 글을 빠르게 다시 반복 읽기를 하면서 중요단어에 밑줄이나 체크 표시를 한다. 너무 많이 표시할 필요는 없다. 반복되는 단어는 생략하고 중요하다고 판단되는 단어에 표시하면 되는 것이다. 중요단어 중에서 주제와 특히 연관된 단어들을 추려낸다. 그것이 키워드다. 키워드 중에서 핵심단어를 3개 뽑아낸다. 핵심단어는 글 전체에서 계속 반복되는 것으로 저자가 가장 많이 사용하는 단어이다. 그 핵심단어로 문장을 만들면 글의 핵심 주제를 도출할 수 있다. 물론 이 과정을 통해 도출되는 키워드, 핵심단어, 주제 등은 읽는 사람의 관점에 따라 얼마든지 다를 수 있다.

이러한 프로세스를 통해 글에서 핵심단어를 뽑아내면 글의 내용을 단어 중심으로 오랫동안 기억하면서 용도에 따라 활용하기에 좋다. 이러한 프로세스가 처음에는 약간 번거롭다고 생각할 수 있지만 한번 해보면 생각보다 그리 어렵지 않고, 글의 내용을 정확하게 이해하는 데 매우 좋은 방식이란 것을 경험하게 된다. 포커스 리딩에서 제안하는 'One Page 요약 노트' 프로세스는 이런 과정을 통해 글을 정리하고 요약하는 것이다. 자세한 설명과 훈련은 뒤에서 자세히 할 것이다.

3의 법칙을 활용하라

이제 3의 법칙을 활용해서 핵심단어 뽑아내기를 해보자. 우리가 글을 보면서 일단 중요하게 여겨야 할 것은 저자의 관점이다. 저자의 생각을 왜곡하지 않고 정확하게 이해하는 것은 매우 중요하다. 그런 다음 나의 관점에서 새롭게 재해석을 하는 것이다. 저자의 생각을 바탕으로 나의 관점을 더하는 것이 글 읽기를 통해 뭔가를 얻는 방법이다. 글의 핵심을 정확히 이해한 다음 가장 중요하다고 생각되는 내용을 뽑아서 나의 것으로 재가공하는 과정이 바로 진짜 공부이며 글 읽기인 것이다.

상황에 대한 주제를 파악했다면 그것을 한눈에 볼 수 있도록 펼쳐 놓아야 한다. 될 수 있으면 그림이나 도표 혹은 마인드맵 형태로 주제별로 묶어 시각화하는 것이 좋다. 이러한 방법은 머릿속에 뒤섞여 있던 상황을 단순하게 정리하고, 문제들이 가진 모순점이 무엇인지를 쉽게 이해할 수 있도록 돕는다. 미국 GE의 전 회장이자 금세기 최고의 전설적인 경영자라고 일컬어지는 잭 웰치는 이렇게 말한 바 있다.

> "나는 어떤 개념을 설명할 때 3개의 원을 사용해서 단순하고 명료하게 보여주는 방식을 좋아한다. 그림은 내 비전을 확산하고 실행하는 데 있어 가장 중요하고 단순한 개념 설명 도구다."

잭 웰치는 "1등이나 2등이 아니면 고쳐라, 매각하라, 아니면 폐쇄하라.”라는 혁명적인 방침을 내세웠다. 그러나 구체적으로 어떤 사업부를 살리고 구조조정을 할지 결정하는 것과, 전 사원이 그 결정을 이해할 수 있도록 주지시키는 것이 문제였다. 잭 웰치는 많은 사업 부문과 대화를 거듭하고 오랜 시간 생각한 끝에 누구나 한눈에 회사의 경영전략을 이해할 수 있는 도형을 생각해냈다. 그는 아내와 함께 레스토랑에서 식사하던 중 문득 비전을 실현하게 할 방법이 떠올라 냅킨에 펜으로 3개의 원을 그리고 GE의 각 사업 부문을 적용해 봤다고 한다.

첫 번째 원은 GE의 핵심인 제조사업 부문으로 주요 가전, 조명 등 GE가 가장 자신 있게 내세울 만한 전기 분야였다. 두 번째 원은 앞으로 높은 수익을 기대할 수 있는 의료기기와 신소재, 항공우주 부문 등 하이테크사업 부문이었다. 세 번째 원은 서비스업 부문으로 비교적 적은 투자로 높은 이익을 얻을 수 있는 분야였다. 다음의 그림이 당시 그가 직접 회사의 구조조정 원칙을 그린 도형이다.

이 3개의 원에 들어 있지 않은 사업은 “고쳐라, 매각하라, 아니면 폐쇄하라.”는 대상이 되었다. 그 사업들은 대부분 이익이 없거나 장기적으로 성장성이 낮고 회사의 전략과 큰 시너지가 없는 분야였다. 이는 매우 설득력 있는 도형이었으며, 잭 웰치의 경영전략을 모든

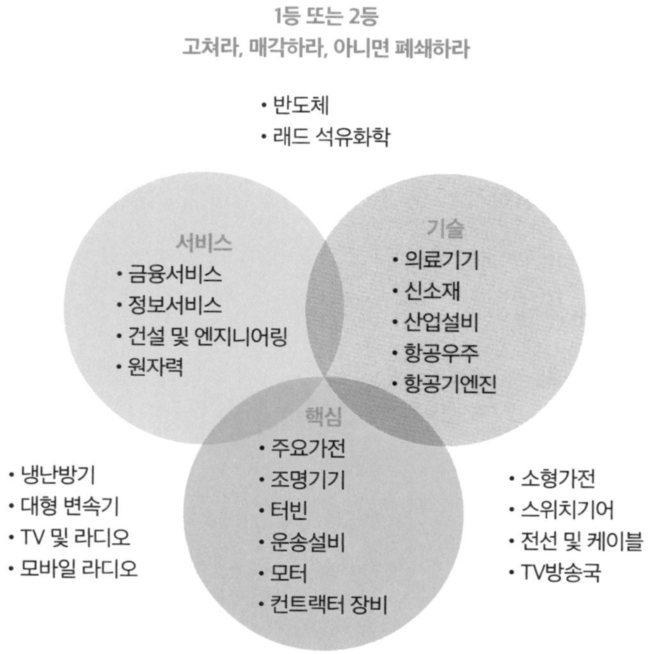

사원에게 정확하게 전달하고 실현하는 데 큰 도움이 되었다.

3의 법칙을 활용하는 것은 자연의 법칙을 활용하는 것이며, 가장 안정적인 숫자를 활용하는 것이다. 우리가 살아가는 세상에서 3의 법칙은 어떤 것이 있을까?

- 하늘, 땅, 사람
- 3위 일체(성부 성자 성령)

- 믿음, 소망, 사랑
- 몸, 마음, 영혼
- 과거, 현재, 미래
- 읽기, 쓰기, 말하기
- 세 가지 소원
- 가위, 바위, 보
- 3번의 기회
- 서론, 본론, 결론
- 삼국지
- 자동차 빅 3
- 테너 빅 3
- 금, 은, 동메달

이 외에도 3의 법칙이 적용되는 것은 무수히 많다. 3은 자연의 숫자이며 가장 안정적인 숫자이기 때문이다. 포커스 리딩에서 글의 핵심을 3개로 정리하는 것은 3의 법칙을 자연스럽게 적용하는 것이다.

앞에서 설명한 바와 같이 다음 과정에 따라 글을 정리해보자.

중요단어 찾기	글을 읽으면서 중요하다고 생각되는 단어나 문장에 표시한다. 평소 관심을 많이 가지고 있던 내용이나, 저자가 강조하는 것들 위주로 표시를 하게 될 것이다. 이미 잘 알고 있는 것보다는 새로운 내용에 집중하는 것이 좋다.
3개의 주제로 분류하기	표시한 내용을 3개의 주제로 분류하라. 저자가 말하려는 내용이 아무리 많다 하더라도 3개의 핵심 주제로 분류하는 것이 전체의 내용을 정리하고 기억하고 활용하기 좋다. 3개의 주제로 정리함으로써 산만한 지식과 정보들이 활용 가능한 상태로 두뇌에 입력된다.
1개의 결론으로 요약하기	3개의 주제는 서로 연관성을 가지게 마련이다. 3개 핵심 주제의 공통점이 바로 글에서 얻을 수 있는 나만의 결론이다.

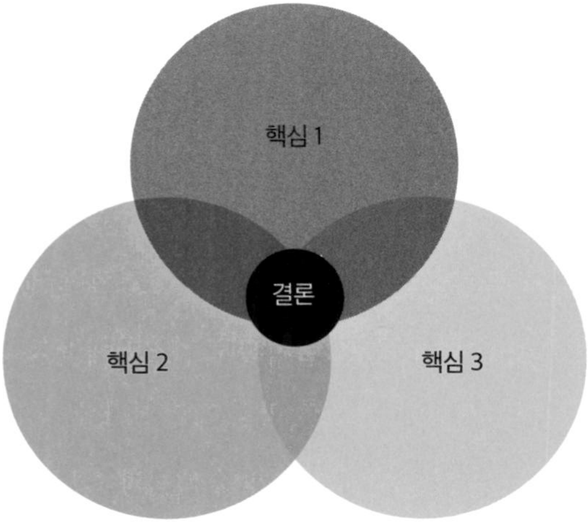

이 과정에서 3개의 주제로 분류하는 일은 3개의 핵심을 뽑아내는 것이다. 3의 법칙을 활용하여 핵심 위주로 정리하는 습관은 글을 읽을 때뿐만 아니라 대화를 할 때나 연설, 강의를 들을 때도 모든 정보를 쉽게 기억하게 한다. 또한, 그를 바탕으로 명료하게 주장하도록 돕고, 상대방의 논거에 대해 정확한 판단을 하게 한다.

이런 정리 과정을 거치지 않으면 시간이 지나면서 대부분 잊게 된다. 내용을 기억해내지 못하면 필요할 때 활용이 어렵다. 우리 두뇌는 세 가지 이상의 정보는 복잡하다고 판단한다. **정보는 3개로 정리해야 오래 기억하고 체계적인 저장과 출력이 쉬워진다.** 그러므로 자신의 관점에서 3개의 주제와 1개의 결론으로 정리하는 습관은 매우 중요하다.

일단 3개의 주요 주제로 정리하게 되면 부수적인 하위 정보들은 3개의 큰 틀과 연결 지을 수 있다. 그럼으로써 전체의 내용을 일목요연하게 이해하고 입력하는 과정을 거치는 것이다. 이것은 어려운 과정이 아니다. 단지 지금까지 그런 방식으로 정리를 하며 글을 읽지 않았기에 약간 낯선 것일 뿐이다. 3개의 핵심과 1개의 결론을 내리는 새로운 글 읽기 방식은 다음과 같은 장점을 가지고 있다.

- 오래 기억된다.
- 설득하기 좋은 구조다.
- 간단하고 명확해서 활용하기 좋다.
- 두뇌가 안정적으로 받아들인다.

이런 장점은 두뇌의 특성 때문에 나타난다. 우리 두뇌는 약 1만 km에 가까운 신경회로가 복잡하게 연결되어 있다. 그리고 두뇌는 초당 300억 비트를 처리하는 대단한 능력을 갖추고 있으며 아무리 어려운 문제도 충분히 해결할 수 있는 능력을 갖추고 있다. 그러나 체계가 없고 정리가 되지 않은 정보는 그 자체가 쓰레기일 뿐이다. 간단하게 3개로 정리된 정보는 두뇌의 창조적 사고를 돕는다. 이는 언제라도 출력이 가능한 상태로 대기하고 있으며 필요한 형태로 변형과 가공도 쉽다.

선천적으로 현명한 사람은 없다.
시간이 모든 것을 완성한다.
-세르반테스-

9장

5단계_ 질문하기

믿기지 않겠지만 인간이 지닌 최고의 탁월함은
자기 자신과 타인에게 질문하는 능력이다.
-소크라테스-

Communication

통찰력은
질문에서 나온다

포커스 리딩에서 가장 중요하게 생각하는 글 읽기의 진수眞髓는 '질문하기'다. 글 읽기의 수준은 질문의 수준에 따라 판단할 수 있다. 질문이 없다면 글 읽기는 공허한 행위다. 왜냐하면 글 읽기가 수박 겉핥기로 끝나기 때문이다.

사람들이 서로 소통하는 방법은 참으로 다양하다. 글, 말, 그림, 수학, 과학, 음악, 무용 등 모든 것이 결국 세상과 소통하기 위한 표현방식이다. 이런 모든 소통의 깊이와 폭을 확장해 주는 것은 무엇인가? 그것이 바로 질문이다. 질문이 없다면 소통은 불가능하다. 질문은 생각하게 만든다. 타성에 젖지 않고 자신이 구축해 놓은 낡은 프레임을 부수며, 늘 새로운 사고를 하게 해준다.

"중요한 것은 질문을 멈추지 않는 것이다."

-아인슈타인-

보지 못하는 것을 보고, 핵심과 본질을 잡아내는 것은 그 수준에 합당한 질문을 던지는 사람에게만 주어지는 선물이다. 무엇을 질문할 것인지 알지 못하면 어둠 속에서 길을 잃은 것이다. 우리가 항상 선택의 갈림길에서 고민할 때, 등대가 되어줄 수 있는 것이 바로 질문이다. 질문은 현명한 선택과 집중을 하게 만든다.

남들이 가지지 못한 차별화된 능력과 전문 지식은 질문에서 시작된다. 평범하게 보이지만 치명적인 함정에 빠지지 않고, 버려야 할 것을 변별하는 것도 역시 질문을 함으로써 가능해진다. 인간에게만 주어진 신의 선물이 바로 질문이고, 자유의지란 질문을 할 수 있다는 또 다른 표현이다. 삶을 현명하게 살아가는 것도 질문을 통해서만 실현될 수 있다. 최고 수준의 글 읽기를 원한다면 최고 수준의 질문을 던져야 한다.

"모든 인생 경험은 크거나 작거나 어떤 교훈을 준다. 질문은 교훈을 주기보다는 스스로 깨닫게 한다."

-칼리 피오리나-

질문을 던지면 그 질문이 힘을 갖게 된다. 통제력은 질문하는 사람이 갖는다. 질문을 던지는 것은 생각에 대한 통제력을 행사하는 것이고, 주도적인 사고를 할 수 있다. 우리가 항상 선택의 갈림길에서 고민할 때, 등대가 되어줄 수 있는 것이 바로 질문이다. 그래서 글 읽기에서 가장 중요한 것이 질문이다. 질문이 없는 글 읽기는 사고의 전환, 패러다임의 변화를 이끌 수 없다. 좋은 질문은 정답을 찾기 위한 마법의 열쇠다.

단숨에 한 단계 도약하는 비결은 무엇일까? 그것은 '질문'이다. 훌륭한 질문은 훌륭한 해답을 제시한다. 뭔가를 알고 싶다면 먼저 정확한 답을 이끌어낼 수 있는 질문을 생각해내야 한다. 막강한 파워로 세계를 움직이는 유대인들은 자녀에게 어릴 때부터 질문의 지혜를 가르친다. 그들은 "학교에 가서 무엇을 배웠니?"가 아니라 "학교에 가서 무엇을 질문했니?"라고 자녀들에게 묻는다. 질문의 내용과 질을 통해 학습의 내용과 수준을 판단할 수 있기 때문이다. 2천여 년 동안 세계를 떠돌아다니면서도 굳건한 생명력을 바탕으로 세계사를 좌지우지했던 그들의 힘은 어려서부터 체득한 '질문하기 정신'에서 비롯된 것이다. 항상 떠돌아다니며 핍박받고, 이유 없이 떼죽음을 당하기도 했지만 끝내 살아남아 세상의 패권자가 될 수 있었던 유대인 교육의 핵심에는 남다른 생각과 더 나은 삶을 위한 끊임없는 질문이 있었다. “왜?”, “무엇을?”, “어떻게?”라는 질문은 그들에게는 생존을 위한 화두였다.

질문하지 않는 학습은 원인 없는 결론만 남는다. 근본적인 원인에 대한 질문 없이 무작정 암기만을 강요하는 것은 교육으로서의 가치가 없다. 그리스의 철학자 소크라테스는 질문을 활용한 교육으로 유명했다. 지속해서 본질을 향한 질문을 던짐으로써 결국 답을 찾아내는 것이 그의 문답식 교육법이다. 글을 읽으면서 우리는 질문을 던져야 한다. 저자가 말하는 답에 대하여 자신만의 관점에서 질문하는 것이 좋다. 창의적인 해답을 얻고 싶다면 창의적인 질문을, 구체적인 답을 원한다면 구체적인 질문을 해야 한다.

질문은 요령이 아니라 전략적이어야 한다. 질문이 많을수록 정보의 새로운 결합 역시 다양해진다. 이는 물감의 수가 많을수록 더 많은 색을 만들 수 있는 것과 같다. 더 다양한 색깔, 남들이 발견하지 못한 색채를 만들어내는 것을 우리는 창의력이라고 부른다. 더 많이 읽고 쓰고 말하고 경험하면서 많은 정보를 머리에 입력하라. 그리고 그런 정보들이 독창적이고 쓸모 있는 지혜가 될 수 있는 질문을 하도록 노력해라. **비합리적이고 삐딱하고 돌발적인 질문을 찾아내라.** 뻔한 질문은 자신의 창조성을 무시하는 행위다.

질문은 통찰의 문이다

우리가 좋은 질문을 하지 못하는 이유는 무엇일까? 질문하는 것보다 받아들이는 것에 익숙해진 탓이다. 그리고 생각을 하지 않기 때문이다. 생각은 정신을 집중해야 한다. 생각은 관심과 관찰을 해야 한다. 쉬운 일이 아니다. 보통은 자신이 알고자 하는 것, 그리고 필요한 것에 관심을 두게 마련이다. 거기에서 한 걸음 더 나아가 제3자의 관점에서 다양하고 깊은 생각을 했을 때 질 높은 질문을 도출할 수 있다. 어떤 문제든 관심을 가지고 배우려는 자세로 접근해야 더 많은 정보를 얻을 수 있다. 당신이 관심을 가진 만큼 구체적이고 자세하게 질문하라. 그래야 더 구체적이고 자세한 해답을 얻을 수 있다.

'어떻게 해야 누구나 타고 다닐 수 있는 저렴하고 성능 좋은 자동차를 생산할 수 있을까?'라고 늘 고민하던 한 사람이 있었다. 머릿속에 늘 그 질문을 품고 다니던 그가 하루는 시어즈 백화점의 전신인 시어즈 통신판매 회사를 방문하게 되었다. 그곳에서 그는 고객들의 주문서를 자동으로 분류하는 기계를 보게 되었다. 그때 그는 눈이 번쩍 뜨일 만한 생각을 하게 된다. 단순한 주소별 분류 기계였지만 언제나 질문을 머릿속에 품고 있었던 그의 눈에는 그것이 곧 질문의 해답이었다. 그 기계에서 영감을 얻어 훗날 컨베이어 시스템을 도입, 자동차 대량 생산 시스템을 완성한 그가 바로 자동차 왕으로 불리는 헨리 포드다.

현재 어려움을 해결하지 못하고 있거나, 해결해 나갈 방향을 잃었다면 적극적인 질문이 필요한 순간이다. 지금부터 질문하는 습관을 훈련하라. 질문하지 못하는 것은 질문하는 습관을 익히지 않았기 때문이다. 좋은 질문을 끌어내려면 시간과 노력을 투자해야 한다. 질문은 저절로 만들어지지 않는다.

질문이 뭐죠?

어떤 부자가 나이가 들어 죽게 되었다. 그 부자는 가난한 집에서 태어나 고아로 자라면서 빈손으로 사업을 시작했지만, 노력해서 돈도 많이 벌었고 사회적으로 좋은 평판도 얻었다. 자식도 여럿 두었고 그들 역시 훌륭하게 성장했다. 남부러울 것 없이 살던 그 사람이 죽게 되었다는 소문이 나자 많은 사람이 병문안하러 찾아왔다. 그들 중 한 사람이 부자에게 물었다.

"선생님, 결론이 무엇입니까?"

이 말은 세상에 남기고 싶은 인생의 교훈은 무엇인지 물은 것이다. 부자는 그 질문에 한참 동안 눈을 감고 말을 않고 깊이 생각하더니 겨우 한마디 했다.

"질문이 뭐였지?"

그리고 세상을 떠났다. 부자의 마지막 한마디 "질문이 뭐였지?"는 자기 자신에게 한 것이었다. 부자는 지금까지 살아오면서 한 번도 궁극적인 삶의 목적을 생각해볼 필요가 없었다. 그래서 "결론이 무엇입니까?"라는 말에 관한 생각을 한 번도 제대로 해보지 않았다. 그저 열심히 일해서 돈 많이 벌고 사람들에게 좋은 평판을 얻고 자식 낳고 살아왔을 뿐이었다. 그리고 나이가 들어 죽을 때가 된 것이다. 부자는 그제야 생각을 하게 되었다. 내가 무엇을 추구하고 살아야 하는지를 생각했어야 함을 그제야 깨달은 것이다. 그래서 그는 자기 자신에게 되물었다. 자기 자신의 삶에 궁극적인 질문이 무엇이었는가, 자신이 무엇을 추구하고 살았어야 했는가를 스스로 되물은 것이다. 그리고 "내 인생의 질문은 뭐였지?"라는 질문이 그제야 떠오른 것이다.

포커스 리딩의 마지막 단계인 질문하기는 글을 읽고 모르는 것을 묻는 것 이상의 수준 높은 '대화'를 의미한다. 글 속의 메시지와의 대화, 자기 자신과의 대화를 통해 글의 내용을 다양한 방향에서 생각함으로써 적극적으로 사고의 깊이를 확장하는 것이다. 우리는 포커스 리딩 1단계부터 4단계에 이르기까지 글의 내용을 빠르고 정확하게 이해-정리하는 과정을 거쳤다. 이것은 **질문을 준비하기 위한 경청傾聽의 과정**이었음을 눈치채야 한다. 잘 듣는다는 것과 잘 읽는다는 것은 같은 의미다. 앞에서 우리는 '읽는다'라는 것은 '내면에 감춰진 핵심과 본질을 파악하는 것'이라고 정의했다. '전체 파악하기-핵심 중심의 반복 읽기-핵심단어 뽑아내기'가 바로 경청의 과정이었음을 이제는 확실히 알아야 한다. 그렇다면 경청의 목적은 무엇인가? **그것은 바로 좋은 질문을 하기 위함이다.** 결국 글 읽기의 궁극적인 목표는 질문을 통해 글 속의 지식을 나의 지혜로 가공하기 위한 것이다. 이것이 질을 추구하는 글 읽기의 올바른 순서다. 포커스 리딩의 흐름과 구조가 이제는 한눈에 이해될 것이라고 믿는다.

하나의 질문이 로마제국을 만들었다

인류 역사상 가장 큰 제국을 건설했던 몽골의 유목민과 로마제국의 차이를 생각해보자. 최종적인 역사의 승자는 누구인가? 로마제국이다. 몽골제국은 로마제국보다 2배나 많은 땅을 정복했지만 잠시 반짝이고 역사에서 사라졌다. 하지만 로마제국은 지금까지 여전히 인류 문명에 막대한 영향력을 행사하고 있다. 로마제국은 여전히 현재진행형이다. 그 차이는 어디에서 온 것일까?

유목민들이 생존을 위해 항상 던지는 질문은 "어떻게 하면 물 가까이 갈 수 있을까?"였다. 그들에게 오아시스는 생존의 유일한 끈이기 때문에 위치를 아는 것이 최고의 정보였다. 그러나 로마로 상징되는 정착민들의 질문은 조금 달랐다. 그들은 "어떻게 하면 우리에게 물을 끌어올 수 있을까?"라는 질문이었다. 물이 있는 곳을 찾아가는 것이 아니라 자신들이 있는 곳으로 어떻게 물을 끌어올 것인지에 대해 고민했다. 물을 다스리는 노하우가 이들의 관심사였다. 로마 제국은 도시를 건설하면서 사람이 들어올 수 있는 길(로마 가도)과 물이 들어올 수 있는 길(대수로)을 만들었다.

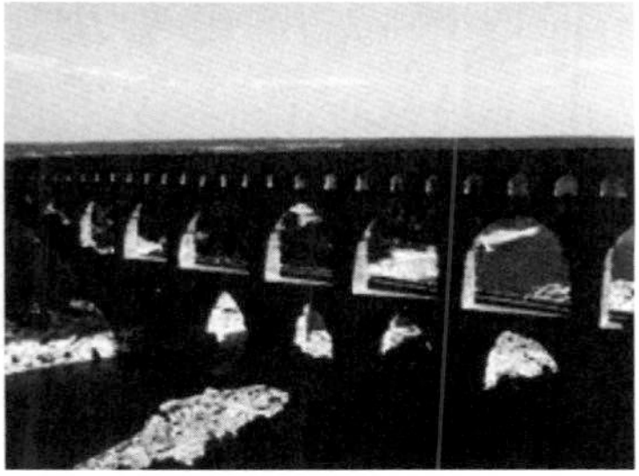

역사는 결국 물을 어떻게 바라보느냐 하는 관점의 차이에서 승부가 갈렸다. 물이 있는 곳을 찾아 헤매던 몽골은 지금도 여전히 그 생활에서 벗어나지 못하고 있다. 하지만 물을 자신들에게 끌어와 사용하는 것을 고민했던 로마는 문화와 문명을 이끄는 인류사의 주체가 되었다. 물은 사람, 돈, 지혜, 에너지 등 모든 것을 의미한다.

전자는 내가 추종자가 되지만 후자는 자기 스스로가 중심이자 핵심이 된다. "내가 이동할 것인가?"와 아니면 "나를 중심으로 모이게 할 것인가?"를 결정하는 순간부터 자신의 모든 인생 전략이 달라진다. 물을 찾아가는 것과 끌어오는 것은 바라보는 방향이 정반대다. 사고의 전환, 패러다임을 바꾸지 않으면 안 된다고 말한다. 어떻게 해야 사고를 전환할 수 있을까? 질문이 달라져야 한다. 질문에 따라 결과도 달라진다.

질문은 인간만이 누릴 수 있는 특권이며 신이 내린 선물이다. 지구상의 존재 중에서 질문을 던질 수 있는 것은 오직 인간밖에 없다. 사람은 모든 것에 관한 질문을 할 수 있다. 생각에는 한계나 금지구역이 없다. 우리가 얻는 해답은 오로지 질문을 통해서 모든 문제의 해법을 얻을 수 있다. 질문이 없다면 새로운 발견이나 답도 없다. 일단 무작정 질문을 해보라. 어떤 질문이라도 상관없다. 중요한 것은 질문하려는 의지다. 모든 질문에는 답이 있게 마련이다. 가치 있는 결과를 원하면 가치 있는 질문을 던져야 한다. 결과의 질은 질문의 질이 결정한다.

원인이 있어야 결과가 있듯이 질문이 있어야만 해답도 발견할 수 있다. 어떤 질문을 하든 그것은 과거에 누군가가 이미 했던 질문일 것이다. 그 질문에 대한 답을 찾기 위한 수많은 노력을 했던 사람들이 있다. 우리는 글 속에서 사람을 만나고 질문을 던지고 답을 얻을 수 있다.

만일 조선말의 척화파가 “나라를 개방해서 외국으로부터 배울 수 있는 것은 무엇인가?”라는 질문을 진지하게 했더라면 우리의 역사는 어떻게 되었을까? 뉴턴이 사과나무에서 사과가 떨어지는 것에 대해 ‘왜 그럴까?’라는 질문을 하지 않았더라면 만유인력의 법칙을 발견할 수 있었을까? 과거 인도인들이 ‘0의 개념’에 대해 질문을 하지 않았더라면 현재의 수학과 과학이 존재할 수 있었을까? 세종대왕이 우리만의 문자에 대해 질문과 고민을 하지 않았더라면 현재의 한글이 존재할 수 있었을까? 인간의 존재 의미에 관한 질문을 하지 않았더라면 종교와 철학이 만들어졌을까?

그 어떤 발전도 질문 없이 이루어지지 않는다. 지금 우리가 사용하고 있는 모든 것 역시 누군가의 질문으로 만들어진 결과다.

어떤 사람이 어디론가 부지런히 달려가고 있었다. 그것을 본 이웃 사람이 물었다.

“지금 어디로 그렇게 열심히 뛰어가고 있는 거요?”

“나도 잘 모르겠소. 다른 사람들도 지금 열심히 뛰고 있지 않소? 그러니 나도 열심히 뛰어야 할 거 같아서 이렇게 서둘러 가는 거요. 아마 당신도 뛰어야 하지 않을까 싶소.”

그 말을 들은 이웃 사람도 정말 그런가 싶어 같이 뛰기 시작했다. 한참 같이 뛰다 이웃 사람이 조심스럽게 또 물었다.

"그런데 우리는 지금 어디로 가는 건가요?"

먼저 뛰던 사람이 화를 내며 말했다.

"이 양반아! 지금 뛰기도 바쁜데 그런 것을 생각할 겨를이 어디 있소? 난 지금 바쁘니까 쓸데없는 질문하지 마시오!"

질문도 없이 무작정 바쁘게 달려가는 이 사람이 혹시 나의 모습은 아닌지 한번 생각해보라.

위대한 화가이자 조각가인 미켈란젤로는 조각을 하기 전에 커다란 대리석을 앞에 두고 시간이 날 때마다 묻곤 했다. "거기 돌 속에 갇힌 당신은 누구입니까? 당신이 누구신지 내가 알아야 바깥으로 드러낼 수가 있지요." 그렇게 그는 돌에서 소년 다윗을 보고 조각으로 형상화하였다. 보통 사람의 눈에는 대리석 덩어리에 불과하지만 위대한 조각가의 눈에는 다르게 보이는 것이다. 평범하게 보이는 인생, 특별해 보이지 않는 한 문장 속에서 발견할 수 있는 의미나 가치는 그야말로 천차만별이다. 이는 생각과 질문의 차이이며 결과의 차이로 나타난다.

누가 물었다. 세상에서 가장 어려운 일이 뭐냐고. 현자의 대답은 "나에 대해 질문하는 것이다."라고 대답했다. 질문을 할 수 있음은 살아있다는 증거다. 죽은 자는 질문할 기회나 권리가 없다. 질문을 하는 것과 하지 않는 것의 결과는 하늘과 땅 차이다.

질문의 효과

사람들 대부분은 토끼와의 경주에서 반드시 이겨야만 하는 상황에 부닥친 거북이의 입장이다. 주어진 여건과 지원은 항상 불리하고 열악하다. 동화에 나오는 토끼와 달리 우리의 경쟁자는 낮잠을 자지 않는다. 오히려 자신보다 더 열심히 쉬지 않고 달린다. 아무리 열심히 노력해도 거북이인 내가 토끼보다 산꼭대기에 더 빨리 오를 수는 없다. 도저히 이길 방법이 없을 것 같은데, 경쟁을 피할 수 없다면 모든 상황을 잠시 멈추고 생각해봐야 한다. 어떤 전략이 필요할까?

거북이는 자신의 강점으로 승부를 걸어야 한다. 토끼의 제안대로 산꼭대기를 올라가는 경기를 할 것이 아니라, 산에서 절반, 그리고 물에서 절반을 이동하는 방식으로 게임의 룰을 바꾸는 것이다. 토끼와 거북이는 사는 곳이 다르므로 그래야 공정한 게임이 된다. 그렇게 한다면 거북이가 이길 가능성은 100%다. 즉 상대의 강점은 내 처지에서는 약점이지만, 상대의 약점은 나에게 강점이 될 수 있다.

이처럼 질문은 게임의 룰을 바꾼다. 지금 어려운 문제에 봉착해 있다면 그 문제의 본질적인 원인에 대해 다음과 같은 질문을 해보라.

- 무엇이 가장 중요한 문제인가?
- 왜 이런 상황에 부닥쳤는가?
- 어떻게 해야 문제를 해결할 수 있는가?
- 해야 할 일은 무엇이며, 하지 말아야 할 것은 무엇인가?

질문은 머릿속으로 하는 것보다 글로 종이에 쓰는 것이 좋다. 이는 구체적이고 현실 가능한 답을 찾는 좋은 방법이다. 질문을 하다 보면 해답을 찾게 되고 그를 바탕으로 문제를 해결하기 위한 실천을 하게 된다. 정확히 원인 파악을 한 후에는 아무리 어려운 상황도 충분히 극복할 수 있다. 다음은 앤서니 라빈스의 《네 안에 잠든 거인을 깨워라》에 나오는 말이다.

> "질문은 우리가 상상하는 것 이상으로 강력한 도미노 효과를 유발한다. 우리가 부딪히는 한계에 대해 제기하는 질문은 삶의 장벽들을 무너뜨린다. 나는 모든 인간의 진보가 새로운 질문에서 비롯된다고 믿는다."

적절한 질문을 던지는 습관은 궁극적으로 인생을 바꿔준다. 균형 감각이나 마음의 평정을 잃게 되면 한쪽으로 기울어진 판단과 잘못된 선택을 하게 될 가능성이 매우 크다. 하지만 질문을 함으로써 현재와 다른 관점으로 상황을 볼 수 있게 되고, 편향적인 판단으로 굳어진 감정과 생각도 바꿀 수 있다. 객관적이고 균형 잡힌 생각 그리고 마음의 평정은 적절한 해답을 찾는 데 매우 중요하다.

가끔은 질문의 방법을 바꿔보라. 질문의 방법에 따라 지금까지 불가능하게 보이던 것을 가능하게 할 수 있게 된다. 예컨대 정면 돌파가 어려울 때 우회하는 방법이나 건너뛰는 것을 선택하는 방법도 있다.

- 말도 안 되는 질문
- 정반대 관점에서의 질문
- 상황을 비트는 질문
- 삐딱하게 뒤집어보는 질문

이렇게 질문으로 생각의 패턴을 바꾸면 지금까지 해온 방식과 다른 새로운 해결 방법을 찾을 수 있게 된다. 지금의 방식이 최선인지 생각해보라. 분명히 다른 답을 찾게 될 것이며 결과 역시 더 좋게 바뀔 것이다.

질문의
시작과 끝

질문은 과녁을 향해 화살을 날리는 것과 같다. 활을 쏘면서 과녁과 상관없이 아무 곳이나 향해서 화살을 날린다면 그 얼마나 무의미한 일인가? 질문은 답을 찾기 위한 것이므로 적절한 질문을 하는 것이 매우 중요하다. 좋은 질문을 하는 방법은 두 가지로 정리할 수 있다.

- 거슬러 올라간다
- 통념에 의문을 제기한다

거슬러 올라간다

한 가지 해법으로 모든 문제를 해결할 수 있는 경우는 거의 없다.

대부분의 문제들은 여러 가지 표면적인 원인과 근본적인 원인이 뒤섞여 발생한다. 표면적인 문제 해결은 또 다른 문제를 불러온다. 문제의 근본적인 원인을 해결하지 않았기 때문이다.

자동차 산업의 세계적인 기업 도요타는 어떤 문제의 근본적인 원인을 알기 위해서 적어도 다섯 번의 다른 질문을 던진다. 도요타의 경쟁력은 이렇게 다섯 번의 질문을 통해 문제를 근본적으로 해결하는 '5 Why'에서 나온다고 한다.

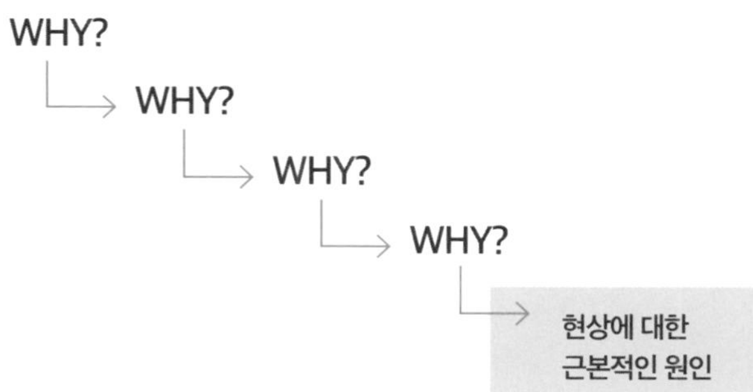

다섯 번의 질문을 하다 보면 그 문제를 유발한 핵심 원인을 찾을 수 있다. 예를 들어, 시험 볼 때 글을 제시간 안에 다 읽지 못하는 문제를 찾는다고 해보자. 그럼 대략 다음과 같은 식으로 전개될 것이다.

- 왜 나는 글을 정해진 시간 안에 읽지 못할까? → (글을 너무 느리게 읽으니까)
- 왜 글 읽는 속도가 느릴까? → (정확하게 이해해야 하므로)
- 왜 사람들은 그런 문제를 당연시하는가? → (누구나 다 그러니까)
- 왜 다들 그렇게 생각하는가? → (학교에서 글 읽는 기술을 배우지 못했으니까)
- 왜 그것을 학교에서 가르치지 않는가? → (문제에 대한 근본 원인과 해법 도출)

이렇게 질문과 답이 꼬리에 꼬리를 물고 진행이 되다 보면, 근본적인 원인과 해결 글을 찾아낼 수 있다. 근원을 파헤치는 질문 방식이 바로 거슬러 올라가는 질문법이다.

위대한 구루들은 훌륭한 질문자였다. 그들은 질문으로 문제의 본질에 더 가까이 접근하고자 했다. 질문에 질문이 꼬리를 무는 문답식 교육은 지금까지도 스스로 생각하는 능력을 길러주는 가장 좋은 교육법으로 알려져 있다. 좋은 질문을 하려면 인내가 필요하다. 본질을 묻는 질문 자체에 답이 있다. 끈기 있게 본질로 거슬러 올라가라.

통념에 의문을 제기한다

뻔한 질문엔 뻔한 답이 나온다. 누구나 할 수 있는 쉬운 질문보다는 다른 관점의 질문이 필요하다. 통념에서 벗어나지 않는 질문, 질문을 위한 질문은 무의미하다. 본질을 찾는 질문, 문제 해결을 위한 질문을 하라.

통념은 우리에게 아무런 생각도 요구하지 않는다. 통념은 가짜 희망을 준다. 통념은 잘해봐야 평균 수준의 결과만 가져올 뿐이다. 통념을 깨뜨리는 질문을 하라. 우리는 유대인들이 얼마나 치열하게 질문에 집착하는지 알 필요가 있다. 질문이야말로 유대인 교육의 핵심이다.

- 질문은 진실을 향한 권위에 대한 도전이다.
- 일방적 지식의 전달은 공부가 아니다.
- 절대적 권위에조차 의문을 품고, 심지어 스승에게 도전하는 것을 게을리하지 마라.
- 세상에는 완벽한 정답이 존재하지 않으며 각각의 주체적 의견이 중요하다.

"이것이 아니면 저것일 수도 있지 않을까?"

-탈무드-

유대인들이 얼마나 질문에 집착하는지 알 수 있는 다음과 같은 우스갯소리가 있다.

한 유대인이 판사 앞에 섰다. 판사가 물었다.

"당신들 유대인은 왜 항상 질문을 통해 답을 얻나요?"

유대인은 이렇게 대답했다.

"그러면 왜 안 되나요?"

질문을 질문으로 대답한다. 얼마나 통렬한가? 판사의 권위에 아랑곳하지 않는다. "그러면 왜 안 된단 말인가?"는 통념을 깨뜨리는 사고방식이다. 히브리어의 '무엇what'과 '인간man'은 동일한 어원이라고 한다. 결국, 인간은 질문하는 존재라는 것이다. 유대인 교육의 핵심은 질문하는 지혜를 가르치는 것이다.

1968년 멕시코 올림픽 높이뛰기 경기에서 미국의 딕 포스베리는 기존과는 전혀 다른 자세로 뛰어 우승을 차지했다. 모든 사람이 앞으로 넘는 것에 반해 그는 뒤로 넘는 일명 '배면 뛰기' 방법으로 인간의 한계라고 생각하는 2m 벽을 넘었다. 그 후 이 방법은 그의 이름을 따서 '포스베리 플롭'이라 명명되었고, 지금은 모든 사람이 그가 시도한 자세로 높이뛰기를 한다. 질문은 비정상을 정상으로 만든다.

진정한 전문가가 되기 위해서는 창의적인 질문을 해야 한다. 정상頂上에 오른 사람들은 정상적正常的인 사고를 하지 않는다. 불가능不可能, 불이익不利益, 불편不便, 불리不利 등에서 '불不'자를 과감하게 떼어 버려라. 그러면 새로운 가능성이 보인다. 이전과 다르게 생각하고 끊임없이 뒤집고 파헤치는 도전을 멈추지 마라. 당연하다고 생각하는 순간 거기서 끝난다.

질문의 시작과 끝 - Why & How

흔히 말하는 육하원칙이 있다. '누가, 언제, 어디서, 무엇을, 어떻게, 왜'라는 여섯 가지의 기본 원칙이 육하원칙이다. 이는 문장이나 정확한 신문기사의 기본적인 틀이고, 기사 내용의 전달뿐만 아니라 내용 파악에도 유용한 틀이 된다. 이 여섯 가지 중에서 좋은 질문을 하기 위해 가장 중요한 것은 무엇일까? 단연코 "왜Why" 그리고 "어떻게How"다. 이 두 가지 질문은 '원인-과정-결론' 모두를 생각하게 한다.

"왜?"는 원인과 본질을 찾기 위한 질문이며, 결론에 이르렀을 때 어떤 가치를 얻을 수 있는지를 묻는다. 즉 시작과 끝을 동시에 묻는 목적형 질문이다. 목적目的이란 말은 실현하려고 나아가는 '방향'과 '목표'를 뜻한다.

예를 들어보자. "글을 왜 읽는가?"라는 질문이 있다. 이것은 "글을 읽는 목적이 무엇인가?"라는 질문과 같은 의미다. 답을 생각하기 전에 질문의 의미를 이해해야 한다. "왜?"는 글 읽기 행위를 시작하려는 동기(이유)를 묻으면서, 글을 읽은 후에 무엇을 얻으려고 하는가(목표)를 동시에 묻는 것이다. 이 질문에 대해 합당한 답을 찾으려면 무엇을 생각해야 할까? 자신의 방향, 목표 등을 먼저 생각해야 한다. "왜?"는 목적형 질문이기 때문이다.

이처럼 모든 문제를 해결하기 위한 과정은 "왜?"에서 출발한다. "왜?"에 대한 대답이 명확하지 않으면 과정에서 헤매게 되거나 끝까지 진행하지 못할 가능성이 커진다. 혹은 엉뚱한 결론에 도달할 수도 있다. 방향과 목표가 불분명하기 때문이다. 바로 이것이 "왜?"의 속성이다.

그럼 "어떻게?"는 어떤 의미가 있을까?

"왜?"가 시작과 끝을 정하는 것이라면, "어떻게?"는 시작과 끝을 이어주고 채워주는 과정을 묻는 것이다. "왜?"가 전략이라면 "어떻게?"는 구체적인 실천 방안을 의미하는 전술이다. 그리고 "왜?"는 '교육'의 본질이지만 "어떻게?"는 '훈련'의 본질이다. 무슨 말인지 이 책을 읽는 독자라면 충분히 이해할 수 있을 것이다. 공부의 방향과 목적의식을 가르치는 것이 교육이라면, 방법을 가르치는 것은 훈련이다. 이것이 "왜?"와 "어떻게?"의 차이점이다.

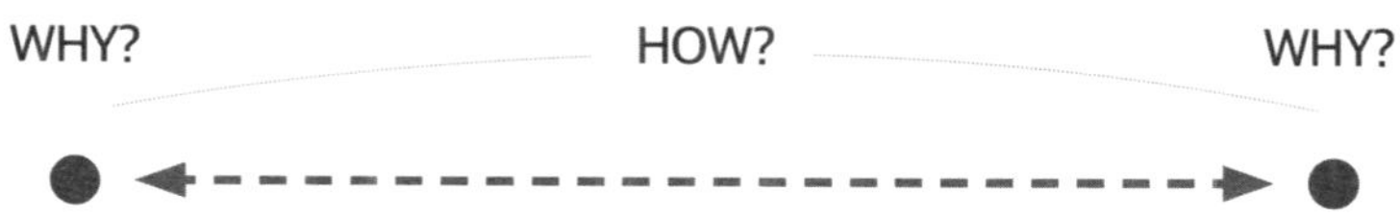

위에서 볼 수 있듯이 "왜?"와 "어떻게?"는 모든 여정의 시작과 과정 그리고 끝을 묻고 있으며, 문제를 해결하기 위한 핵심 열쇠다. 글을 읽으면서 수 없이 "왜?" 그리고 "어떻게?"라는 질문을 던져보라. 아마도 지금까지 별생각 없이 해왔던 글 읽기가 새롭게 다가오는 기회가 될 것이다.

글 읽기에 대해 "왜?"라는 질문에 확신을 가질 수 있다면 당신은 이미 글 읽기와 삶에 대한 목적의식을 갖춘 것이나 다름없다. 왜냐하면 그것을 반드시 해야만 하는 이유와 명분이 생겼기 때문이다. "왜?"는 에너지를 불어넣는 마술 같은 도구다. 그리고 생각의 깊이를 더하는 '몰입'을 이끌어낸다. 돋보기로 한 곳에 초점을 맞추면 어떤 것이라도 태울 수 있듯이, 몰입은 정신의 돋보기를 한 곳에 집중해서 이루고자 하는 바를 이뤄내는 힘이다. 모든 창조의 최고 가치는 '목적' 즉 "왜?"에 집중된다. 목적이 없으면 몰입도 없다.

"어떻게?"에 대한 답은 어렵지 않게 찾을 수 있다. 그에 관한 많은 정보가 이미 세상에 나와 있으므로 우리는 그중에서 최선이라고 판단되는 것을 선택하면 된다. "왜?"는 자기만의 기준이 있어야 하지만 "어떻게?"는 수많은 사람이 이미 경험하고 공개한 것 중에서 선택하는 것이다. "왜?"는 답이 한 개지만 "어떻게?"는 다양한 답이 나올 수 있다.

이제 "왜?"와 "어떻게?"를 만들어보자. 질 높은 글 읽기를 위해 수많은 질문을 생각해보기 바란다.

[왜?]

- 왜, 공부하는가?
- 왜, 일하는가?
- 왜, 바쁘게 살아가는가?
- 왜, 이 글을 선택했나?

- 왜, 성공하려고 노력하는가?
- 왜, 다른 사람도 많은데 나와 비즈니스를 해야 하는가? (전략 수립의 출발)
- 왜 이런 현상이 나타날까?

[어떻게?]

- 어떻게 글을 읽어야 하는가?
- 생각과 습관과 고정관념을 바꾸려면 어떻게 해야 하는가?
- 효과적인 조직을 만들려면 어떻게 해야 하는가?
- 다른 사람을 이롭게 하려면 어떻게 해야 하는가?
- 지속해서 잠재력을 키우기 위해서는 어떻게 해야 하는가?
- 삶의 목적을 알기 위해서는 어떻게 해야 하는가?
- 현재 상황을 개선하기 위해서는 어떻게 해야 하는가?
- 내가 지금 바라는 것을 얻기 위해서는 어떻게 해야 하는가?
- 나의 가치를 높이기 위해서는 어떻게 해야 하는가?
- 목표는 어떻게 세우는 것인가?
- 불가능을 가능으로, 복잡한 문제를 단순하게, 어려운 상황을 쉽게 하려면 어떻게 해야 하는가?
- 나의 한계를 극복하기 위해서는 어떻게 해야 하는가?

질문과 대답은 사실상 동전의 양면과 같다. 질문이 답을 만들기 때문이다. 무엇인가를 배우고 그에 따라 스스로 변화할 뜻이 있는가? 정말 그러고 싶다면 아인슈타인은 이렇게 하라고 말했다.

"매사에 질문하라."

지혜의 보고라 일컬어지는 《탈무드》는 '질문을 통해 지혜를 가르치는 책'이라고 스스로 정의한다.

"질문하지 않는 것은 배움을 거부하는 것이다."

-탈무드-

정말 중요한 질문은 자기 자신에게 하는 질문이다. 어떤 문제에 직면했다면 다음과 같이 질문하고 스스로 대답해보자.

• 나의 목적은 무엇인가? → (why)
• 이 문제에 대해 나는 어떻게 생각하는가? → (how)
• 내가 정말 말하고자 하는 것은 무엇인가? → (what)
• 어떻게 하면 이 질문을 가장 적절하게 표현할 수 있을까? → (how)
• 무엇을 하고 싶은가? → (what)

• 어떤 선택을 할 수 있는가? → (what)

• 목표를 달성하는 데 필요한 것은 무엇인가? → (what+how)

• 목표를 달성하기 위해 무엇을 바꿀 것인가? → (what+how)

• 무엇을 어떻게 질문할 것인가? → (what+how)

'if(만약)'의 힘

'Life'는 생명 혹은 삶이라는 뜻이다. 이 단어 속에는 또 다른 의미가 숨어 있다. 그것은 바로 'if'라는 단어다. life의 한가운데에 if가 있다. if란 가능성을 의미한다. 새로운 관점, 통념을 깨는 질문이 바로 if다. 삶 속에는 수많은 가능성과 새로운 도전의 여지가 존재한다. 어떤 어려움에 부닥치거나 좌절할 때 할 수 있는 가장 쉬운 일은 포기하는 것이다. 그러나 포기하지 않는다면 새로운 길을 발견할 수 있다. 가능성을 포기하지 않기 때문에 우리는 글을 읽는 것이다.

글을 읽는 것은 가능성에 대한 수많은 상상을 실천할 수 있게 만드는 최선의 방법이다. 만약 당신이 어떤 일이든 상상할 수 있다면 그것은 현실로 이루어질 가능성이 있다. 현실은 상상력의 범위를 벗어나지 않는다.

그렇다면 어떤 가능성을 상상할 것인가? 보이는 것만 보려 하지 말고 보이지 않는 것, 자신이 간절히 원하는 그림을 머릿속으로 생생하게 그려보자. 자신이 어떤 목적을 가지고 바라보느냐에 따라 삶의 질은 달라진다. 사람들은 같은 하늘 아래 살고 있지만, 하늘을 향한 시선은 모두 다르다. 갈매기 조나단 리빙스턴 시걸은 언제든지 가고 싶은 곳으로 갈 수 있음을 깨닫는 순간 시간과 공간의 제약에서 자유를 얻었다. 자신이 생각하는 곳은 어디든지 자유롭게 이동할 수 있음을 깨달았다.

아인슈타인에게는 풀리지 않는 숙제가 있었다. '왜 빛의 속도는 항상 일정한가?' 그는 한동안 광속불변의 원인을 규명하려고 노력했지만, 도무지 알 수 없었다. '만약 빛의 속도가 어떤 좌표계에서도 일정하다면 어떤 일이 일어날까?', '내가 만약 빛의 입자光子가 되어 우주를 달린다면 우주가 어떻게 보일까?'라는 그의 고민을 해결해 준 도구는 'if'였다. 아인슈타인은 자신이 빛을 타고 우주공간을 이동하는 모습을 상상하면서 인류의 물리학 역사를 근본적으로 바꿔 놓았다.

if의 힘은 인류 역사에서 수많은 위대한 발견을 만들어냈다. 콜럼버스는 '내가 만약 서쪽으로 계속 항해한다면?'이란 질문으로 신대륙을 발견했다. 인터넷이 세상에 등장한 것도 미국이 '만약 소련이 인공위성으로 핵폭탄을 미국 본토에 투하한다면?'이라는 생각에서 시작되었다. 1957년 소련이 인공위성 발사에 성공하면서 미국은 정부의 중요정보를 분산 저장해야 할 필요성을 느꼈다. 1969년 9월 캘리포니아대학과 스탠포드 연구소에 설치된 컴퓨터가 국방성의 메인 컴퓨터와 연결되면서 등장한 것이 바로 인터넷이다.

때에 따라 if는 why보다 더 위대한 결과를 가져오기도 한다. 근본적인 원인과 해법을 찾는 질문인 why에서 길이 막힐 때 새로운 돌파구를 제공하는 것이 if다. Why는 순차적인 논리를 추구하며, if는 반대 방향에서 접근하는, 즉 결과에서 출발하는 접근방법이다.

'만약'이라는 단어를 사용하면 다양한 상상력을 동원해 어디로든 날아갈 수 있고, 기대하지 못했던 결과를 얻을 수도 있다.

- 만약 지금 내가 알고 있는 것이 진실이 아니라면?
- 만약 내가 다른 선택을 한다면?
- 만약 이것이 나에게 가능한 일이라면?
- 만약 내가 모든 것을 내려놓는다면?

질문은 최대한 깊이 파고들어야 한다. 끝이 보일 때까지 검증 작업을 거쳐야 한다. 질문할 때에는 되도록 간단한 문장으로 구성된 직접화법을 사용하는 것이 좋다. 그리고 주제에 집중해야 한다. 주제에서 엇나간 질문은 시행착오를 불러오기 십상이다.

유대인 정신과 의사였던 빅터 프랭클은 《죽음의 수용소에서》를 통해 인간이 가진 마지막 자유가 무엇인지를 묻고 있다. 그는 모든 자유와 행동이 통제되고, 자신의 목숨까지도 스스로 결정할 수 없는 환경이었던 아우슈비츠 수용소에서 누구도 빼앗을 수 없는 마지막 자유가 무엇인지 깨달았다.

> "주어진 환경에서 자신의 태도를 결정하고, 자기 자신의 길을 선택할 수 있는 내면의 자유다."

그는 삶을 의미 있고 가치 있는 것으로 만드는 것, 그 빼앗기지 않는 영혼의 자유가 모든 인간에게 주어져 있음을 말하고 있다. 그는 수용소에 갇혀 있음에도 불구하고 수감자의 내면에 대한 선택의 자유는 질문을 통해 스스로 찾을 수 있음을 발견했다. 상상할 수 없는 고통과 압박이 주어지는 수용소 안에서 살아남은 사람들은 자신이 왜 살아야 하는지 그 이유를 스스로 정의했으며, 그랬기 때문에 그들은 그 어떤 상황도 견뎌냈다고 한다. 빅터 프랭클이 정립

한 '로고테라피'의 핵심 개념은 내면적 자아에 대한 최종적인 책임은 심리적, 육체적 요인에 있는 것이 아니라 수감자의 자유의지에 따른 결정에 있음을 말하는 것이다. 질문은 인간의 자유의지에 대한 표현이다.

이들이 자신에게 끊임없이 던졌던 질문은 무엇이었을까?

- 왜 살아남아야 하는가? → (존재 이유에 대한 질문)
- 어떻게 견뎌내야 하는가? → (생존의 방법)
- 만약 나에게 자유가 다시 찾아온다면? → (상상력의 열쇠)

결국, 질문은 삶과 죽음을 스스로 선택하게 만든다.

시간의 걸음걸이에는 세 가지가 있다.
미래는 주저하면서 다가오고, 현재는 화살처럼 날아가고,
과거는 영원히 정지하고 있다.
-F. 실러-

부록

One Page 요약노트

오늘이라는 날은 두 번 다시 오지 않는다는 것을 잊지 마라.

-단테-

Focus Reading

One Page 요약 노트는 글 읽기뿐만 아니라
학습의 질을 높이기 위한 도구로 응용할 수 있다.
글 읽기와 학습의 전-후 과정을 체계적으로 준비하고
핵심 중심으로 요약-정리를 할 수 있으며,
새로운 관점과 더 깊은 사고를 유도한다.
사고의 구조화 및 간결하고 압축된 글쓰기 능력
그리고 질문하는 능력까지 향상시킬 수 있다.
단순히 이해하는 수준의 글 읽기가 아닌
오랫동안 기억하고 필요할 때 적절하게 응용할 수 있는
지식 체계화를 위한 도구이다.

One Page 요약노트, 왜 필요한가?

정리되지 않은 글 읽기는 밑 빠진 독에 물 붓기

이 글에서 가장 먼저 던진 화두는 "왜 글을 읽는가?"이다. "왜?"에 대한 답이 없다면 "어떻게?"는 무의미하다. 글 읽기의 목적을 이해하기 위해 조금 다른 관점에서 생각해보자.

'읽는다'라는 것이 무엇인가? '내면에 감춰진 핵심과 본질을 파악하는 것'이라고 우리는 정의했다. 글을 빠르게 읽는 포커스 리딩 기술의 최종 목적은 짧은 시간에 여러 번 반복해서 읽기 위해서였다. 반복하지 않으면 질이 높아지지 않기 때문이다. 속도와 마찬가지로 반복에도 제곱의 법칙이 작용한다. **반복횟수의 제곱만큼 학습 효과가 증가한다**. 그러나 무작정 반복은 비효율적이다. 최대한 짧은 시간에 가장 효과적으로 반복 학습의 효과를 극대화하기 위해 핵심을 체계적으로 추출하기 위해 고안한 것이 'One Page 요약노트'다.

우리가 글을 읽고 취할 것과 버릴 것을 구분해서 정리하지 않으면 유익한 영양소들이 배설물과 함께 몸 밖으로 빠져나가듯이 유용한 지식이 모두 사라지고 만다. 체계적으로 요약-정리되지 않은 인풋이 과연 우리에게 어떤 유익함을 줄 수 있는가? One Page 요약노트는 글을 읽고 나서 생각을 체계적으로 요약-정리하고 언제든지 활용할 수 있도록 준비하는 좋은 도구다.

반드시 One Page 요약노트가 아니라도 좋다. 어떤 형식이든 글을 읽고 스스로 정리하는 시스템이 반드시 있어야 한다. One Page 요약노트는 지금까지 오랜 시간 동안 많은 사람의 손을 거쳐 다듬어진 것이다. 어쨌든 그냥 읽기만 하면 된다는 생각은 글 읽기에 대한 심각한 오해다. 그런 식으로는 아무리 많이 읽어도 밑 빠진 독에 생각 없이 물을 붓는 것과 같다.

그냥 무작정 읽기만 하는 건 생각 없이 바닷물을 퍼마시는 것과 같다. 갈증은 해결되지 않고 더 심해질 뿐이다. 바닷물을 증류해서 온전한 식수로 만드는 방법이 필요하다. 증류되지 않은 바닷물은 먹을 수 없는 물이며, 유리로 정제되지 않은 모래는 헐값에 불과하다.

아무리 좋은 정보라도 활용 가능한 상태로 가공되지 않은 정보는 쓰레기일 뿐이다.

포커스 리딩은 무작정 많은 글을 읽는 걸 경계하고 있다. 그건 시간과 에너지, 기회비용 등을 낭비하는 것이다. 읽더라도 제대로 소화하는 것이 포커스 리딩의 목적이다. 글을 핵심 중심으로 2시간 동안 두 번 반복해서 읽었다면 One Page 요약노트를 작성하는 데도 비슷한 시간을 투입하기 바란다. 그렇게 해야 정확한 안목이 열린다. 그때부터 글이 정보로서 가치를 가지게 되는 것이다.

전문가로 도약하기 위한 도구

단기간에 자신의 지식 체계를 구축하고 차별화된 경쟁력을 갖추기 위해서는 핵심을 요약하는 습관을 들여라. 한 분야에서 집중적인 글 읽기를 통해 일정 수준 이상의 지식 축적을 하려면 일단 한 우물에 자신의 모든 에너지를 투입해야 한다. 통섭이나 다양성을 추구하는 것은 한 분야에서 전문성을 갖추고 난 다음의 이야기다.

포커스 리딩에서 제안하는 1년 100권의 책 읽기는 10권의 책을 10번 반복해서 읽는 것이다. 그런데 단순히 반복해서 읽기만 하면 될까? 그건 아니다. 무작정 많이 읽는 것만으로는 전문가로 인정받을 수는 없다. '단순 반복'이 아니라 '의미 있는 반복' 읽기로서 여러 가지 방법으로 반복 읽기를 하면서 더 깊은 의미발견과 재해석을 할 수 있어야 한다.

그런 차원에서 주제별 글 읽기는 반복 읽기의 또 다른 형식이고, One Page 요약노트는 강력한 효과를 발휘한다. 하나의 주제에 깊고 넓은 식견을 갖추기 위해서는 주제별 책 읽기를 하되 One Page 요약노트 작성을 병행하기 바란다. 그럼 더 빠른 상승작용을 경험하게 된다. 체계적으로 요약-정리를 하는 과정에서 더 질 높은 학습효과를 얻을 수 있을 것이다. 읽는 것도 바쁜데 언제 그걸 요약하느냐고 반문한다면 더 이상 할 말이 없다. 그러면 글을 읽을 필요도 없다. 글을 읽는 것은 그 자체가 목적이 아니다. 기억도 활용도 못 하는 글 읽기를 왜 하는가? 많이 읽는 건 목적도 아니며 자랑할 것도 못 된다. 한 권의 똑똑한 책 읽기가 목적 없는 100권의 책 읽기보다 훨씬 유용하다는 걸 생각한다면 시간과 에너지를 최대한 집중하는 방법을 실천해야 한다. 양이 아닌 질로 승부를 걸어야 한다. **One Page 요약노트는 글 읽기의 질을 10배 이상 높여준다.**

실제로 해보면 어렵지 않으면서 굉장히 놀라운 효과를 만드는 10권의 주제별 책 읽기-요약 방법은 다음과 같다.

- 한 분야의 책 10권을 선택한다.
- 책을 한 번 읽고 난 후 One Page 요약노트를 작성한다.
- 같은 책을 반복해서 읽으면서 이미 작성한 One Page 요약을 다듬는다.
- 이 과정을 10번 반복한다.
- 10권의 책을 동일한 과정으로 읽고 정리한다.

이 정도면 그 책은 거의 생생하고 완벽하게 입력되었다고 볼 수 있다. 같은 책을 10번 읽고 10번 작성한(다듬은) One Page 요약노트를 보라. 처음보다 질이 훨씬 높아져 있을 것이다. 사실 이 과정은 시간이나 노력이 많이 요구되지 않는다. 포커스 리딩 방식으로 반복 읽기를 하면서 읽는 시간은 대폭 단축되지만 요약노트를 다듬는 과정에서 더욱 체계화된다. 이렇게 읽은 책은 아주 오랫동안 머리에 남게 된다.

그런 식으로 10권의 책을 읽고 요약노트를 작성한 후, 마지막으로 모든 내용을 통합하라. 10권의 책은 비슷한 주제이므로 통합이 가능하다. 통합의 방식은 각각의 One Page 요약노트의 내용을 나름대로 목차를 만들어 자신의 표현으로 가공하는 것이다. 그럼 멋진 책 한 권을 쓸 수 있을 것이다. 마음먹기에 따라 1년이면 충분히 가능하다. 이것이 단 1년 만에 확실한 변곡점을 만드는 최고의 방법이다. 지금부터 도전해보기를 권한다. 스스로 깜짝 놀랄 것이다.

One Page 요약노트의 프로세스

One Page 요약노트는 다음과 같은 형식으로 되어 있다. 크게 보면 글 읽기 전과 후로 나뉜다. 글 읽기 전은 예비요약(전체 파악하기) 과정으로서 본문을 들어가기 전에 목차와 머리말 등을 통해 글의 내용을 미리 파악하는 것이다. 그리고 스키핑 & 스캐닝(핵심 중심의 글 읽기)을 여러 번 한 후에 단어 중심으로 글의 핵심내용을 체계적으로 정리하는 것이다. 요약 범위는 책 한 권일 수도 있고, 한 파트일 수도 있다. 스스로 판단하면 된다.

제목	저자
Before	이 글의 중요한 단어를 주제를 추정해서 적어보세요. (머리말, 목차, 프롤로그 등) 중요 단어: 추정 주제: 이 글을 통해 저자에게 무엇을 묻고 싶은지 질문을 생각해보세요. 1. 2. 3.
After	자신의 관점에서 중요한 단어라고 생각되는 것들을 적어보세요. (30~50개) 중요한 단어들 중 전체의 흐름을 이끌어 가는 키워드를 추려보세요. (10개) 키워드 중 저자의 의중이 담긴 3개의 핵심단어와 그 단어들을 활용하여 1~2개의 문장으로 표현하세요 1. 2. 3. 핵심주제 : 위의 핵심단어와 주제를 바탕으로 글의 내용을 10줄 내외로 요약하세요 글의 내용 중 질문을 도출하시고 질문에 대한 해답을 생각해보세요. (Why , If, How) ※ 질문은 1 Page에 제한하지 말고 생각할 수 있는 최대한 많은 질문을 도출해 보세요. 그리고 그에 대한 답을 스스로 정리해보세요.

본문을 읽기 전의 예비요약

글 읽기(공부)는 글을 읽기 전 단계인 예비요약과 글을 읽고 난 다음의 아웃풋(요약-정리)으로 나눌 수 있다. 예비요약은 목차와 머리말을 통해 중요단어와 주제를 생각하고, 사전 질문을 만드는 것이다. 포커스 리딩 2단계 속도 뛰어넘기를 하기 전의 '전체 파악하기'가 바로 예비요약이다. 예비요약은 중요단어와 주제를 생각하고, 사전 질문을 만드는 것이다. 지금부터 One Page 요약노트 작성 방법을 배워보자.

중요단어 및 추정 주제 생각하기

먼저 **목차, 머리말, 맺음말 등을 통해 글의 결론과 메시지에 대해 어느 정도 개요를 파악한다.** 이렇게 함으로써 내용에 대해 중요한 것과 중요하지 않은 것을 변별할 수 있는 기준을 가지게 된다. 이는 높은 산을 등정할 때 자신이 어떤 코스로 정상에 오를 것인지 지도를 보며 미리 주요 코스를 정리하는 것과 같다. 이러한 준비 없이 등정을 시작했다가는 십중팔구 길을 잃고 조난당하기 십상이다.

글을 읽을 때도 많은 사람이 길을 잃고 조난을 당한다. 어려운 글일수록 길을 잃는 경우가 많다. 미시적으로 혹은 부분적으로는 이해하지만 글 속에서 저자가 이야기하려는 큰 주제나 흐름을 놓치고 현재 읽고 있는 내용이 자신에게 왜 필요한지 이해하지 못하고 헤매는 것이 글 속에서 길을 잃은 것이다.

목차를 머리에 담아두어야 하는 이유는 다음과 같은 사례를 들어 보면 충분히 이해할 수 있을 것이다.

필자가 잘 아는 한 후배가 있다. 이 후배는 어릴 때부터 공부를 매우 잘해서 수재라는 소리를 당연한 듯이 들었고, 서울의 명문대 법학과에 우수한 성적으로 입학했다. 당연히 대학을 졸업하기 전에 사법고시에 합격할 것이라고 자신만만하게 생각했다.

그러나 현실은 그렇지 않았다. 졸업 후에도 그는 두 번이나 사법고시에서 탈락하고 말았다. 처음에는 실수라고 생각했지만 두 번이나 탈락한 후에는 자기 자신을 엄청나게 학대하기 시작했다. 한동안 거의 매일 술에 찌들어 살다시피 했다.

그러던 어느 날 그를 잘 아는 학교 선배가 그를 불러 딱 한 마디 조언을 했다.

"네가 공부하는 모든 책의 목차를 외워라!"

그는 선배의 조언에 정신을 차리고 목차를 외우기 시작했다. 거의 한 달 동안 목차만 달달 외웠다. 자다가도 벌떡 일어나 어떤 과목이든 술술 나올 정도로 완벽하게 목차를 외우고 나니 참으로 신기하게도 그동안 공부했던 모든 내용이 일목요연하게 정리가 되었다.

헌법, 행정법, 상법, 민사소송법, 형법, 형사소송법, 민법, 국제법 등 그 많은 법에 대한 체계적인 흐름과 갈래들이 목차를 외고 나니 손에 잡힐 듯이 정리가 되었다는 것이다. 그제야 그는 자신의 문제가 무엇인지 알았다.

미시적이고 부분적인 내용에만 집착하다 보니 판례, 조항 등에 대한 지식이 조각 지식으로 복잡하게 뒤섞여 저장되어 있었다. 자신이 수년 동안 공부했던 것들이 목차를 외고 난 후에야 비로소 체계적으로 정리되어 각 과목의 기본 취지부터 세부조항들의 정확한 해석이 가능해졌다는 것이다. 그는 다음 해 사법고시 최종시험까지 합격해 지금은 전도유망한 대한민국 검사로 활동하고 있다.

책 쓰기는 목차를 정리하고 나면 글의 절반은 완성된 것이다. 그것을 이해한다면 목차가 얼마나 중요한지 알 수 있을 것이다.

사전 질문하기

자신이 무엇을 알고 싶은지, 무엇을 얻고 싶은지 미리 생각하는 것은 글을 더 깊이 생각하게 만드는 밑거름이 된다. 그것을 질문의 형태로 종이에 적는 것이 사전 질문이다. 질문을 한다는 것은 생각한다는 것이고, 자신의 요구가 무엇인지 스스로 명확하게 정의하는 것이다.

글 읽기에서 가장 중요한 것은 단연코 질문하기다. 질문은 3단계로 나눠서 하게 된다.

- 본문을 읽기 전(**예비요약 단계**)
- 본문을 읽으면서
- 글을 다 읽은 후

다시 말하자면 글 읽기는 질문으로 시작해서 질문으로 끝나는 것이다. 글을 읽으면서 해야 할 가장 중요한 일은 밑줄을 긋는 것이 아니라 핵심 메시지를 이해하고 그에 대한 질문을 생각하는 것이다. 특히 본문을 읽기 전에 반드시 사전 질문을 만들어야 함을 잊지 않기 바란다. 여기까지가 본격적으로 글을 읽기 전 단계다.

아웃풋이 인풋의 질을 결정한다

이제는 글을 다 읽고 난 뒤 체계적으로 정리하는 방법을 설명할 차례다. 대략적인 흐름을 미리 정리해보자.

① 중요단어와 키워드를 추출해 저자의 중요 의도를 파악한다.

Before	이 글의 중요한 단어를 주제를 추정해서 적어보세요. (머리말, 목차, 프롤로그 등)
	중요 단어: 추정 주제:
	이 글을 통해 저자에게 무엇을 묻고 싶은지 질문을 생각해보세요.
	1. 2. 3.

② 3의 법칙에 따라 핵심단어와 주제를 뽑아낸다.

③ 나의 관점에서 핵심 중심으로 요약-재해석한다.

④ 질문을 통해 새로운 시각과 해법, 적용 방법 등을 도출한다.

중요단어 추출하기

우리 두뇌는 단순한 것을 좋아한다. '핵심단어' 중심으로 전체를 이해하는 것이 가장 단순한 방법이다. 모든 메시지는 핵심단어 중심으로 구조화된다. 만약 설득을 위한 논리적인 커뮤니케이션을 해야 한다면 핵심단어 중심으로 메시지를 정리하라. 그러면 중언부언하거나 논리가 옆길로 새지 않는다.

글의 전반적인 내용에서 저자가 중요하게 취급하고 있는 단어들을 모아라. 대략 50여 개 내외면 된다. 그 정도의 단어라면 글의 내용을 머릿속에서 회상하고 정리하는 데 충분하다. 물론 글에 따라 더 많거나 적을 수도 있다. 추출한 중요단어를 통해 글의 주요 내용을 어렵지 않게 떠올릴 수 있다.

글을 읽을 때 중요단어라고 생각되는 것에 미리 체크를 해두면 One Page 요약노트를 정리할 때 많은 도움이 된다. 중요단어는 한 페이지에 많아야 몇 개 정도다. 글의 뒷부분으로 갈수록 앞에서 체크했던 단어들이 계속 중복된다는 사실을 알게 된다. 중복된 것을 제거하고 나면 중요단어들만으로 정리가 된다.

키워드 선정하기

키워드는 앞에서 추출한 50여 개의 중요단어 중에서 뽑아낸다. 저자의 의중이 매우 비중 있게 담겨있고, 글의 주요 흐름을 이끌어 가는 단어들이다. 진짜 고수들의 글은 키워드가 의외로 그리 많지 않다. 핵심 메시지가 분명하고 간결하기 때문이다. 중요단어 중에서 키워드를 10여 개 내외로 추려내라.

키워드를 선정하고 나면 글에 대한 큰 흐름과 골격을 한눈에 볼 수 있게 된다. 키워드만 가지고도 글의 내용을 설명하라고 하면 매우 정확하고 논리적으로 말할 수 있을 것이다. 우리는 글 읽기를 포함한 모든 커뮤니케이션에서 키워드를 추출하는 습관을 지녀야 한다. 아무리 복잡한 문제라도 키워드가 무엇인지 알고 나면 정확한 해법으로 접근할 수 있다.

핵심단어 및 주제문장 만들기

지금 우리는 바닷가 모래밭에서 보석을 찾듯이 글 속의 많은 내용 중에서 가장 중요한 메시지를 걸러내는 작업을 하고 있다. 수십 개의 중요단어에서 10여 개의 키워드, 그리고 거기에서 3개의 핵심단어를 추려내는 것이다. 핵심단어는 3개를 선정하는데, 이것은 '3의 법칙'에 근거한 것이다. 우리는 3의 법칙에 주목할 필요가 있다.

사람들에게 가장 익숙한 숫자는 3이다. 3은 완전한 균형을 이루는 수이며, 사람들의 마음을 강하게 움직이는 힘을 가지고 있다. 세상은 3까지만 기억해준다. 3을 넘어가면 복잡하고 정리되지 않으며 가치가 현저히 떨어진다. 3의 법칙은 비즈니스, 공부, 글쓰기 등 모든 분야에서 매우 유용하게 활용된다. 세상은 3의 법칙으로 이루어져 있다고 해도 과언이 아니다.

전체 내용을 핵심단어 3개 중심으로 정리하면 글의 내용을 일목요연하게 오랫동안 기억할 수 있고, 활용할 때에도 매우 유용한 정보가 된다. 핵심단어는 키워드 중에서도 저자의 가장 중요한 메시지라고 할 수 있다. 그리고 3개의 핵심단어를 한 두 문장으로 만들면 그것이 주제 문장이 된다.

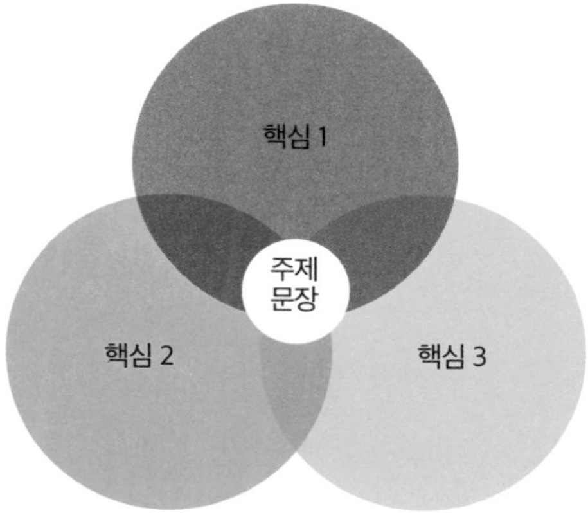

이렇게 '중요단어 추출-키워드 선정-3개의 핵심단어와 주제 문장을 정리'하고 나면 글의 주요 메시지는 체계적으로 머릿속에 입력되어 언제든지 정확하게 설명이 가능한 정보가 된다. 이것이 단어중심으로 핵심을 정리하는 방법이다. 항상 단어에 집중하라.

10줄 요약 및 재해석

글 중에서 가장 높은 수준의 글은 '시詩'다. 시는 언어의 결정체다. 불순물이 많은 모래에서 유리를 뽑아내는 것과 같다. 이처럼 한 권의 글에서 고순도 결정체를 추출하는 훈련을 해야 한다. 단 10줄 내외로 핵심을 요약-재해석하는 것은 상당한 내공이 필요하다. 10줄 요약하기를 훈련하면 10장 서술은 쉬워진다. 시를 잘 쓰면 산문이 쉬워지는 것과 같다.

10줄 요약은 글의 내용을 가장 중요한 메시지 중심으로 최대한 압축하고 '재해석'하는 것이다. 단순한 요약이 아니라 재해석이다. 이 말은 새로운 관점에서 자기주장을 하라는 것이 아니라 글의 의미를 최대한 깊이 있게 생각하고 행간에 담긴 의도를 뽑아내는 것을 말한다. 물론 쉬운 작업은 아니지만, 이 훈련을 일정 기간 꾸준히 하게 되면 본질과 핵심을 이해하고 생각한 것을 정확하게 짧은 글로 쓸 수 있는 능력을 키울 수 있다.

요약 훈련은 매우 특별하고 비범한 능력을 갖추게 만든다. 타고나는 것이 아니라 훈련을 통해 갖출 수 있는 재능이다. 한 권, 한 파트를 10줄로 요약하는 훈련을 성실하게 하라. 비즈니스맨들은 보고서, 사업계획서, 제안서 등의 글쓰기부터 누군가를 설득하기 위한 피칭과 프레젠테이션 등에서 빛나는 효과를 발휘하게 된다. 또한 학생들은 학습의 효율성과 논술 및 논문, 토론 등 다양한 영역에서 큰 도움을 얻을 수 있을 것이다.

많은 글을 One Page 요약노트로 정리하는 훈련을 해보라. 얼마 지나지 않아 글을 이해하고 요약하는 능력이 상당한 수준으로 올라서 있음을 스스로 느낄 수 있을 것이다.

질문하기

포커스 리딩의 마지막 단계는 질문하기다. 아니, 처음부터 끝까지 질문으로 시작하고 질문으로 끝나는 것이 포커스 리딩이다. 질문의 중요성은 아무리 강조해도 지나침이 없다.

글 읽기는 '질문을 만드는 작업'이라고 생각해도 좋다. 질문을 던지고 생각하기 위해 글을 읽는 것이다. 글에서 무언가를 얻어내기 위해서는 반드시 질문을 해야 한다. 마찬가지로 세상에서 어떤 유익한 가치를 얻고 싶다면 그에 합당한 질문을 해야만 한다.

One Page 요약노트의 모든 과정은 결국 좋은 질문을 하기 위한 것이다. 좋은 질문은 그냥 나오는 것이 아니다. 저자의 의중을 정확하고 깊이 있게 이해해야만 좋은 질문을 만들 수 있다. 지금까지 우리는 중요단어 추출부터 10줄 요약까지의 작업을 했다. 질문이 모든 과정의 수준을 결정한다. 질문을 하지 않는다면 이전의 모든 작업은 빛을 잃게 된다.

질문의 요령은 앞에서 설명한 바와 같이 크게 원인과 본질을 따져 묻는 '왜why'와 구체적인 실행 방법을 찾아내는 '어떻게how'를 활용하는 것이다. 그리고 현상을 분석하는 '무엇what'과 상상력을 발휘하게 만드는 마법의 도구 '만약if'도 있다. 질문은 막연히 고민한다고 떠오르는 것이 아니다. 지속적인 운동으로 근육을 단련하듯이 질문도 많이 해봐야 실력이 늘어난다. 좋은 질문은 훈련을 해야만 만들 수 있다. 질문하기를 부단히 훈련하라.

지금까지 설명한 One Page 요약노트의 전체 흐름을 살펴보면 다음과 같다.

예비요약

- 글의 본문을 읽기 전 목차 및 머리말을 통해 구조와 주제, 중요 메시지 포착
- 저자의 의도를 미리 파악하기

▼

핵심 정리하기

- 중요단어로 글의 내용 요점 정리
- 키워드 및 핵심단어 뽑아내기
- 주제 정리

▼

요약 및 질문하기

- 글의 내용을 압축해서 자신의 관점으로 재정의
- 자기 생각을 압축된 글로 쓰기
- 저자와 자신에 대한 질문을 통해 새로운 해법 및 관점 도출하기

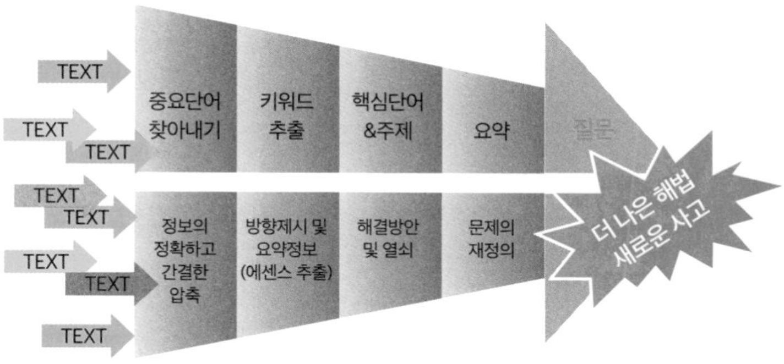

[One Page 요약노트 예시-1]

<table>
<tr><td>제목</td><td>포커스 라이팅</td><td>저자</td><td>박성후</td></tr>
<tr><td rowspan="4">Before</td><td colspan="3">이 글의 중요한 단어를 주제를 추정해서 적어보세요. (머리말, 목차, 프롤로그 등)</td></tr>
<tr><td colspan="3">중요 단어: 교환, 원칙, 훔쳐라, 마음, 권력, 영향력, 시너지 창조, 단순한 구조, 삶을 창조, 핵심과 본질, 사람, 지금, 5단계 논법,
추정 주제: 글쓰기는 삶을 창조하는 것이다. 살아온 삶의 모든 것이 담긴다. 글을 읽는 것은 글을 쓰기 위함이며, 지식의 창조자로 누군가에게 영향력을 주는 것이 글쓰기다. 음식에 좋은 재료가 중요하듯, 글쓰기에도 고수들의 위대한 정신을 훔쳐 모방하는 것이 중요하다. 핵심을 포착하려면 자세히 관찰하고 서로 다른 생각을 통합할 수 있어야 한다.</td></tr>
<tr><td colspan="3">이 글을 통해 저자에게 무엇을 묻고 싶은지 질문을 생각해보세요.</td></tr>
<tr><td colspan="3">1. 모방을 통한 글쓰기는 수많은 모방의 샘플을 만들어 낼 것 같습니다. 결국, 진짜는 무엇이냐?라는 문제에 부딪히지 않을까요?
2. 고수란? 알려지지 않은 고수들도 많을 것 같습니다. 고수를 선택하고 모방하는 데 기준은 무엇인가요?
3. 복잡한 현대사회에서 짬을 내어 글을 읽고 글쓰기에 많은 시간을 내기란 쉽지만은 않습니다. 비법은 없을까요?</td></tr>
<tr><td rowspan="10">After</td><td colspan="3">자신의 관점에서 중요한 단어라고 생각되는 것들을 적어보세요. (30~50개)</td></tr>
<tr><td colspan="3">데이트, 교감, 소통, 진정성, 사람, 인격, 도제식, 토론, 참신, 창조능력, 정확성, 명료성, 간결성, 구조화, 생각, 관점, 관찰, 단순화, 통합, 질문, 감정이입, 유추하기, 정반합, 선택과 집중, 상생과 공존, 시너지, 소통, 승-승, 지금 여기, 핵심, 통찰력, 선택, 원페이지 요약노트, 공감, 에토스, 파토스, 로고스, 첫 머리, 스토리텔링, 귀납법, 통합, 통섭, 고수</td></tr>
<tr><td colspan="3">중요한 단어들 중 전체의 흐름을 이끌어 가는 키워드를 추려보세요. (10개)</td></tr>
<tr><td colspan="3">사람, 교감, 소통, 상생과 공존, 시너지, 지금 여기, 핵심, 통찰력, 귀납법, 통합, 통섭</td></tr>
<tr><td colspan="3">키워드 중 저자의 의중이 담긴 3개의 핵심단어와
그 단어들을 활용하여 1~2개의 문장으로 표현하세요</td></tr>
<tr><td colspan="3">1. 사람 2. 소통 3. 통섭
핵심주제 : 글은 사람이며, 우리는 글 읽기를 통해 고수들과 소통한다. 글쓰기란 고수들과 관계를 맺고 생각을 통섭하여 기존의 것과 다른 것을 재창조하는 것이다.</td></tr>
<tr><td colspan="3">위의 핵심단어와 주제를 바탕으로 글의 내용을 10줄 내외로 요약하세요.</td></tr>
<tr><td colspan="3">글은 완전한 인격을 가진 사람이다. ‘소통과 원칙과 방법’이 우리가 배워야 할 글쓰기다. 배워야 할 것은 기술이 아니라 원칙이다. 읽는다는 것은 ‘글 속의 생각’과 ‘나의 생각’이 모아져 더 나은 깨달음이나 배움을 얻는 것이다. 자신의 삶에 거울이 되는 사람을 나와 하나가 될 때까지 지독하게 베껴야 한다. 고수들의 비밀을 훔쳐 나와 합하여 이전보다 더 좋은 것을 창조하는 것, 문장 속에 자신의 생명 에너지를 담는 것이 글쓰기다. 글쓰기의 7할은 생각하기이다. 더 넓게 생각한다는 것은 다른 사람의 입장이 되어 그의 위치에서 세상을 바라보는 것을 말한다. 창조적으로 생각한다는 것은 무엇보다 ‘느낀다’는 것이다.
글쓰기는 결국 양방향 소통을 통해 더 나은 시너지를 창조하기 위한 작업이다. 시너지를 만드는 소통은 질문과 설득의 과정을 반복함으로써 만들어진다. 무엇인가를 창조하려면 기존의 것을 철저하게 베끼는 과정을 거쳐야 한다. 창의성은 기존의 좋은 것들을 결합해 새로운 좋은 것을 만들어 내느냐에 달려 있다. 글 읽기는 글자를 읽는 것이 아니라 중요한 것을 찾아내는 것이다. 인생을 살아가는 것과 글 읽기의 사명과 가치 중심의 삶을 살아가는 것은 핵심 중심의 글 읽기와 같은 것이다. 중요한 성취는 통찰력과 선택을 통해 이루어진다.</td></tr>
<tr><td colspan="3">글의 내용 중 질문을 도출하시고 질문에 대한 해답을 생각해보세요.
(Why , If, How)</td></tr>
<tr><td colspan="3">1. 모방을 통한 글쓰기는 수많은 모방의 샘플을 만들어 낼 것 같습니다. 결국, 진짜는 무엇이냐?라는 문제에 부딪히지 않을까요?
—> 무엇인가를 창조하려면 기존의 것을 철저하게 베끼는 과정을 거쳐야 한다. 모든 아이디어는 기존에 있던 것들을 결합한 것이다. 창의성은 기존의 좋은 것들을 결합해 새로운 좋은 것을 만들어 내느냐에 달려 있다. 위대한 사상가, 위대한 예술가들도 이전의 것을 모방하여 새로운 것을 창조하였다.
2. 고수란? 알려지지 않은 고수들도 많을 것 같습니다. 고수를 선택하고 모방하는 데 기준은 무엇인가요? 어떻게 선택하나요?
—> 내 인생의 사명이 무엇인가를 깨닫는 것에서 고수를 선택하는 것이 시작한다. 나의 내면과 일치하는 고수들을 찾는 것, 내 삶의 목적이 무엇인가를 깨닫는 것이 어떤 삶을 만날 것인가(어떤 글을 만날 것인가, 어떤 고수를 만날 것인가)를 결정한다.
3. 복잡한 현대사회에서 짬을 내어 글을 읽고 글쓰기에 많은 시간을 내기란 쉽지만은 않습니다. 비법은 없을까요?
—> 80/20의 법칙을 활용한다. 일을 할 때는 높은 가치를 가진 일, 놀 때는 큰 즐거움을 느낄 수 있는 놀이에 집중하라는 것이다.</td></tr>
</table>

[One Page 요약노트 예시-2]

<table>
<tr><td>제목</td><td>다산선생 지식 경영법</td><td>저자</td><td>정민</td></tr>
<tr><td rowspan="4">Before</td><td colspan="3">이 글의 중요한 단어를 주제를 추정해서 적어보세요. (머리말, 목차, 프롤로그 등)</td></tr>
<tr><td colspan="3">중요 단어: 지식, 경영, 정보, 통합, 핵심, 정보판단, 지식편집, 작업방식, 전방위, 이론과 현실
추정 주제: 18세기와 같은 지식패턴의 변화를 보이고 있는 21세기에, 다산의 전방위적 지식경영법의 핵심을 파악해봄으로써 실제적인 도움을 얻고자 한다.</td></tr>
<tr><td colspan="3">이 글을 통해 저자에게 무엇을 묻고 싶은지 질문을 생각해보세요.</td></tr>
<tr><td colspan="3">1. 다산의 삶의 바탕이 된 위국애인의 정신은 어떻게 형성되었을까?
2. 과연 어떻게 그 방대한 양의 지식을 습득하고 체계적으로 정리해낼 수 있었을까?
3. 다산은 어디서 이와 같은 지식경영법을 배우게 되었을까?</td></tr>
<tr><td rowspan="10">After</td><td colspan="3">자신의 관점에서 중요한 단어라고 생각되는 것들을 적어보세요. (30~50개)</td></tr>
<tr><td colspan="3">다산, 학습, 정리, 판단, 정보, 분석, 토론, 논쟁, 생각, 종합, 조직, 분류, 메모, 기록, 질문, 대답, 논거, 설득력, 핵심, 적용, 실천, 실용, 과정, 효율성, 역할분담, 목표, 목표량, 동시작업, 정성, 깨달음, 핵심가치, 위국애민, 작업, 우선, 지식, 경영, 판단, 전방위</td></tr>
<tr><td colspan="3">중요한 단어들 중 전체의 흐름을 이끌어 가는 키워드를 추려보세요. (10개)</td></tr>
<tr><td colspan="3">다산, 지식경영, 기록, 종합, 분석, 판단, 논거, 목표, 실용, 핵심가치, 효율성</td></tr>
<tr><td colspan="3">키워드 중 저자의 의중이 담긴 3개의 핵심단어와
그 단어들을 활용하여 1~2개의 문장으로 표현하세요.</td></tr>
<tr><td colspan="3">1. 지식경영 2. 실용 3. 다산
핵심주제 : 18세기와 같은 지식패턴의 변화를 보이고 있는 21세기에, 다산의 전방위적 지식경영법의 핵심을 파악함으로써 실용적인 지침을 얻고자 한다.</td></tr>
<tr><td colspan="3">위의 핵심단어와 주제를 바탕으로 글의 내용을 10줄 내외로 요약하세요.</td></tr>
<tr><td colspan="3">21세기는 정보화시대이다. 저자는 우리 역사 속에서 비슷한 양상을 보였던 18세기 조선 실학에 주목함으로, 변화하고 있는 21세기의 시대적인 요구에 답을 찾고자 한다. 그가 주목하게 된 인물은 다산 정약용이다. 현 시대와 같은 지식패턴의 변화를 보였던 18세기에, 18년의 귀양살이 동안 수백 권의 저술을 남긴 다산을 연구해보니 그가 통합적 인문학자요, 전방위적인 지식경영인이었음을 알게 된다. 이 글은 위국애민의 정신을 가지고 실천가능한 대안을 제시했던 다산의 저술들을 다각도로 분석한 것이다. 다산 치학을 10가지 큰 줄기로 분류하고 각 줄기마다 5가지 방법론으로 배열했다. 다산의 지식경영 원리는 널려 있는 정보를 수집, 배열해서 체계적이고 유용한 지식으로 탈바꿈시키는 것이다. 다산은 지식을 편집하고 경영하는 안목을 가진 위대한 학자였을 뿐 아니라, 유머를 아는 따뜻한 인간이었으며, 온갖 역경 속에서도 위국애민의 정신을 굽히지 않은 강인한 인물이었다.</td></tr>
<tr><td colspan="3">글의 내용 중 질문을 도출하시고 질문에 대한 해답을 생각해보세요.
(Why , If, How)</td></tr>
<tr><td colspan="3">1. 다산의 다음 세대 교육의 목적과 방법론의 핵심은 무엇이었을까?
2. 저자는 18세기 조선실학에서 현 21세기 정보화시대의 답을 찾고자 했는데, 두 시대의 공통점과 차이점은 무엇인가?
3. 한 사람이 자신의 인생의 목표를 바로 세우고 마음을 다스리는 선택을 해나갈 때, 해낼 수 있는 업적은 과연 어느 정도일까?
4. 다산의 아들들과 제자들 중에는 어려서부터 다산으로부터 지식경영법의 원리들을 체득하면서 자란 사람들도 있을텐데, 왜 다산만큼의 업적을 이루지는 못했을까?
5. 탁월한 능력이 탁월한 업적을 만들어 내는가?
6. 좌절과 역경에도 근본을 잊지 않는 삶의 힘은 어디서 오는 것일까?</td></tr>
</table>

[One Page 요약노트 예시-3]

<table>
<tr><td>제목</td><td>갈매기의 꿈</td><td>저자</td><td>리처드 바크</td></tr>
<tr><td rowspan="4">Before</td><td colspan="3">이 글의 중요한 단어를 주제를 추정해서 적어보세요. (머리말, 목차, 프롤로그 등)</td></tr>
<tr><td colspan="3">중요 단어: 갈매기, 꿈, 자유, 조나단, 도전, 이상, 삶, 비상,
추정 주제: 비상하는 갈매기 조나단의 꿈은 무엇인가?</td></tr>
<tr><td colspan="3">이 글을 통해 저자에게 무엇을 묻고 싶은지 질문을 생각해보세요.</td></tr>
<tr><td colspan="3">1. 조나단의 꿈이 우리 모두의 꿈이라 생각하는가?
2. 누구의 자유를 외치나? 나의 자유인가? 우리 모두의 자유인가?
3. 인생에서의 중요한 만남은 삶을 어떻게 변화시키나?</td></tr>
<tr><td rowspan="10">After</td><td colspan="3">자신의 관점에서 중요한 단어라고 생각되는 것들을 적어보세요. (30~50개)</td></tr>
<tr><td colspan="3">비상, 승리, 재난, 실패, 도전, 어둠, 발전, 자유, 영예, 공유, 공포, 한계, 천국, 지상, 추방, 환영, 삶, 치앙, 완전, 이해, 사랑, 사고, 속도, 비상, 이념, 용서, 관념, 사슬, 금지선, 갈매기, 위대한</td></tr>
<tr><td colspan="3">중요한 단어들 중 전체의 흐름을 이끌어 가는 키워드를 추려보세요. (10개)</td></tr>
<tr><td colspan="3">비상, 자유, 한계, 천국, 추방, 갈매기, 이해, 완전한 속도, 사랑</td></tr>
<tr><td colspan="3">키워드 중 저자의 의중이 담긴 3개의 핵심단어와
그 단어들을 활용하여 1~2개의 문장으로 표현하세요</td></tr>
<tr><td colspan="3">3개의 핵심단어 : 꿈, 천국, 사랑
핵심주제 : 천국을 알게 된 비상의 꿈을 가진 조나단! 사랑에 의해 가장 높이 나는 꿈을 버리고 추방당한 자들의 꿈을 일으킨다.</td></tr>
<tr><td colspan="3">위의 핵심단어와 주제를 바탕으로 글의 내용을 10줄 내외로 요약하세요.</td></tr>
<tr><td colspan="3">일상의 갈매기 떼들과 다른 삶을 살고 싶었던 조나단은 비상을 배운다. 배움을 통하여 완전한 삶을, 다음 세계의 삶을 누릴 수 있기 때문이다. 천국과 같은 곳은 어디인지 묻는 조나단에게 스승 치앙은 천국은 장소도, 시간도 아니며 완전하게 되는 것이라고 한다. 완전한 속도는 그냥 거기 존재하는 것이며 이미 도착했다는 걸 앎으로써 시작하지 않으면 안 된다고 가르친다. 끊임없이 사랑하라. 이 또한 치앙의 가르침이다. 조나단은 갈매기 떼 중에 비상의 의미를 알기 위해 투쟁하고 있는 갈매기가 있지 않을까 생각하고 지상으로 간다. 추방당한 자들은 결코 옛 갈매기 떼의 무리에 돌아가지 못한다는 갈매기 떼의 법률을 깨고 조나단은 추방당한 갈매기 떼들과 다시 무리로 간다. 옛 갈매기 떼로부터 추방당한 조나단으로부터 제약받지 않는 진정한 자유, 존재의 본질, 갈매기의 권리에 대해 배운다. 그 중 조나단을 위대한 갈매기의 유일한 아들로 생각한 플레처에게 자신은 나는 것을 좋아하는 하나의 갈매기임을 말한 후 떠난다. 플레처는 조나단의 가르침대로 한 무리의 갈매기들을 가르친다. 조나단이 자신보다 더 비범하지 않았다는 것을 이해하면서….</td></tr>
<tr><td colspan="3">글의 내용 중 질문을 도출하시고 질문에 대한 해답을 생각해보세요.
(Why , If, How)</td></tr>
<tr><td colspan="3"># 갈매기는 무엇을 할 수 있고 무엇을 할 수 없을까? (우리는 무엇을 할 수 있고 무엇을 할 수 없을까?)
다 똑 같은 갈매기인가? 생각의 전환을 가진 갈매기는 없는가?
한계를 뛰어 넘고자 하는 의도는 바보짓인가? 갈매기는 갈매기의 창조 원리대로 살아야 하나?
우리는 스스로 무지로부터 벗어날 수 있는가?
시간과 공간을 정복한다는 것은 무슨 의미인가?
고속, 저속, 곡예비행을 위해 제한받고 있는 것을 제거해야 하는 갈매기처럼 우리 인생의 비행을 제한하는 것이 있나? 제한하는 것을 어떻게 제거할 것인가?
세상에서 추방당한 자들이라고 생각하는 자는 어떤 자들인가?
자유만이 존재의 본질이라고 할 수 있는가? 누군가에게 제약받는 자유가 더 진정한 자유가 아닐까?
신의 도움 없이 우리 스스로가 우리의 존재를 무한 자유의 관념까지 이를 수 있나?</td></tr>
</table>

EPILOGUE

내 삶에 적용하는 글 읽기 노하우

2008년 6월 15일, 포커스 리딩이 세상에 처음 등장한 날이다.

16년의 세월이 흐르는 동안 십만 명이 넘는 독자들의 과분한 찬사를 받았다.

수많은 기업, 공공기관, 교육기관에서 직장인, 교사, 공무원 등 많은 사람이 포커스 리딩을 배웠고, 수백 명의 포커스 리딩 전문강사는 전국의 많은 학교에서 학생들에게 포커스 리딩을 가르쳐왔다. 미국, 일본 심지어 남미의 페루와 에콰도르에서도 포커스 리딩 교육을 요청했다.

왜 이렇게 많은 사람이 포커스 리딩에 전폭적인 지지를 보내는 것일까?

그 이유는 이렇게 요약해볼 수 있다.

첫째, 삶의 질을 높일 수 있는 가장 중요한 기술이다.

둘째, 글 읽기의 본질과 구체적인 방법을 제시한다.

셋째, 매우 단순하고 배우기 쉽다.

인생에서 글을 잘 읽는다는 것은 그 무엇보다 중요한 기술이다.

인간은 글을 통해 지식을 습득하고 정보를 얻는다.

대부분의 고급 정보와 지식은 글을 잘 읽어야만 얻을 수 있다.

글을 잘 읽는다는 것은 본질과 핵심을 '정확하고 빠르게' 포착한다는 의미다.

글을 잘 읽는 것이야말로 압도적인 경쟁력을 갖추고, 사람의 질을 높일 수 있는 최고의 기술이다.

이것은 학생만이 아니라 모든 사람에게 공통으로 적용된다.

포커스 리딩은 글 읽는 속도와 정확성을 단기간에 높여주는 구체적인 방법을 제시한다.

누구나 2~3주 만에 3~5배 이상으로 높아진다.

이것은 인생에서 끝없이 반복되는 지식 경쟁에서 압도적인 경쟁력을 갖추는 것이다.

이보다 놀라운 기술은 별로 없을 것이다.

여러 해 전, 겨울 어느 날 전라남도 영광의 어느 고등학교 교장 선생님으로부터 만나고 싶다는 연락을 받았다. 수십 년 동안 시골의 삼류 학교로 머물고 있다며, 포커스 리딩 프로그램을 도입하고 싶다며 도움을 요청했다. 너무나 진지한 교장 선생님의 교육혁명을 위한 도전에 동참하기로 했다.

4년 정도의 시간이 흐른 후 그 학교는 전라남도에서 다섯 손가락에 꼽힐 정도의 명문학교로 탈바꿈하였다. 이후 전국의 수많은 학교가 이 학교를 방문하여 교육혁명의 노하우를 벤치마킹하였다.

전 세계의 수많은 명문대학에서 학생들에게 글 읽는 기술을 높이기 위한 교육을 하는 이유는 무엇일까? 글 읽는 능력을 높이는 것은 모든 학습과 지식 경쟁에서 최우선으로 중요한 목표이기 때문이다.

"빠르고 정확하게!"

글을 잘 읽는 능력은 자신의 목표를 달성할 수 있는 최고의 기술이며, 글 읽는 능력이 사회적 위치를 결정하는 척도가 된다. 진학, 취업, 자격증 등 개인의 능력을 평가하는 기준이 바로 글을 읽는 시험이기 때문이다. 글 읽는 능력이 삶의 질을 결정하는 것이다.

포커스 리딩이 많은 사람에게 지지와 찬사를 받았던 이유 중 하나는 그 놀라운 기술을 아주 쉽게 터득할 수 있다는 점이다. 포커스 리딩은 더 이상 단순할 수 없는 수준으로 단순하다. 그래서 배우기 쉽다. 초등학생 이상이면 누구나 단기간에 터득할 수 있다.

원리와 메커니즘이 너무나 단순해서 심지어 초등학생, 중학생, 학부모, 교사, 대검찰청 검사가 한 공간 안에서 함께 훈련하기도 했을 정도다. 아마 어떤 교육 콘텐츠도 이런 방식의 교육은 불가능할 것이다.

인공지능의 눈부신 발전 속도에 맞춰 개인들은 더 빠르고 정확하게 핵심 포착할 수 있는 능력을 갖춰야 한다. 매년 베스트셀러 1위를 도맡고 있는《트렌드 코리아》의 저자 김난도 교수는 생존경쟁에서는 "속도가 방향보다 중요하다."라고 말한다. 각 개인이나 기업은 사회가 흘러가는 방향을 바꿀 수는 없지만, 그 안에서 자신이 움직이는 속도는 바꿀 수 있기 때문이다. 결국 속도가 생존을 좌우하는 핵심 요소라는 것이다.

인간의 역사에서 가장 넓은 땅을 정복한 칭기즈칸은 "병사의 수는 늘릴 수 없어도 속도는 빠르게 할 수 있다."라고 말했다. 그야말로 생존경쟁의 정곡을 찌르는 통찰이다. 빌 게이츠는 "내가 한 가지 초능력을 선택할 수 있다면 글을 아주 빨리 읽는 능력이다."라고 말했다.

속도는 모든 것을 이긴다. 느리면 죽는다. 이것은 법칙이다.

생존을 넘어 자신의 꿈과 목표를 달성하고 싶다면 지식과 정보를 빠르고 정확하게 읽는 탁월한 능력을 갖춰야 한다.

그것을 가능하게 만드는 기술의 핵심은 눈이 아니라 두뇌의 감각을 깨우는 것이다. 그 기술은 새로운 것을 만드는 것이 아니라 누구나 태어날 때부터 가지고 있는 태생적 감각을 끄집어내는 것이다.

그것은 두뇌의 정보 입력 메커니즘을 그대로 활용한 아주 단순한 훈련만으로 가능하다.

이 책은 기존의 포커스 리딩 노하우가 더욱 심화 발전된 내용으로 다듬어져 완전히 새로운 수준으로 업그레이드되어 더 쉽고 더 효과적으로 배울 수 있도록 하였다.

포커스 리딩이 당신의 삶을 더욱 빛나게 해줄 최고의 도구가 되길 기대한다.

오늘의 식사는 내일로 미루지 않으면서
오늘 할 일은 내일로 미루는 사람이 많다.
-C. 힐티-

시간을 지배할 줄 아는 사람은
인생을 지배할 줄 아는 사람이다.
-에센바흐-